성경강해시리즈

전도서 아가서

Ecclesiastes, Song of Songs

유동근

IMC

BIBLE EXPOSITION SERIES

STUDY ON

ECCLESIASTES & SONG OF SONGS

Yu Dong Keun (Th. M., D. D)

Korean Edition

420-031 | 617-5, Sang Dong, Wonmi Gu, Bucheon City, Gyeonggi Do, Korea

전도서 아가서 강해

Ecclesiastes & Song of Songs

차례 · contents

전도서
Ecclesiastes

서문

전도서를 피상적으로 읽으면 단지 젊은이들에게 인생이 헛됨을 알려주는 정도로 이해하게 된다. 그러나 그 깊이를 알게 되면 왜 이러한 책이 성경에 포함되어 있는지, 왜 이 책을 지혜서라고 하는지, 솔로몬을 왜 지혜의 왕이라고 하는지 잘 알게 된다. 늙은 후에 이 책을 읽는 것은 너무 늦다. 나는 요즈음의 젊은이들이 자꾸만 자살하고 삶의 의미를 모른채 이리 저리 방황하는 것을 보는데 이럴 때 이런 책이 얼마나 도움이 될지를 생각해본다.

아무쪼록 이 책이 세상에 나와서 많은 이들에게 인생이 얼마나 공허하고 덧없는 것을 알게 하는데 도움이 되어 참되신 주님을 찾게 되기를, 성경의 귀중함과 성경만이 진리(전 12:10)임을 이해하는 데 조금이라도 기여할 수 있기를 바라마지 않는다.

2008. 10. 20.
저자 유동근

전도서 1장

1-2절, 다윗의 아들 예루살렘 왕 전도자의 말씀이라 2 전도자가 가로되 헛되고 헛되며 헛되고 헛되니 모든 것이 헛되도다

'전도서' 라는 이 책의 원래 명칭은 전도서가 아니라 '집회를 소집한 사람' 이다. 히브리어로는 '코헬렛' 이며 '집회를 소집한 사람', 혹은 '소집자' 라는 뜻이다. 이 책에서 저자는 자신이 솔로몬이라고 말하지 않지만 1절의 '다윗의 아들' 이나 '예루살렘 왕', '지혜를 많이 얻었다' 는 표현을 볼 때 솔로몬이 틀림없다고 확정한다. 솔로몬은 많은 실패를 체험하고 나서 인생의 후반부에 하나님 앞에서 오랫동안 화평을 잃고 실패한 체험을 회상하면서 이 전도서를 쓸 때는 자신의 이름인 '평강의 왕' 즉 '솔로몬' 이라는 이름을 사용하지 않고 다만 집회를 소집한 사람이라고 제목을 붙인 것이다. '전도자' 란 소집한 사람이라는 뜻이다. 그는 사람들을 소집해서 그의 체험, 곧 실패한 경험을 들려주고자 했다. 그래서 전도서라는 성경이 존재하게 된 것이다.

많은 사람들은 전도서가 왜 성경에 포함되어야 하는지 의심한다. 왜냐하면 이 책 속에는 사람의 불평이 들어 있고 염세적인 관념과 숙명론적인 내용이 들어 있어서 성경의 여러 책들과 모순되는 점이 있기 때문이다. 그래서 전도서를 정경 안에 넣으면 안 된다는 사람들이 있었다.

전도서에는 이해하기 어려운 부분도 많고 또 읽기도 어려운 부분이 많다. 하지만 잘 읽으면, 또 이해할 수 있는 열쇠를 갖는다면 그런 문제들을 해결하기가 어렵지는 않다.

전도서의 중점은 해 아래서 세상적인 학문, 지식, 부, 오락, 향락, 명성, 지위 등 많은 것들을 얻는다 해도 하나님이 계시지 않으면 허무하고 공허함을 말해주는 것이다. 왜 하나님은 솔로몬을 선택해서 전도서를 쓰게 하셨는가? 솔로몬은 절대자로서 왕의 체험을 했고, 부귀영화를 누렸고 또 심오한 지혜를 가졌고 그 지혜를 의지해서 하나님의 백성을 다스렸지만 그러나 후반부에 자신의 정욕을 이기지 못하고 하나님을 배반하고 사치스러운 생활을 추구하면서 많은 부패를 겪게 되었다. 결과적으로 세상의 모든 헛된 체험을 한 뒤에 그는 모든 것이 공허하다는 한 권의 책을 쓰게 되었는데 그것이 전도서이다.

전도서를 쓸 수 있는 가장 훌륭한 자격을 가진 사람은 솔로몬 밖에 없다. 그는 모든 부귀영화를 누렸고 최고의 지혜를 가졌다. 그리고 인간으로서 누릴 수 있는 모든 것을 다 누렸다. 그렇지만 결국 나중에 그 모든 것이 허무하다는 것을 체험했기 때문에 많은 사람들에게 인생이 무엇인가를 솔로몬보다 잘 알려줄 수 있는 사람은 없다. 그런데 전도서 뒤에 있는 책은 아가서이다. 인생은 너무나 공허하다고 말한 것이 전도서라면 전도서 다음의 아가서는 하나님을 가까이 받아들인 성도들이 주님으로 인하여 즐거움을 찾았을 때의 '노래 중의 노래' 이다. 결국 솔로몬은 인생의 허무함을 말하는 전도서를 썼을 뿐 아니라 아가서를 써서 주님을 만났을 때 얼마나 기쁘고 만족한 생활을 할 수 있는가를 기록하였다. 솔로몬은 잠언과 전도서와 아가서의 저자이다.

"전도자가 가로되 헛되고 헛되며 헛되고 헛되니 모든 것이 헛되도다"(2절). 그는 헛되다는 말을 계속한다. 헛되고 헛되며 모든 것이 헛되다고 했다. 이 '헛되다' 라는 말은 히브리어로는 '하벨' 인데 원문에는 '불다' 라는 뜻이 있다. 아담이 가인을 낳고 흥분하여 '얻었다' 는 뜻의 이름을 지었지만 그는 뱀의 머리를 깰 기대하던 자(창 3:15)가 아니었다. 그래서 그 후 얻은 둘째 아들은 헛되다는 의미의 아벨이라고 지었던 것이다. 어떤 성경 해석자는 이 하벨 또는 아벨이라는 말을 어린 아이가 불어서 만드는 비눗방울 같은 공기방울로 비유했다. 이 세상의 모든 허영, 재물, 죄의 즐거움, 정욕, 쾌락 등은 다 비눗방울처럼, 무지개처럼 처음에는 아름답고 사랑스러워 보이지만 눈 깜짝할 사이에 사라지고 허무한 것이 되어버린다는 뜻이다.

3절, 사람이 해 아래서 수고하는 모든 수고가 자기에게 무엇이 유익한고

사람들은 해 아래에서 많은 수고를 한다. 살기 위해서 많은 노력을 한다. 사람들은 인생에서 나름대로 유익한 일들을 한다고 열심이다. 그런데 결국 그렇게 해 아래서 수고를 했는데, 그러한 수고가 자신에게 무엇이 유익하느냐는 것이다. 그래서 전도서는 하나님 없이 행한 인간의 모든 생활이나 활동이 다 유익하지 않다고 말한다. '유익하다' 는 말은 히브리어로 '남는 것' 을 의미하는데, 인생이 수고하고 열심히 살아도 나중에 끝날 때 보니까 남는 것이 하나도 없다는 것이다.

4절, 한 세대는 가고 한 세대는 오되 땅은 영원히 있도다

사람들은 땅 위에서 영원히 살 것처럼 그렇게 산다. 욕심을 마음껏 부리면서 산다. 그런데 결국 그러한 사람들도 다 사라지는 것이다. 한 세대는 가고 또 한 세대가 오는 것이다. 그렇지만 이 땅은 계속 그대로 있다. 이것은 땅이 영원히 지속된다는 뜻은 아니다. 성경적으로 이 땅도 다 불타버리고 끝나는 날이 있다. 그러나 사람의 인생과 비교할 때 사람들은 한 세대가 가고 한 세대는 오면서 계속 바뀌지만, 땅은 그대로라는 것이다. 우리가 고등학교 다닐 때 읊었던 시조처럼 말이다. '오백 년 도읍지를 필마로 도라드니 산천은 의구하되 인걸은 간 데 없네 어즈버 태평년월이 꿈이런가 하노라.' 이것도 같은 말이다. 산천은 그대로인데 사람들은 없어진 것이다.

5-7절, 해는 떴다가 지며 그 떴던 곳으로 빨리 돌아가고 6 바람은 남으로 불다가 북으로 돌이키며 이리 돌며 저리 돌아 불던 곳으로 돌아가고 7 모든 강물은 다 바다로 흐르되 바다를 채우지 못하며 어느 곳으로 흐르든지 그리로 연하여 흐르느니라

인생의 무상함을 이렇게 여러 가지로 표현했다. 해가 뜨고 지는 것, 바람이 부는 것, 그리고 모든 강물 등 이 자연계가 그대로 존재하면서 흘러가는 것을 들어서 말했다.

8절, 만물의 피곤함을 사람이 말로 다 할 수 없나니 눈은 보아도 족함이 없고 귀는 들어도 차지 아니하는도다

"만물의 피곤함을 사람이 말로 다 할 수 없나니". 솔로몬의 눈에 이 만물은 다 피곤하게 보인다. "눈은 보아도 족함이 없고 귀는 들어도 차지 아니하는도다". 우리나라 옛 노래에도 이와 비슷한 것이 있다. '노세 노세 젊어서 노세 늙어지면 못노나니 화무는 십일홍이요 달도 차면 기우느니라.' 나는 일반 사람들보다 많은 나라를 다녀 보았다. 그래서 나는 비교적 아름다운 곳이라는 곳을 많이 보았다. 물론 관광을 하러 다닌 것은 아니고 교회를 위해 말씀을 전하고 복음을 전하기 위해 갔지만, 예를 들어 프랑스에 가면 그 나라의 성도들이 에펠탑, 박물관 등에 데리고 가기 때문에 아름다운 곳을 가볼 기회가 많았다. 말레이시아를 갔을 때 보았던 아름다운 곳이 기억이 나고, 스리랑카에서도 '벤또따'

라는 아주 아름다운 곳에 가 보았다. 이 세상에는 정말 아름다운 곳이 많다. 그렇게 아름다운 곳을 가게 되면 제일 먼저 아내가 생각이 난다. 아내를 데리고 왔다면 얼마나 좋았을까 생각하게 된다.

그런데 기묘한 것이 한 가지가 있는데, 하룻밤을 지나고 나서 다시 보면 눈이 완전히 달라지기라도 한 것처럼 기이하게 '여기가 뭐가 그렇게 좋다고 생각을 했을까' 하게 된다. 그렇게 아름답던 경관들이 금방 빛이 바래고 좋게 느껴지지 않는다. 하루 이틀만 지나면 그렇다. 그러므로 눈은 아무리 보아도 족함이 없다. 또 가장 아름다운 음악이나 노래도 마찬가지이다. 몇 번 들으면 그 다음에는 그렇게 좋지 않다. 이 세상에 있는 모든 것들이 처음에 볼 때, 처음에 들을 때는 조금 좋지만 계속될 때 별로 좋은 것이 없다. 그래서 여기서 "눈은 보아도 족함이 없고 귀는 들어도 차지 아니하는도다" 라고 한 것인데 이는 우리의 체험에서도 사실이다.

9-10절, 이미 있던 것이 후에 다시 있겠고 이미 한 일을 후에 다시 할지라 해 아래는 새 것이 없나니 10 무엇을 가리켜 이르기를 보라 이것이 새 것이라 할 것이 있으랴 오래 전 세대에도 이미 있었느니라

이 땅에는 새로운 것이 없다는 말이다. 이미 있던 것이 그 후에 다시 있는 것이다. 예를 들면 현재는 촛불 집회 등으로 우리나라의 정치 상황이 좀 어렵다. 그러면 이러한 상황이 옛날에는 없었는가? 그렇지 않다. 이는 6·10항쟁 때나 박종철·이한열 같은 사람들이 죽었을 때 있었던 일들과 비슷한 현상이다. 그렇다면 이러한 일이 근세에만 있는가? 아니다. 통치 형태가 달라서 그렇지 왕정 시대 때에 일어났던 홍경래의 난, 이괄의 난, 전봉준의 난 등이 다 비슷한 성격을 가지고 있는 것이다. 백성들이 봉기를 하는 것은 미화를 시켜서 그렇지 다 같은 성질을 갖고 있다. 이러한 것들은 옛날에도 있었고 지금도 있다. 사람들은 새로운 어떤 일이 일어났다고 하지만 사실은 새로운 것은 아니다. 모든 것은 다 이미 있었던 것이 후에 다시 있는 것이고 이미 한 일을 후에 다시 하는 것이다. 그래서 '해 아래는 새것이 없다' 고 하는 것이다.

"무엇을 가리켜 이르기를 보라 이것이 새 것이라 할 것이 있으랴 오래 전 세대에도 이미 있었느니라"(10절). 오래 전 세대에도 이미 있었다. 즉 조선 시대에도 있었다. 아니 고려 시대나 삼국 시대에도 있었다. 우리가 잘 몰라서 그렇지 고조선 시대에도 이미 있었을 것이다. 사람 사는 곳에 있는 일 가운데 새로운 일이란 없는 것이다. 3500년 전에 쓰여진 모세오경 시대나 그 이후 열왕 시대나 연구해 보면 다 오늘날과 진배없는 일들이 일어나곤 했다.

11절, 이전 세대를 기억함이 없으니 장래 세대도 그 후 세대가 기억함이 없으리라

세월이 흐르고 나면 기억되는 것이 없다는 것이다. 그러니 얼마나 공허한 것이냐고 말하고 있다. 지금 우리 교회도 예배당을 계약해놓고 너무나 좋아하고 있다. 그런데 이것도 세월이 지나고 나면 '그것이 무엇인가? 그 일은 그저 작은 일일 뿐 아무것도 아니다' 라고 되어버린다는 것이다. 지금 우리 가운데에서는 '이래서 가슴이 아프고, 저래서 마음이 아프다' 는 일이 있지만 그것도 세월이 지나고 나면 아무것도 아니다. 우리 세대에 살면서 있었던 많은 일들은 다 잊혀지는 것이다. '그 사람들이 이 땅에 존재하기는 했는가? 우리는 그들을 모른다' 라고 할 정도로 다 없어져버리고 마는 것이다. 그러니 얼마나 공허한가? 그래서 이 전도서를 다 읽고 해석하고 나면 '그냥 실컷 울어버릴까? 우리는 왜 이런 공허한 인생을 살아야 하지?' 라는 생각이 드는 것이다.

12-13절, 나 전도자는 예루살렘에서 이스라엘 왕이 되어 13 마음을 다

하며 지혜를 써서 하늘 아래서 행하는 모든 일을 궁구하며 살핀즉 이는 괴로운 것이니 하나님이 인생들에게 주사 수고하게 하신 것이라

하나님이 주신 지혜로 여러 가지를 살펴보니까 인생들이 수고하는 모든 것이 괴롭다는 것이다. 자신이 궁구하고 살피며 '인생이 도대체 무엇인가?' 이렇게 생각하는 것이 다 괴로운 것이다. 그래서 결국 보니까 하나님이 인생들에게 수고를 주신 것뿐이라는 것이다.

14-15절, 내가 해 아래서 행하는 모든 일을 본즉 다 헛되어 바람을 잡으려는 것이로다 15 구부러진 것을 곧게 할 수 없고 이지러진 것을 셀 수 없도다

여기서는 '해 아래서 행하는' 이라는 말이 많이 나온다. 해 아래서의 모든 일이 바람을 잡는 것 같다고 했다. "구부러진 것을 곧게 할 수 없고 이지러진 것을 셀 수 없도다". 할 수 있는 것이 없다는 말이다. 참 허무한 일 중의 하나는 정말 고쳐졌으면 좋겠는데 안 고쳐지는 일이다. 예를 들어서 어떤 집사님을 볼 때, '이 집사님은 어떤 성격을 좀 고치셨으면 좋겠는데...' 라고 많은 사람이 너무나 뻔히 아는데 정작 고치지 못한다. 그냥 그렇게 살고 마는 것이다. 그러므로 '구부러진 것을 곧게 할 수 없다' 는 것이다.

예전에 우리 어머니가 나이가 드셔서 골다공증이 있으셨는데 어느 날 힘이 없어서 넘어지셨다가 뼈가 부러지셨다. 그러면 그 뼈를 제대로 맞추어야 하는데 그만 굽게 맞추어졌다. 손목이 구부러진 것이다. 병원에 가서 다시 제대로 맞추려면 아프니까 안 하고 계시길래, '어머니 이걸 반듯하게 고치셔야죠' 하니까 어머님이 하시는 말씀이 '살면 얼마나 산다고 그냥 이렇게 살다가 죽으련다' 하시더니 진짜 그렇게 가셨다. 이와 같이 많은 사람들의 성품이 구부러졌다. 그런데 그런 성격을 죽어도 못 고친다. 많은 사람들이 못된 성격인 줄을 알면서도 그냥 그렇게 살다가 죽는 것이다.

16-17절, 내가 마음 가운데 말하여 이르기를 내가 큰 지혜를 많이 얻었으므로 나보다 먼저 예루살렘에 있던 자보다 낫다 하였나니 곧 내 마음이 지혜와 지식을 많이 만나 보았음이로다 17 내가 다시 지혜를 알고자 하며 미친 것과 미련한 것을 알고자 하여 마음을 썼으나 이것도 바람을 잡으려는 것인 줄을 깨달았도다

'미친 것이 과연 무엇일까?'에 대해서 생각을 많이 했다는 것이다. 또 '미련한 것은 도대체 무엇일까? 왜 저 사람들은 이렇게 미련할까?'에 대해서 생각했다는 것이다. 솔로몬은 매우 지혜롭다. 그런데 이 땅에는 미련한 사람들이 있더라는 것이다. 그래서 그는 미련한 것은 무엇인지에 대해서 연구를 했다. 하지만 그것도 역시 헛되고 바람을 잡는 것 같더라는 것이다. 무엇을 하려고 그러한 것을 연구하고 생각했던가? 다 공허한 것이라고 결론을 내리고 있다.

18절, 지혜가 많으면 번뇌도 많으니 지식을 더하는 자는 근심을 더하느니라

지혜가 많은 것도 소용이 없고 번뇌가 있을 뿐이다. 지식이 많아지니까 근심만 많아지는 것이다. 그래서 전도서를 읽어 보면 지혜도 있을 필요가 없고 지식도 있을 필요가 없고 수고도 할 필요가 없으며 아무것도 할 필요가 없다는 염세주의적인 생각을 갖게 한다. 그래서 이 전도서가 성경에 포함되어서는 안 된다고 말하는 사람들이 있었던 것이다. 그런데 이 말씀을 하나님 안에서 살펴볼 때 이것이 인간적인 실패의 체험에서 나온 것이지만 이러한 것도 하나님의 말씀 속에 포함되어야 한다. 욥기에도 하나님이 하시지 않은 많은 말들이 들어 있다. 그런데 욥기가 왜 성경에 들어가야 하는가? 사람의 진면목이 그대로 드러나기 때문이다. 그래서 사람들을 가르칠 수 있는 것이다. '하나님이 없는 사람은 이것밖에 안 된다. 하나님 없이 살면 이렇게 공허한 것이다. 하나님이 없는 지혜는 이렇게 무익한 것이다. 모든 것이 다 헛된 것이다' 는 것을 가르치는 것이다.

이 땅에서 가장 부귀영화를 많이 누리고 지혜를 얻었던 솔로몬 왕은 결국 모든 것을 누려본 후에 좋았는가? 그렇게 좋지 않았다는 것이다. 모든 것이 헛되다는 것이다. 오늘날 이 땅에 사는 사람들이 왜 그렇게 애를 쓰면서 돈을 벌려고 하는가? 잘 살아보려고 그러는 것이다. 왜 그렇게 공부를 많이 하는가? 지혜와 지식을 더 얻어 보려고 하는 것이다. 남들이 칭송하는 명성을 얻어 보려고 하는 것이다. 하지만 솔로몬보다 더 부귀영화를 누린 사람이 어디 있는가? 솔로몬만큼 지혜를 얻은 사람이 어디 있는가? 그처럼 최고의 부귀영화를 누리고 지혜를 얻었던 왕이 인생 말미에 가서 보니까 인간이란 아무것도 아니더라는 것이다. 헛되고 헛되다는 것을 이야기해 준 것이다. 여러분은 인생이 헛되다는 것을 알았는가? 다 살아본 후에 헛되다고 한다면 당신은 전도서의 도움, 성경의 도움을 얻지 못한 사람이다.

그러므로 우리는 이 전도서를 읽을 때에 어떤 마음을 갖게 되는가? 모든 것을 다 경험을 해 보아야 그것이 헛되다고 아는 것은 아니다. 소위 '간접 경험' 이라는 것이 있다. 책이란 그런 것이다. 나도 책을 쓰는 사람으로서 사람들이 내 책을 많이 읽기를 바란다. 내 책을 읽을 때 여러분이 유익한 것은 내 견해 속에는 내가 인생을 살면서 실패한 경험이 많이 들어있기 때문이다. 그러므로 많은 젊은이들이 나의 그런 경험을 통해서 도움을 얻으므로 꼭 그런 실패를 거치지 않아도 그 결과를 알게 하여 똑같은 실패의 길을 가지 않도록 해주려는 것이다. 한 가지 한 가지를 직접 겪으면 큰 피해를 당하고 상처를 많이 당할 일도 이러한 '간접 경험' 을 통해서 잘 통과할 수 있기 때문이다. 언젠가 내가 결혼식에서 주례를 했었는데 내 친구 중에 이혼한 친구 한 명이 주례 설교를 다 듣고 난 후에 '내가 결혼 초기에 친구의 이런 설교를 들었다면 나는 이혼하지 않았을 것이다' 라고 말한 적이 있었다.

전도서의 모든 말씀들은 인생을 살아보니 허무하다는 것을 말하고 있다. 솔로몬은 왜 전도서를 기록했는가? 그는 너무나 허무하게 인생을 산 것이다. 온갖 체험을 다 해보고 나서 결국 인생이 허무하다는 것을 알려주고자 한 것이다. 그러므로 전도서를 읽을 때에 우리는 '아, 부귀를 누려도 인생의 마지막에 헛되다고 하는구나, 영화를 누려도 헛되다고 하는구나' 라는 것을 깊이 느끼게 된다. 이를 먼저 깨달은 선각자가 말해 줄 때에 '아, 인생이란 별것이 아니구나, 다 지나가는 바람을 잡는 것과 같구나' 하고 깨닫게 되는 것이다. 이것을 젊었을 때부터 안다면 그런 헛된 일에 정열을 쏟지 않을 수 있게 된다. 그렇다면 우리에게 만족을 주는 것은 무엇인가? 전도서의 다음 책은 아가서이다. 전도서는 결국 예수 그리스도를 믿고 따르고 사랑하는 길, 그것만이 우리에게 만족과 기쁨을 준다는 것을 안내해 주는 책인 것이다.

여러분은 전도서 1장을 통해서 인생 자체는 허무한 것이기에 주님이 없는 인생은 헛된 것이며, 주님 없이 수고하는 모든 수고는 다 바람을 잡는 것과 같다는 것을 이해하기 바란다. 예수 그리스도만이 참 우리의 만족으로 주어지신 분인 것을 알고 주님을 사랑하고 주님을 가까이 하고 주님과 함께 사는 여러분이 되기 바란다.

기도

"하나님 아버지, 감사합니다. 우리는 전도서 말씀을 통해서 은혜를 얻습니다. 사랑하는 주여, 해 아래서 수고하는 모든 것이 바람을 잡는 것과 같고 인생의 모든 것이 헛되고 헛되다고 하였습니다. 우리의 헛된 인생 가운데 만유이시고 모든 것 되시고 생명이시고 진리이시고 영원하신 예수 그리스도를 알게 하시고 얻게 하시고 사귀어 살게 하시니 감사합니다. 감사와 찬미드리며 예수 그리스도의 이름으로 기도드리옵나이다. 아멘."

전도서 2장

전도서 1장에서 솔로몬은 인생의 의미를 어떻게 찾고자 했는가? 지혜를 궁구함으로써이다. 그가 지혜를 얻었는가? 많이 얻었다. 1장 16절, "내가 마음 가운데 말하여 이르기를 내가 큰 지혜를 많이 얻었으므로 나보다 먼저 예루살렘에 있던 자보다 낫다 하였나니 곧 내 마음이 지혜와 지식을 많이 만나 보았음이로다". 지혜와 지식에 대해서 자신은 만족할 만큼 얻었다고 말했다. 17절, "내가 다시 지혜를 알고자 하며 미친 것과 미련한 것을 알고자 하여 마음을 썼으나 이것도 바람을 잡으려는 것인 줄을 깨달았도다". 그런데 18절을 보면 "지혜가 많으면 번뇌도 많으니 지식을 더하는 자는 근심을 더하느니라"고 했다.

1장에서 솔로몬은 지혜와 지식을 많이 얻었지만 그것으로는 인생의 문제를 해결하지 못한다는 것을 말하였다. 지적인 추구로 인해서 인생의 성취감을 얻지 못한 솔로몬은 이제 2장에서 쾌락으로 나아가고 있다.

1절, 나는 내 마음에 이르기를 자, 내가 시험적으로 너를 즐겁게 하리니 너는 낙을 누리라 하였으나 본즉 이것도 헛되도다

지혜와 지식으로는 인생의 만족을 얻을 수 없다는 것을 깨달은 솔로몬은 1장의 마지막에 이렇게 말한다. "지혜가 많으면 번뇌도 많으니 지식을 더하는 자는 근심을 더하느니라"(1:18). 아무것도 모르고 무식하면 근심할 일도 별로 없는데, 너무 많이 알다보니 근심이 많아졌다는 것이다. 그러므로 지혜와 지식을 많이 얻은들 그것이 자신의 인생에 그렇게 큰 의미가 없이 헛되다는 것이 1장이다.

그래서 솔로몬은 쾌락으로 나아갔다. '즐겁게 살아 보자' 한 것이다. 그래서 자기의 혼(마음)에게 '너를 즐겁게 해줄 테니 너는 낙을 한 번 누려보라, 즐겁게 살아보라' 하면서 쾌락 쪽으로 눈을 돌렸다. 그런데 결론은 이것도 헛되다는 것이다.

2절, 내가 웃음을 논하여 이르기를 미친 것이라 하였고 희락을 논하여 이르기를 저가 무엇을 하는가 하였노라

낙을 누린다는 것은 무엇을 얻기 위한 것인가? 웃음, 희락이다. 인생의 기쁨, 웃을 일을 많이 만들어내는 것, 즐거움을 많이 창조해내자고 하는 것이 쾌락이다. 그래서 솔로몬은 쾌락을 추구해보았는데 마음껏 쾌락을 누려 보니 그것도 헛되더라는 것이다.

"내가 웃음을 논하여 이르기를 미친 것이라 하였고". 솔로몬은 웃음에 대하여 논하기를 '미친 짓'이라고 했다. 많이 웃으며 사는 인생이 가치있고 행복하겠는가? 전도자는 그렇지 않다고 말한다. 요즘에도 많이 웃으려고 노력하는 사람들이 있다. 그런데 그렇게 많이 웃는 것으로 인생이 즐겁게 되는가? 솔로몬의 경험에 의하면 아무런 의미가 없다. 많이 웃어봤자 별 것 아니라는 결론에 이르게 되었다.

빌리 그래함이라는 목사님이 〈행복의 비결〉이라는 책을 썼는데 그 내용 중에 이런 것이 있다. 어떤 사람이 심한 우울증에 시달리고 있었다. 우울증 환자는 보통 저녁에 증상이 심한데 이 환자는 그 정도가 너무 심했다. 아침에 잠에서 깨기만 하면 마음이 산란하고 우울하고 날이 갈수록 더 악화되어서 이렇게 더는 살 수 없을 것 같아서 병원을 찾았다. 그 환자를 진찰한 정신과 의사는 아무리 상담해도 길이 없어서 그 지방의 한 극장에서 공연하는 쇼를 추천해주었다. 그 쇼의 주인공이 이태리 사람인데 너무나 재미있어서 밤마다 관객들을 요절복통하게 만든다는 것이었다. 그래서 우울한 사람에게 즐거움을 주는 그런 쇼를 가서 볼 것을 추천해주었다. 그렇게 한바탕 웃고 나면 당신의 우울한 고통을 감소하는데 효과가 있을 것이라고 말해주었다. 그러자 그 말을 들은 환자는 얼굴이 일그러지면서 중얼거리기를 '내가 바로 그 이태리 광대입니다' 라고 했다는 것이다.

그 우울증 환자인 광대는 남을 웃길 수는 있었지만 정작 자신은 너무나 고통스러운 우울증에 시달리고 있었던 것이다. 그 사람에게 '웃는 것이 좋은 것인가?' 라고 묻는다면 아마 솔로몬처럼 '웃는 것은 미친 짓' 이라고 말할 것이다. 인생의 웃음도 별 의미가 없다는 것이 솔로몬의 말이다. 오늘날 우리 나라에도 인기 연예인들의 자살이 많다. 참으로 안타까운 일이다. 그들은 많은 사람들에게 즐거움과 쾌락을 선물하였지만 정작 자기 자신은 그 정상의 자리에 있을 때부터 심각한 우울증을 겪는 자들이 많다고 한다. 이는 참으로 주님이 없는 웃음과 쾌락이 헛됨을 증명한다.

"희락을 논하여 이르기를 저가 무엇을 하는가 하였노라". 희락은 무엇인가? 의미가 없는 것이다. 그러한 희락은 아무것도 이루지 못한다는 것이다. 즐거움이 이루는 것이 있는가? 아무것도 없다. 즐거움이 무언가 의미있는 가치를 생산해내는 것이 아닐진대 사람은 깊은 속에서 그 웃음과 즐거움이 헛되다고 말하게 되는 것이다. 진실로 사람은 하나님을 얻고 누릴 때만이 참 즐거움이 있게 되는 존재이다. 그 외의 즐거움은 다 헛되다는 말이다.

3절, 내 마음이 궁구하기를 내가 어떻게 하여야 내 마음에 지혜로 다스

림을 받으면서 술로 내 육신을 즐겁게 할까 또 어떻게 하여야 어리석음을 취하여서 천하 인생의 종신토록 생활함에 어떤 것이 쾌락인지 알까 하여

"내 마음이 궁구하기를 내가 어떻게 하여야 내 마음에 지혜로 다스림을 받으면서 술로 내 육신을 즐겁게 할까". 그 다음에 솔로몬이 생각한 것은 좋은 술로 마음을 즐겁게 해보려고 한 것이다. 하나님이 없는 인생에서 가장 육신을 즐겁게 할 수 있는 것은 술 외에 없다고 본 것이다. 그렇지만 술로 육신을 즐겁게 하려다가 자칫 인생을 망치는 수가 있다. 잘못하면 술에 인 박이거나 중독될 수 있기 때문에 그러한 술의 다스림과 제재를 받지 않는 비결을 배우지 않으면 안 된다. 솔로몬은 그 적절한 한도 내에서 좋은 술을 마시면서 쾌락을 추구해보고자 했던 것이다. 솔로몬 왕은 즐거운 것을 추구하는 데 있어서 웃음에서 술로 나아갔다. 미주가(美酒家), 즉 많이 마셔도 뒤끝이 깨끗하고 산뜻하고 좋은 술을 마셔가면서 기분 좋게 쾌락을 추구해보았다는 것이다.

"또 어떻게 하여야 어리석음을 취하여서 천하 인생의 종신토록 생활함에 어떤 것이 쾌락인지 알까 하여". 솔로몬은 지혜로운 방식으로 술을 마셔보았지만 이제는 꼭 지혜로운 방식만이 쾌락을 주는 것이 아니라고 생각하여 약간 어리석은 방식 비슷한 것을 취하여 쾌락을 추구하고자 했던 것이다. 그래서 어리석음을 취해서 천하 인생의 종신토록 생활함에 어떤 것이 쾌락일까 생각하다 보니 4절로 넘어간다.

4-6절, 나의 사업을 크게 하였노라 내가 나를 위하여 집들을 지으며 포도원을 심으며 5 여러 동산과 과원을 만들고 그 가운데 각종 과목을 심었으며 6 수목을 기르는 삼림에 물주기 위하여 못을 팠으며

"나의 사업을 크게 하였노라". 술 같은 것은 일시적인 것이므로 오랫동안 즐겁게 살려면 사업 같은 일을 벌여서 즐겁게 하려고 했던 것이다.

"내가 나를 위하여 집들을 지으며". 멋있는 집을 잘 지어서 살면 즐겁지 않겠는가?

"포도원을 심으며 여러 동산과 과원을 만들고 그 가운데 각종 과목을 심었으며". 이러한 일을 좋아하는 부녀들이 많이 있다. 닭장 같은 아파트에서 살지 않고 단독주택에 살면서 정원도 만들고 화원도 만들고 각종 과목도 심는 것이다.

"수목을 기르는 삼림에 물주기 위하여 못을 팠으며" 정원도 가꾸고 수목을 기르는 삼림에 물도 주고, 못을 파서 잉어나 물고기도 기르면서 살면 상당히 큰 즐거움과 쾌락이 있을 것이 아닌가? 솔로몬은 돈이 많은 왕이니 못할 일이 있었겠는가? 그가 이렇게 다 해 보았다는 것이다.

7절, 노비는 사기도 하였고 집에서 나게도 하였으며 나보다 먼저 예루살렘에 있던 모든 자보다도 소와 양떼의 소유를 많게 하였으며

그 다음에는 노비이다. 여러분은 노예, 종들을 부려본 적이 없을 것이다. 사람이 종들을 두고 섬김을 받아보면 그것이 굉장히 누림이 있다는 것을 알게 된다. 예전에 인도에서 선교를 하던 선교사들이 있었는데, 인도에서는 돈을 조금만 주면 하녀들과 종들을 많이 둘 수 있다. 그러면 그들이 모든 일을 다 알아서 해주는데, 그럴 때 기분이 매우 좋다는 것이다. 내가 어렸을 때는 양반, 상놈이 아직 있을 때였는데, 우리 아버님 같은 분들은 어떤 집을 방문하게 되면 조심스럽게 '누구 계십니까?' 라고 하는 것이 아니라 문밖에 서서 뒷짐을 지고 서서 '이리 오너라' 하고 큰 소리를 지르셨다.

사람들이 존경받고 섬김을 받다 보면 그 맛도 괜찮다는 것을 알게 된다. 솔로몬이 노비를 사 보기도 하고 데려다가 섬기게 해 보니까 종종 말썽을 부리는 경우도 있었던 것이다. 그래서 아예 노비를 집에서 나도록 한 것이다. 출생할 때부터 아예 노예가 되도록 해서 그 섬김을 받았던 것이다. 그러한 노비들은 매우 충성스럽고 문제를 일으키지 않고 자신의 마음을 기쁘게 했다.

"나보다 먼저 예루살렘에 있던 모든 자보다도 소와 양떼의 소유를 많게 하였으며". 그리고 소떼와 양떼의 소유를 많게 하였다. 당시에는 이러한 것이 부(富)의 표시였다. 소떼가 많고 양떼가 많은 것이 부의 축적에 대한 바로미터였던 것이다. 오늘날로 말하자면 은행 잔고가 수백억, 수천억이 되는 사람이 은행에 가면 지점장이 달려 나와 마중 나오는 격이다. 그런데 그때는 양떼와 소떼가 부의 표시였다. 열 지어 서 있는 붉은 소들과 양들로 인해서 든든하게 느껴지는 것이다. 솔로몬은 이렇게 자신의 소유를 많게 하였다.

8절, 은금과 왕들의 보배와 여러 도의 보배를 쌓고 또 노래하는 남녀와 인생들의 기뻐하는 처와 첩들을 많이 두었노라

"은금과 왕들의 보배와 여러 도의 보배를 쌓고". 여러 나라 왕들로부터 오는 보물들, 금은 보화를 가져다가 진열장 같은 곳에 진열해 놓았다. 각 지방의 특산물과 보물들을 다 가져다 놓았다.

"노래하는 남녀와 인생들의 기뻐하는 처와 첩들을 많이 두었노라". 노래 잘하는 사람을 다 뽑아서 오늘은 부드러운 불란서 샹송, 내일은 멋있는 이태리 칸초네를 부르도록 한 것이다. 좋은 노래를 들으면 귀에 쏙 들어온다. 또한 아름다운 여자라는 여자는 다 데려다가 처첩을 삼았는데, 부인이 700명이고 첩이 300명으로 도합 1000명이었다. 캄보디아에 갔더니 시아누크 전 국왕은 한 도에 시찰을 가면 가장 아름다운 여인 한 명을 부인으로 데려온다고 했다. 그는 지금 시대에도 그렇게 많은 후궁들을 거느리고 있었다. 하지만 솔로몬은 1000명이나 되는 처첩을 거느렸으니 그런 왕들과도 비교할 수가 없다.

9절, 내가 이같이 창성하여 나보다 먼저 예루살렘에 있던 모든 자보다 지나고 내 지혜도 내게 여전하여

"나보다 먼저 예루살렘에 있던 모든 자보다 지나고". 솔로몬은 지나간 모든 왕들보다 훨씬 뛰어난 명성을 가진 왕이 되었다. "내 지혜도 내게 여전하여". 또한 솔로몬은 지혜의 왕이었다.

10절, 무엇이든지 내 마음이 즐거워하는 것을 내가 막지 아니하였으니 이는 나의 모든 수고를 내 마음이 기뻐하였음이라 이것이 나의 모든 수고로 말미암아 얻은 분복이로다

"무엇이든지 내 마음이 즐거워하는 것을 내가 막지 아니하였으니". 좋아하는 일은 다 한 것이다. 예를 들면 '오늘은 어디를 가야겠으니 캐딜락을 가져와라, 그거 타고 가야겠다. 에쿠우스를 가져와라, 이번에는 벤츠를 가져와봐라, 아니다. BMW가 낫겠다' 등 자기가 원하는 것은 다 하는 것이다. 여러분이 좋아하는 것은 무엇인가? 그것이 무엇이든 솔로몬 왕은 자기 눈이 원하는 모든 것을 막지 않았다고 했다. 어떤 삶을 살고 싶든지 어떤 사람과 살아보고 싶든지 자신이 원하는 것을 다 했다는 말이다.

"이는 나의 모든 수고를 내 마음이 기뻐하였음이라". 그러나 이렇게 하기 위해서 솔로몬은 그래도 수고를 했다고 한다. 노력을 해서 그렇게 누릴 수 있었다는 것이다. "이것이 나의 모든 수고로 말미암아 얻은 분복이로다". 그러므로 솔로몬은 왕의 지위를 이용하여 권력으로 불로소득한 것이 아니라 자기도 무엇인가 노력을 해서 얻었음을 말하고 있다.

11절, 그 후에 본즉 내 손으로 한 모든 일과 수고한 모든 수고가 다 헛되어 바람을 잡으려는 것이며 해 아래서 무익한 것이로다

그런데 내 손으로 한 모든 일과 수고한 모든 수고가 다 헛되다고 했다. 이렇게 수고한 사람이 다 헛되다고 말을 하면 그러면 정말 헛된 것이다. 1장에서도 언급한 바와 같이 전도서는 솔로몬이라는 사람이 한 말이다. 하나님이 하신 말씀이 아니다. 솔로몬이 인생을 경험하고 그 인생에서 느낀 허무함을 탄식하며 노래한 것이다. 그런데 이것이 하나님의 말씀 속에 들어 있는 이유는 이 책의 이름인 '전도서'에서 설명해준다. 하나님은 인간이 누릴 수 있는 가장 큰 영화와 부귀와 지혜를 누린 사람 하나를 들어서 '너 그 맛이 어떤지 한 번 이야기해보아라, 다 해보니까 어떤지 말해보아라' 하신 것이다. 그래서 솔로몬이 그 모든 것을 다 이야기한 것이다. 그것을 통해 사람이 무엇을 하든지 해 아래서 한 일은 다 공허한 것이고 하나님만이 참이고 의미가 있다는 것을 알게 해주려고 기록된 성경이 전도서라는 말이다.

이것은 우리에게 무엇을 주는가? 우리가 인생을 어떻게 살아야 할지에 대한 지혜를 주는 것이다. '아, 나의 인생이 결국은 다 헛된 것이란 말인가' 하고 말이다. 아직도 그것들(세상의 쾌락, 명예, 권력, 부귀 등)이 대단한 줄로 알고 쫓아다니는 사람들은 미련한 사람들이다. 그래서 이러한 말씀을 통해서 지혜를 얻으라는 것이다. 성경은 우리에게 구원에 이르게 하는 지혜를 주는 책이다. 꼭 솔로몬처럼 직접 겪어보아야 아는 것이 아니다. (사실 많은 사람들이 솔로몬만큼 겪지도 못한다.) 솔로몬이 1000가지를 누렸다면 그 중의 0.1퍼센트 정도를 누려보려고 애쓰다가 '아이고, 헛되구나' 하면서 인생을 마감하는 것이다. 그것이 어리석다는 것이다.

하나님이 우리를 사랑하시기 때문에 이러한 말씀을 주셔서 겪어보지 않아도 모든 것이 헛됨을 깨닫도록 하신 것이다. 솔로몬은 누구에게 부담이 많은가? '젊은이들'이요, '아들'에게이다. 잠언에도 아들에게 하는 말이 많다. '아들아, 내가 인생을 살아보니까 다 헛된 것이다. 너는 그런 것을 탐닉하지 말아라. 아무것도 아니다'라는 것을 알려주는 것이다. 그러면 '아버지, 알겠습니다. 절대로 그렇게 하지 않겠습니다' 해야 지혜로운 아들인데, '아닙니다. 나도 한 번 아버지처럼 다 해봐야겠습니다' 하는 사람은 어리석은 아들이다. 결론은 똑같기 때문이다.

"그 후에 본즉 내 손으로 한 모든 일과 수고한 모든 수고가 다 헛되어 바람을 잡으려는 것이며 해 아래서 무익한 것이로다".

12-15절, 내가 돌이켜 지혜와 망령됨과 어리석음을 보았나니 왕의 뒤에 오는 자는 무슨 일을 행할고 행한지 오랜 일일 뿐이리라 13 내가 보건대 지혜가 우매보다 뛰어남이 빛이 어두움보다 뛰어남 같도다 14 지혜자는 눈이 밝고 우매자는 어두움에 다니거니와 이들의 당하는 일이 일반인 줄을 내가 깨닫고 15 심중에 이르기를 우매자의 당한 것을 나도 당하리니 내가 어찌하여 지혜가 더하였던고 이에 내가 심중에 이르기를 이것도 헛되도다

1장에서도 이미 이야기한 바 있는 것처럼, 지혜를 많이 얻는 것도 헛되다고 한다. 지혜가 우매한 것보다 나은 것은 빛이 어두움보다 나은 것과 같다. 그러므로 지혜가 있다는 것은 무엇인가? 그것은 어떤 일을 하기 전에 일을 하는 과정과 결과를 미리 알 수 있다는 것이다. 어리석은 사람은 그 모든 것을 모르면서 무조건 될 것이라고 생각해서 열심히 하는 사람이다.

내가 예전에 한 단체를 떠날 때에 '여기에서는 아무리 일해도 소득이 없다' 고 생각했다. 왜냐하면 그들 가운데 하나님의 생명이 자라지 않기 때문이다. 그곳의 사람들은 진리에 대하여 지식으로만 알기 원하지 결코 순종하려 들지 않기 때문이다. 그들은 이미 관념과 사고가 한 쪽으로 강하게 굳어져 있었다. 나는 그것을 알고 더 이상 그곳에서 사역을 하면 안 된다고 생각했다. 하루 이틀 생각한 것이 아니라 몇 년을 생각한 후에 새로 시작해야 한다는 결론을 내렸다. 그런데 내가 나온 그때서부터 거기서 사역을 시작해보려고 열심을 내는 사람들이 있는 것을 보았다.

나는 젊을 때 직장에서 어떤 회사가 부도가 나는 것을 보았다. 큰 유통회사였다. 그런데 지혜로운 어떤 회사의 사장님은 벌써 부도난 회사의 정보를 입수하여 일찍 그 사장을 접촉하고 자기의 물건을 다 빼버리고 돈을 받을 것도 다 챙겨놓고 내가 일하던 회사에 와서 한 잠을 자고 나가는 것을 보았다. 그리고 그 사람이 말하기를 그 부도난 회사에서 돈을 다 챙겨가지고 나오는데 자기의 한 경쟁사는 오히려 물건을 그 망한 유통회사에 납품하려고 한 차를 싣고 가더라는 것이었다. 이처럼 지혜가 있는 사람이 있고 어리석은 사람이 있다. 그래서 나는 속으로 '사람이 참 여러 가지이다' 라고 생각했다.

지혜가 있다는 것은 일의 결국을 안다는 이야기이다. 지혜로운 사람은 무조건 어떤 일을 하는 것이 아니라 과정과 결국을 알면서 일을 한다. 그런데 우매하다는 것은 그쪽으로 가면 꽉 막힌 곳이고 출구가 없는데도 그리로 차를 몰고 가는 것을 말한다.

"심중에 이르기를 우매자의 당한 것을 나도 당하리니 내가 어찌하여 지혜가 더하였던고 이에 내가 심중에 이르기를 이것도 헛되도다"(15절). 그런데 솔로몬은 여기서 지혜가 있는 사람도 나중에 가서는 우매자가 당한 것과 똑같은 일을 당하니 지혜가 있는 것도 별 것 아니라고 말하는 것이다. 나중에 세월이 오래 지나고 나서 보니 그때 지혜롭게 행한 회사도 망하고 그 어리석게 행한 회사도 망했다. 오랜 후에 보니 그거나 저거나 다 마찬가지가 되더라는 것이다.

16절, 지혜자나 우매자나 영원토록 기억함을 얻지 못하나니 후일에는 다 잊어버린 지 오랠 것임이라 오호라 지혜자의 죽음이 우매자의 죽음과 일반이로다

또 솔로몬이 말하기를 인생을 지혜롭게 살았지만 결국은 다 죽는다는 것이다. 죽은 다음에는 다 잊어버리더라는 것이다. 살아있을 때에는 사람들이 이름도 기억해주고 의미가 있게 느껴지지만, 그가 죽고 나서는 그에 대한 말도 없어지고 '그런 사람이 과연 존재했었는가?' 할 정도로 다 잊어버린다. 지혜롭게 산 것이나 어리석게 산 것이나 별로 차이가 없다는 것이다. 그래서 솔로몬은 '지혜자의 죽음이 우매자의 죽음과 일반' 이라고 이야기한다.

17절, 이러므로 내가 사는 것을 한하였노니 이는 해 아래서 하는 일이 내게 괴로움이요 다 헛되어 바람을 잡으려는 것임이로다

"내가 사는 것을 한하였노니"는 영어로는 '사는 것을 미워했다' (I hated life)는 뜻이다(So I hated life, because the work that is done under the sun was grievous to me).

"이는 해 아래서 하는 일이 내게 괴로움이요 다 헛되어 바람을 잡으려는 것임이로다". 그래서 이 전도자는 사는 것이 한탄스럽다고 했다. 해 아래서 하는 모든 일이 괴로움뿐이고 헛되고 바람 잡는 것뿐이다. 하나님이 없는 인생은 무엇을 하든지 헛되고 괴로움 뿐이라는 말이다. 이것은 체험으로 말한 것이니 믿을만 하다. 하나님은 이러한 헛된 인생에 대해서 그분이 직접 영감을 내리시어 말씀하시지 않고 솔로몬 같은 지혜와 부귀의 왕을 들어서 체험케 한 후에 간증식으로 말하게 한 것이다. 이것이 성경 중 하나가 되게 하셨다. 하나님이 직접 '인생은 허무한 것이다. 지식도 쾌락도 부귀도 다 헛된 것이니 그런 줄 알라' 고 하신 것이 아니라 솔로몬 같은 사람을 들어서 그렇게 말하게 하신 것이 매우 재미있다. 우리는 하나님이 사람을 얼마나 사랑하시는지를 이런 성경을 통해서도 알 수 있다. 하나님은 이러한 전도자를 사용하시어 사람들로 인생의 결국과 허무를 알게 하도록 도우신 것이다.

18절, 내가 해 아래서 나의 수고한 모든 수고를 한하였노니 이는 내 뒤를 이을 자에게 끼치게 됨이라

"내가 해 아래서 나의 수고한 모든 수고를 한하였노니". 이 표현 역시 미워했다(hate)는 뜻이다. 지혜로운 사람이나 어리석은 사람이나 차이가 없는 것은 첫째로는 다 죽으며 나중에는 '그런 사람이 있었는가?' 하고 사람들의 머릿속에서 잊혀진다는 것이다. 아무 차이가 없다는 말이다. 둘째는 그렇게 일생토록 수고한 것이 다 남의 것이 되더라는 것이다.

"이는 내 뒤를 이을 자에게 끼치게 됨이라". 다 물려주어야 한다. 나는 대단히 큰 교회를 이룩한 목사님이 은퇴하는 광경을 보았다. 물려받는 사람은 '내가 어떻게 이렇게 엄청난 것을 물려받게 되었는가?' 하는 태도가 역력했다. 반면에 물려주는 사람은 '홀가분하다'는 태도였다. 그분이 만일 그것을 이루기 위해 수고도 하지 않은 사람에게 모든 것을 물려주고 떠날 것을 미리 실감나게 알았다면 그렇게 열을 내며 일을 하였을까? 아마도 그렇게까지 하지 않은 부분들이 있었을 것이다.

19절, 그 사람이 지혜자일지, 우매자일지야 누가 알랴마는 내가 해 아래서 내 지혜를 나타내어 수고한 모든 결과를 저가 다 관리하리니 이것도 헛되도다

솔로몬이 지혜롭게 관리해서 모아 놓은 많은 재물과 모든 것을 엉뚱한 사람에게 다 주게 되니 이것이 완전히 허무하더라는 것이다. 결국 남이 다 관리하게 되기 때문이다.

20절, 이러므로 내가 해 아래서 수고한 모든 수고에 대하여 도리어 마음으로 실망케 하였도다

그러므로 나중에 가서는 실망만 생기는 것이다. 다 남의 것이 되어버리는데 그렇게 열심히 가꾸어 놓고 키워 놓고 만들어 놓아서 무슨 소용이 있느냐는 것이다.

21절, 어떤 사람은 그 지혜와 지식과 재주를 써서 수고하였어도 그 얻은 것을 수고하지 아니한 자에게 업으로 끼치리니 이것도 헛된 것이라 큰 해로다

매우 큰 교회를 다른 사람에게 물려준 한 목사에 대해서 다시 생각해보자. 엄청나게 수고해서 대기업을 이루어 놓은 교회를 '어떻게 내가 이 엄청난 것을 이어받게 되었나? 이것이 어떻게 된 일인가?' 라고 어리둥절해하는 사람에게 주게 된 것이다. 그러므로 헛되다는 것이다. 누가 헛되다고 하는가? 나중에 가서는 그 일을 이룩한 사람이 자신의 모든 일이 헛되다는 것을 아는 것이다. 오늘이라도 늦지 않으니 이런 말씀을 듣고 '아, 헛된 것이구나, 이런 이야기가 다 성경에 있었네, 그럴 줄 알았으면 뭘 하려고 그렇게 열을 내며 일을 했을까' 하고 깨달으면 좋은 것이다. 여러분은 어떤가? 이런 말씀을 젊을 시절에 일찍 듣게 되었다면 앞으로 그런 헛된 일을 하지 않아도 되는 것이다. 그런 헛된 꿈을 꿀 필요가 없다. 주님이 인도하시는 대로 순종하면서, 무엇이든지 욕심으로 하지 말고 작은 발걸음 한 걸음씩 순종하며 가면 된다. 지나고 나면 다 헛되기 때문이다.

전도서는 참으로 하나님께서 피조물인 당신의 자녀들을 사랑해서 인생을 어떻게 살 것인가에 대한 지혜를 주는 책이다. 일찍 들으면 들을수록 여러분은 인생을 세이브하게 된다. 반면에 성경을 멸시하는 사람마다 크게 후회를 하게 될 것이다. 성경의 내용은 다 똑같은 말만 반복하고 있는 것이 아니다. 그러므로 전도서 1장을 들은 사람은 2장도 들어야 한다. 그렇지 않으면 나중에 후회하게 된다. 이러한 말씀을 매우 귀하게 여길 줄 알아야 한다. 대가를 지불해서 듣는 사람은 축복을 받을 것이다. 이러한 말씀에는 매우 값진 교훈, 인생의 문제의 해결책이 들어있기 때문이다.

22-23절, 사람이 해 아래서 수고하는 모든 수고와 마음에 애쓰는 것으로 소득이 무엇이랴 23 일평생에 근심하며 수고하는 것이 슬픔뿐이라 그 마음이 밤에도 쉬지 못하나니 이것도 헛되도다

일평생 근심하고 수고해봤자 무슨 소용이 있는가? 슬픔뿐이며 그 마음이 밤에도 쉬지 못한다.

24-25절, 사람이 먹고 마시며 수고하는 가운데서 심령으로 낙을 누리게 하는 것보다 나은 것이 없나니 내가 이것도 본즉 하나님의 손에서 나는 것이로다 25 먹고 즐거워하는 일에 누가 나보다 승하랴

"먹고 즐거워하는 일에 누가 나보다 승하랴". 먹고 마시고 즐거워하는 일에 누가 솔로몬보다 낫겠는가? 누가 솔로몬보다 즐거운 인생을 살겠는가? 그런데 솔로몬이 하는 말을 들어보자. 사람이 먹고 마시며 수고하는 가운데서 심령으로 낙을 누리게 하는 것보다 나은 것이 없는데, 이것도 본즉 하나님의 손에서 나는 것이라고 했다. 하나님이 주셔야 우리가 기쁨을 누릴 수 있다는 것이다. 하나님이 주시는 기쁨만이 참 기쁨이다. 결국 인생이 누릴수 있는 기쁨과 누림은 매우 단순하고 작은 일 가운데 있다. '주님, 이렇게 먹을 수 있으니 감사합니다. 주님, 내가 이렇게 걸을 수 있으니 감사합니다.' 이렇게 작은 것에 감사할 수 있는 마음은 하나님이 우리에게 주실 때만 느낄 수 있다. 이렇게 마음이 낮아진 곳, 비워진 곳에서 하나님은 우리의 삶의 누림이 되시고 기쁨이 되신다. 그러므로 우리는 하나님과 함께할 때면 언제든지, 얼마든지 기뻐하고 낙을 누릴 수 있다. 이것을 솔로몬이 깨달은 것이다.

26절, 하나님이 그 기뻐하시는 자에게는 지혜와 지식과 희락을 주시나 죄인에게는 노고를 주시고 저로 모아 쌓게 하사 하나님을 기뻐하는 자에게 주게 하시나니 이것도 헛되어 바람을 잡으려는 것이로다

하나님을 기쁘시게 하는 사람, 즉 그 마음이 오직 하나님을 향하고 하나님 한 분만을 사랑하고 섬기고 하나님께만 영광 돌리는 사람에게는 하나님이 지혜와 지식과 희락을 주신다는 이야기이다. 참으로 그렇다. 그러나 죄인에게는 노고를 주시고 저로 모아서 쌓게 하셔서 하나님이 기뻐하는 자에게 주게 하신다. 나쁜 사람은 수고만 잔뜩하지만 결국 하나님은 그것을 하나님이 기뻐하시는 엉뚱한 사람에게 주게 하신다는 말씀이다.

기도

"하나님 아버지, 감사합니다. 전도서를 통해서 인생의 무상함과 헛된 것을 보게 하시고 이 인생에서 추구할 것과 쫓을 것이 없음을 알게 하시니 감사합니다. 우리를 긍휼히 여기서 어리석게도 이미 성경에서 헛되며 바람을 잡는 것과 같다고 한 것을 추구하는 인생이 되지 않게 해주시고 오로지 이 우주 가운데에서 실제이시고 참이신 하나님, 그 어린 양 예수 그리스도만을 사랑할 수 있도록 도와주시옵소서.

또한 지혜의 마음을 주셔서 세월을 아끼고 참으로 하나님 한 분만을 기뻐하게 해주옵소서. 생활 속에서, 먹고 마시는 작은 일 가운데에서 하나님과 더불어 얻는 기쁨을 누릴 수 있게 도와주시옵소서. 감사와 찬미드리며 우리 주 예수 그리스도의 이름으로 기도드리옵나이다. 아멘."

전도서 3장

솔로몬은 전도서 1장에서는 학문의 공허함을, 2장에서는 쾌락과 사업의 허무함을 제시하였다. 아무리 학문 연구를 많이 하고 지혜를 얻어도 또 쾌락을 추구하고 사업을 하며 아름다운 정원을 꾸미고 살아도 거기에서 인생의 참된 만족을 얻을 수 없다고 하였다. 3장에 들어올 때 전도자는 인간 만사가 하나님의 뜻 가운데 가변적으로 돌아간다고 말한다. 또한 모든 일에는 때가 있다고 말한다.

이러한 전도서의 말씀들은 우리가 인생을 사는데 지혜를 준다. 이 말씀을 모르면 우리는 인생에서 필요한 지혜를 얻지 못한다. 인생을 다 산 뒤에 죽음이 가까웠을 때 이 같은 지혜서를 공부한다면 그것은 너무 늦은 것이다. 오늘 여러분이 이런 말씀을 읽고 인생을 가치 있게 살 때 여러분의 인생은 복된 인생이 될 것이다.

전도서 3장을 보기에 앞서 우선 시편 90편 모세의 기도를 살펴보자. 10절, "우리의 년수가 칠십이요 강건하면 팔십이라도 그 년수의 자랑은 수고와 슬픔뿐이요 신속히 가니 우리가 날아가나이다". 12절 "우리에게 우리 날 계수함을 가르치사 지혜의 마음을 얻게 하소서". 14절, "아침에 주의 인자로 우리를 만족케 하사 우리 평생에 즐겁고 기쁘게 하소서". 즐겁고 기쁘게 살라는 것이 하나님의 뜻이다. 우리의 인생이 즐겁고 기쁘려면 주님의 지혜의 말씀을 깨달을 수 있어야 한다. 지혜의 말씀은 이렇게 헛된 인생 가운데 모든 것에 때가 있음을 아는 것이다. 때를 모르는 사람은 어리석은 사람이다. 자기 때를 모르고 나서는 사람은 망하거나 죽음을 당하게 된다고 한다. 지혜와 때를 아는 것은 매우 관계가 있다. 욕심으로 눈이 가려지면 때를 분별하지 못하고 나서다가 낭패를 당하게 된다. 이러한 말씀을 배경으로 전도서 3장을 살펴보자.

1절, 천하에 범사가 기한이 있고 모든 목적이 이룰 때가 있나니

범사에 기한이 있고 목적이 이루어질 때가 있다고 말하고 있다. 범사에 때가 있다는 것을 아는 것만으로도 지혜를 얻게 되는 것이다. 어리석은 사람들은 때라는 것이 있는 줄을 모르고 나서다가 죽는 것이다.

2절, 날 때가 있고 죽을 때가 있으며 심을 때가 있고 심은 것을 뽑을 때가 있으며

사람은 날 때가 있고 또 죽을 때가 있다. 곡식은 심을 때가 있고 또 심은 것을 뽑을 때도 있다. 이러한 일은 계속 반복적으로 일어나는 현상이다.

3절, 죽일 때가 있고 치료시킬 때가 있으며 헐 때가 있고 세울 때가 있으며

누가 죽인다는 말인가? 이것은 다 하나님이 하시는 일을 사람 편에서 말하는 것이다. 사람들로 하여금 치명상을 입을 정도로 어려운 상황 가운데 집어넣으실 때도 있고 커다란 죽음의 질병을 허락하실 때도 있다. 그럴 때 사람 편에서는 죽을 것이라고 생각하게 된다. '나는 이번에 죽을 것이다' 라고 생각하지만 하나님은 긍휼히 여기셔서 치료하실 때가 있다. 지혜란 무엇인가? 어려운 상황에서 그러한 힘든 상황만 계속될 것이라고 생각하지 말라는 말이다. 반드시 해결될 날이 있다는 말이다. 집을 헐 때가 있지만 세울 때도 있다. 그러나 어리석은 사람의 마음은 어떠한가? 병이 들면 죽을 것이라고 생각하고 집이 헐리면 이제 끝장이라고 생각하고 낙담한다. 사업이 망한 사람도 마찬가지다. 망하면 끝이라고 보지만 다시 일어날 수가 얼마든지 있다. 헐렸지만 다시 세워질 때가 오는 것이다.

4절, 울 때가 있고 웃을 때가 있으며 슬퍼할 때가 있고 춤출 때가 있으며

울 때가 있지만 웃을 때도 있다. 사람이 살다 보면 슬플 때가 있다. 슬플 때 생각하면 항상 슬플 것 같고 그러면 도저히 살 수 없을 것 같다. 견딜 수 없는 슬픈 일이 생기고 답답하고 우울하기 때문이다. 그렇지만 지혜자가 가르치고 있는 것은 무엇인가? 슬플 때가 있고 울 때가 있지만 또 웃을 때도 있다는 말이며, 조금 시간이 지나면 다시 웃을 때가 온다는 것이다. 슬퍼할 때는 슬퍼해야 하지만 춤출 때가 있다는 것이다. 그러므로 지혜자는 성도들이 어렵고 괴롭더라도 항상 울며 살 것처럼 낙심하지 말라고 가르친다. 조금 있으면 춤을 출 때가 또 오기 때문이다. 슬프고 울 때는 곧 돌아올 웃을 때, 춤출 때를 생각하면 그렇게까지 낙담하고 슬퍼할 필요가 없다는 것이다.

그러면 춤을 추는 사람과 웃는 사람은 어떤 교훈을 얻어야 하는가? 슬픈 일도 오고 눈물 흘릴 날도 올 것이니 늘 웃을 것처럼 생각하지 말라고 말하는 것이다. 이러한 것을 가르쳐주시는 하나님의 뜻은 무엇인가? 하나님의 백성들이 이 땅을 살 때 지혜롭게 살라는 것이다.

고린도 전서 7장을 보자. "우는 자들은 울지 않는 자 같이 하며 기쁜 자들은 기쁘지 않은 자 같이 하며 매매하는 자들은 없는 자 같이 하며 세상 물건을 쓰는 자들은 다 쓰지 못하는 자 같이 하라 이 세상의 형적은 지나감이니라"(30-31절). 우는 자들은 울지 않는 자 같이 하고 기쁜 자들은 기쁘지 않은 자 같이 하라는 것이다. 계속 변하고 또 변하는 하나님의 섭리를 모르는 사람들은 기쁠 때는 자기의 인생에는 오직 기쁜 일만 있을 것처럼 너무 기뻐한다. 반대로 슬플 때는 자신의 인생에 슬픔 밖에 없는 것처럼 슬퍼한다. 그러나 사도 바울은 그리스도인은 그렇게 사는 것이 아니라고 가르치고 있으며 솔로몬도 그렇게 사는 것이 아니라고 가르쳐주고 있다.

5절, 돌을 던져 버릴 때가 있고 돌을 거둘 때가 있으며 안을 때가 있고 안는 일을 멀리 할 때가 있으며

"돌을 던져 버릴 때가 있고 돌을 거둘 때가 있으며". 돌뿐만 아니라 물건이든 사람이든 일이든 던져버릴 때가 있다. 던져야 할 때는 던져야 하는데 지혜가 없는 사람은 돌을 거두어야 할 때 오히려 던져버린다. 버려야 할 때인데 거두는 사람도 있다.

"안을 때가 있고 안는 일을 멀리 할 때가 있으며". 어떤 때에 어떤 사람은 안아야 한다. 어떤 경우는 안는 일을 멀리 해야 할 때가 있다. 이것도 다 사실은 지혜에 속한 것이다. 지혜로운 사람은 안아야 할 때 안고 멀리 해야 할 때는 멀리 한다. 이러한 때를 아는 것이 지혜라는 말이다.

6절, 찾을 때가 있고 잃을 때가 있으며 지킬 때가 있고 버릴 때가 있으며

어떤 때는 반드시 찾아야 할 때가 있다. 또 어떤 때는 아무리 귀하게 보이는 것이라 하더라도 과감하게 잃어버려야 할 때가 있다. 그런 때는 미련없이 잃어버려야 한다. 지킬 때가 있고 버릴 때가 있다. 우리는 우리의 양심을 걸고, 또 목숨을 걸고 우리의 믿음과 진리를 지켜야 할 때가 있다. 하지만 버려야 할 때는 또 버려야 한다. 우리가 가지고 있는 것들을 버리도록 요구받을 때, 우리의 권리를 포기하고 버려야 할 바로 그때에 버리지 않으면 어리석은 사람이 되는 것이다.

7절, 찢을 때가 있고 꿰맬 때가 있으며 잠잠할 때가 있고 말할 때가 있으며

찢어지는 때, 즉 나누어지는 때가 있다. 요즘에 우리 총회가 나누어지는 아픔을 당했다. 그런데 찢어지면 항상 찢어지는가? 그렇지 않다. 꿰맬 때도 있다는 것이다. 우리는 경험이 있기 때문에 서로 찢어지는 때의 교제를 지혜롭게 했다. 그럴 때 경험이 없는 사람들은 찢어지는 것에만 마음이 상한다. 그러나 지혜의 말씀을 배운 사람들인 우리는 '지금은 우리가 이렇게 찢어지지만 언젠가 또 꿰매어질 때가 있겠지요' 하면서 웃으면서 헤어졌다. 지혜로 훈계를 받은 사람들은 다툼이 적을 수 밖에 없다. 범사에 찢을 때가 있고 꿰맬 때가 있는 것을 알기 때문이다.

또 잠잠할 때가 있고 말해야 할 때가 있다. 어떤 때 우리는 말을 하지 않아야 할 때가 있다. 그럴 때 말하게 되면 상황을 악화시키기도 하고 사람들에게 어려움을 야기하기도 한다. 또한 마땅히 말을 해야 할 때는 말을 해야 한다. 이러한 것을 가려서 하는 것이 지혜자의 실행이다. 그러므로 성령이 충만해야만, 늘 성령의 인도를 따라야만 때에 맞게 행할 수 있는 것이다.

8절, 사랑할 때가 있고 미워할 때가 있으며 전쟁할 때가 있고 평화할 때가 있느니라

"사랑할 때가 있고 미워할 때가 있으며". 어떤 때에는 마땅히 사랑해야 할 때가 있다. 사실 우리는 누구든지 사랑해야 한다. 하지만 미워해야 할 때도 있다. 주님은 '너희 부모나 형제나 자매나 자신까지도 미워하지 아니하면 나의 제자가 되지 못한다' 고 하셨다. 미워해야 할 때는 마땅히 미워해야 한다. 미워해야 할 때 사랑하고, 또 사랑해야 하는데 미워한다면 그것은 다 지혜가 없는 것이다.

"전쟁할 때가 있고 평화할 때가 있느니라". 전쟁이 일어났다, 하지만 영원히 지속되는 전쟁은 없다. 또 다시 평화가 오게 된다.

9절, 일하는 자가 그 수고로 말미암아 무슨 이익이 있으랴

8절까지의 말씀은 모두 범사에 때가 있다는 것을 말했다. 때를 알아서 그 때를 잘 맞추어서 행하면 참 좋을 것 같은데, 그런데 여기서 전도자는 그렇게 때를 잘 맞춰서 일을 하더라도 무슨 이익이 있느냐고 묻는 것이다. 물론 인생의 지혜는 때를 잘 알아서 하는 것이고 그렇게 사는 것이 지혜로운 삶이지만 그렇게 지혜를 다해서 때를 알아서 일을 잘해도 무슨 소용이 있느냐고 하는 것이다. 그러니 때를 잘 알아서 사는 자도 자랑할 것이 없다는 뜻이다.

10절, 하나님이 인생들에게 노고를 주사 애쓰게 하신 것을 내가 보았노라

모든 것은 다 하나님이 정하신 '인생의 바퀴' 처럼 돌아간다. 웃다가 또 울다가 기쁘다가 또 슬프다가, 심었다가 또 거두고, 살다가 죽는 일이 계속되는 가운데 하나님이 사람들에게 노고를 주시고 애쓰게 하신 것을 보았다는 것이다.

11절, 하나님이 모든 것을 지으시되 때를 따라 아름답게 하셨고 또 사람에게 영원을 사모하는 마음을 주셨느니라 그러나 하나님의 하시는 일의 시종을 사람으로 측량할 수 없게 하셨도다

"하나님이 모든 것을 지으시되 때를 따라 아름답게 하셨고". 하나님은 모든 만물을 다 아름답게 지으셨다고 한다. 창세기 1장에 보면 하나님이 모든 만물을 지으실 때마다 좋다고 하셨다. 사실 우리가 모든 일을 대할 때 좋지 않은 것이 없다. 우리 가운데 일어난 일들, 예를 들면 낳는 일, 죽는 일, 심는 일, 뽑는 일, 우는 일, 웃는 일 등 모든 일이 한 면에서는 인생의 노고이다. 솔로몬은 이 모든 일에 무슨 낙이 있느냐고 했다. 그러나 또 한 면에서는 하나님이 모든 일에 있어서 아름답게 하셨다고 했다. 사실 우리가 모든 일을 대할 때, 그 진상을 보면 아름답지 않은 것은 없다. 깊이 있게 모든 일을 살피면 다 아름답고 좋은 것이다.

요즘에 우리 총회에 아주 어려운 일이 발생했다. 오늘은 그런 가운데 모여서 여러 가지를 매듭지은 날인데, 놀랍게도 나의 느낌은 '참 아름답다' 였다. 사람이 어떻게 보느냐에 달린 것 같고 또 감상하기에 달린 것 같다. 어떤 눈으로 보는가에 따라서 이 세상에 있는 모든 것들을 아름답게 볼 수 있다. 여러분이 하나님의 눈을 가지고 본다면 모든 것이 다 아름다울 것이다. 그런데 하나님의 눈 이외의 다른 눈을 가지고 보면 아름답지 않을 것이다.

"또 사람에게 영원을 사모하는 마음을 주셨느니라". 사람 속에는 영원을 사모하는 마음이 있다. 이 땅의 모든 것은 헛되다. 태어났지만 또 죽어야 한다. 여러 가지 공허한 일들뿐이다. 그런데 그 속에서 사람에게는 기묘하게도 영원 세계를 사모하는 마음이 있다는 것이다. 사람은 영원한 하나님이 자신의 형상대로 지으셨으므로, 또 영원하신 당신의 생기를 불어넣으셨으므로 속에 영원을 사모하는 마음이 있다.

"하나님의 하시는 일의 시종을 사람으로 측량할 수 없게 하셨도다".

그렇지만 우리가 영원을 사모하는 마음이 있을지라도 하나님의 하시는 일의 시종을 사람은 측량할 수 없다. 어떻게 될지 모른다는 것이다. 우리가 모든 것을 다 알게 되면 하나님을 경외하지 않을 것이며 의지하지도 않을 것이다. 일의 시종을 모르기 때문에 항상 하나님을 바라보지 않으면 안 되고 기다리지 않으면 안 되고 믿고 의지하지 않으면 안 된다. 장래의 모든 일이 어떻게 될지 아무도 모르기 때문이다.

12절, 사람이 사는 동안에 기뻐하며 선을 행하는 것보다 나은 것이 없는 줄을 내가 알았고

이것은 결론적인 이야기이다. 모든 일이 돌고 돌아서 헛된 가운데 인생을 사는데 사람이 살 동안에 기뻐하라는 것이다. 무엇이든지 다 아름답게 보고 기뻐하라는 것이다. 기뻐하며 선을 행하는 것보다 나은 것이 없다는 것이다. 여러분의 인생을 가장 가치 있게 사는 방법은 무엇인가? 솔로몬이 인생을 결산하고서 내린 결론은 '하루하루를 기쁨으로 사는 것' 이다. 그러므로 여러분은 기쁨을 너무 큰 것에서 찾지 말아야 한다. '내가 걸을 수 있음이 감사합니다. 내가 호흡할 수 있음이 감사합니다. 예배 참석할 수 있음이, 기도할 수 있음이 감사합니다.' 여러분은 이렇게 할 수 있는가? '그런 것이 뭐가 그렇게 감사합니까? 그것은 모두 당연한 것 아닙니까?' 라고 물을 것이다. 그러나 그렇지 않다. 참으로 마음이 겸손하고 낮으며 이 세상에 아무 의미가 없다는 것을 알고 전부 왔다 갈 뿐 덧없고 허무한 것을 안다면 내가 존재하는 그 자체가 감사한 것임을 알 수 있다. 그리고 우리는 그 자체로 기뻐할 수 있다. 이것이 진정 겸손한 마음이며 낮은 마음이어서 하나님을 가까이 할 수 있는 상태이기에 좋은 것이고 기쁜 것이다.

솔로몬은 사람이 사는 동안에 기뻐하라고 말한다. 사람들은 기쁜 일이 있어야 기쁘다고 한다. 그러나 우리는 그냥 기뻐한다. 하나님은 사람이 사는 동안에 기뻐하라고 했다. 빌립보서에서 사도 바울도 그냥 기뻐하라고 말한다. '사랑하는 자들아, 기뻐하라. 내가 다시 말하노니 기뻐하라.' 한 번 기뻐하라고 하면 듣고 잊어버릴까봐서 '다시 말하노니 기뻐하라' 고 하고 있다.

이런 찬송이 있다.

주 예수 은혜 사랑을 우리가 생각할 때
우리 영은 주의 얼굴 맞대고 보기 원해

주는 우리 생명 능력 방패 반석 노래
아무리 생각하여도 우리는 즐거워

사랑의 주를 따르도록 우리를 지키소서
당신의 영광의 형상 뵙는 그 날까지

주는 우리 생명 능력 방패 반석 노래
아무리 생각하여도 우리는 즐거워

우리 인생은 아무리 생각해도 즐겁다. 즐겁지 않으려고 아무리 생각해도 즐겁다는 것이다.

"사람이 사는 동안에 기뻐하며 선을 행하는 것보다 나은 것이 없는 줄을 내가 알았고". 우리가 이 땅에 사는 동안 가장 가치 있는 것이 무엇인가? 솔로몬은 선을 행하는 것이라고 대답한다. 주위에 있는 사람들을 사랑해주고 한 마디라도 그들에게 유익한 말을 해주고 은혜를 끼치는 말을 해주고 도와주고 위로해주고 힘을 주는 것이다. 이렇게 남을 기쁘게 해주고 도와주고 유익을 주는 삶, 즉 선을 행하는 삶이 가장 가치 있다는 것을 알았다는 것이다. 여러분은 어떻게 생각하는가? 자신만을 위하여 사는 것은 가치가 없는 삶이다. 많은 사람들의 유익을 위하여 사는 삶, 그러한 삶이 가치있는 것이다. 바울은 진정 그러한 삶을 살았다. "나와 같이 모든 일에 모든 사람을 기쁘게 하여 나의 유익을 구치 아니하고 많은 사람의 유익을 구하여 저희로 구원을 얻게 하라" (고전 10:33). 이러한 삶이 여러분의 인생을 가장 가치 있고 보람되고 또 허비하지 않는 인생으로 만들어 줄 것이다.

13절, 사람마다 먹고 마시는 것과 수고함으로 낙을 누리는 것이 하나님의 선물인 줄을 또한 알았도다

인생을 다 산 사람이 결론적으로 하는 말이다. 솔로몬은 엄청난 부귀영화를 누리고 재물과 쾌락을 누린 사람인데, 그가 인생을 다 산 다음에 결국 깨달은 것이 '매일 내가 먹고 마시고 조금 수고해서 낙을 누리는 것이 선물이구나' 라는 것이다. 우리의 인생의 기쁨은 뭔가 대단한 것이 아니고, 아침을 먹을 때 '내가 이렇게 먹을 수 있다는 것이 기쁘구나', 한 잔의 주스를 마시면서 '이렇게 마실 수 있다는 것이 감사한 일이구나' 하는 것이다. 이런 것이 그렇게 기쁘더라는 것이다. 솔로몬은 '조금 수고해서 약간의 낙을 누리는 것이 좋은 것이로구나, 하나님이 나에게 주시는 인생의 축복과 누림이구나' 라고 결론을 내린 것이다.

이러한 말씀을 듣는 것은 너무나 중요한 일이다. 왜냐하면 우리의 인생을 복되게 하기 때문이다. 아무것도 나아진 것은 없어도 우리의 누림과 체험에서 행복해지게 되기 때문이다. 작은 것에서부터 큰 기쁨을 갖게 되는 것이다. 그럴 때 우리는 '나는 요새 너무 기뻐요' 라고 말하게 된다. 나아진 것이 있는가? 없다. 그대로이다. 그런데 자신의 느낌에서부터 너무 달라진 것이다. 자신의 인생이 너무 행복하다고 느끼게 된 것이다. 이런 변화를 일억 원과 비교할 수 있는가?

나는 어떤 돈이 많은 분을 아는데, 그 돈을 벌어 놓고는 그것을 어떻게 지킬까 하면서 너무나 불안해하는 것을 보았다. 본인의 입으로 이 돈을 지켜야 한다는 것이 불안하다고 말하는 것을 들었다. 나는 그렇게 많은 돈이 없고 그렇게 큰 돈을 벌어본 적도 없기 때문에 그런 불안감을 느껴보지 못했다. 나는 가진 것이 많이 없으니까 항상 '새와 같이 즐겁다'.

그렇게 인생을 기쁘게 살면 되는 것이지 많이 갖고서 근심하면서 살면 무슨 소용인가? 솔로몬은 그 어떤 사람보다도 더 많은 물질을 갖고 살아보았다. 그런 다음에 결론을 내린 것이 삼시 세끼 밥 먹을 때 '이렇게 먹는 것이 감사한 것이구나, 마시는 것이 감사한 것이구나' 하면 된다는 것이다. 그는 이렇게 결론을 내려 주었다. 여러분도 감사하며 살기를 바란다.

14절, 무릇 하나님의 행하시는 것은 영원히 있을 것이라 더 할 수도 없고 덜 할 수도 없나니 하나님이 이같이 행하심은 사람으로 그 앞에서 경외하게 하려 하심인 줄을 내가 알았도다

하나님이 행하시는 일은 영원하다. 더할 수도 없고 덜할 수도 없다는 것은 하나님의 일이 완전하다는 뜻이다. 사람이 더하거나 뺄 수 없으며 사람의 뜻대로 되지 않는 것이 인간사이다. "하나님이 이같이 행하심은 사람으로 그 앞에서 경외하게 하려 하심인 줄을 내가 알았도다". 여러분이 아무리 원해도 안 되는 일이 있다. 또 여러분이 아무리 그렇게 되지 않기를 바라지만 결국 그렇게 되는 일도 있다. 왜 그런가? 만사는 하나님 손에 달려있기 때문이다. 우리의 마음에 '왜 일이 이렇게 되었어요, 그 일이 그렇게 안 되었으면 좋았을 텐데' 라고 하지만 그것은 하나님의 마음에 달린 일이다. 하나님의 뜻대로 하신 것이다. 그러므로 나중에 세월이 지난 후에 '아, 내 의지와 내 뜻과 내 원함대로는 안 되는구나, 모든 것이 하나님의 뜻대로 되는구나' 라는 것을 느끼게 되면서 하나님을 경외하라는 것이다.

15절, 이제 있는 것이 옛적에 있었고 장래에 있을 것도 옛적에 있었나니 하나님은 이미 지난 것을 다시 찾으시느니라

"이제 있는 것이 옛적에 있었고 장래에 있을 것도 옛적에 있었나니". 이러한 모든 말씀이 경험자들의 전도이며 지혜의 말이다. '이 세상에 이런 일은 있을 수 없는 일이다. 이렇게 재수 없고 이렇게 억울하다니… 세상에 이런 일이 어디에 있는가' 하고 말하지 말라는 것이다. 왜냐하면 이제 있는 것이 옛적에도 있었고 장래에 또 있을 것이기 때문이다. 그것보다 더 억울한 일도 있다는 것이다.

"하나님은 이미 지난 것을 다시 찾으시느니라". 이미 지났지만 하나님이 다시 있게 만든다는 것이다. 그러므로 세상에 나만 당하는 억울한 일은 하나도 없는 것이다. 또 어떤 사람은 '이 세상에 나보다 더 운수 좋은 사람은 없다, 복이 터졌다' 고 한다. 그러나 그것도 마찬가지이다. 옛날에도 그런 사람이 있었고 앞으로도 또 그런 사람이 있을 것이다. 나만 있는 일이라야 신기하고 대복이 터진 일인데 그런 일은 과거부터 많고 흔한 일이다. 그러므로 이 세상에는 별로 의미 있는 일이 없다. 다 옛날에도 있었던 것이고 앞으로도 있을 것이기 때문이다. 이는 하나님 외에는 대단한 의미를 두고 살지 말라는 뜻이다. 하나님 외에 이 인생에서 벌어지는 일은 그렇게 의미 있는 일이 없다는 것을 알려주는 것이다.

16절, 내가 해 아래서 또 보건대 재판하는 곳에 악이 있고 공의를 행하는 곳에도 악이 있도다

이 세상에서, 이 해 아래에서는 아무리 공정하게 재판을 한다고 해도 거기에는 악이 있다는 것이다. 공의를 행한다고 하는 사람들 속에도 악이 있다는 것이다. 그러므로 너무 지나치게 '내가 옳다, 너는 틀리다' 하지 말라는 것이다. 공의를 행한다고 하는 당신은 지금 해 아래 있는가, 아니면 천당에 있는가? 해 아래 있다면 당신이 공의를 행한다고 하는 그 속에도 악이 있다. 그러므로 너무 자기가 한 일이 옳다고 자랑하지 말라는 것이다.

나도 나름대로 진리를 따라 행하려고 하는 사람이고 의를 따라 살려고 하는 사람이다. 그럼에도 나는 오늘도 어떤 분과 만나서 이렇게 말했다. '내가 올바르게 한다고 하지만 어찌 해 아래서 하는 우리의 행사 속에 죄가 없겠으며 악이 없겠습니까, 우리가 어찌 나는 완전히 옳고 당신은 완전히 틀렸다고 말할 수 있겠습니까? 우리는 다 하나님 앞에서 회개해야 하지 않겠습니까?' 나는 그렇게 잘 하지 못했다. 옳지 않았다. 물론 나는 일부러 옳지 않은 것을 행하려고 하는 사람은 아니지만 그러나 해 아래 있는 이상 옳게 하려고 하는 그 속에도 악이 들어 있는 것이다. 그러므로 너무 지나치게 '나는 옳고 당신이 틀리다' 고 말하면 안 된다. 이러한 것을 알면 싸움의 오십 퍼센트 이상이 줄어든다.

17-18절, 내가 심중에 이르기를 의인과 악인을 하나님이 심판하시리니 이는 모든 목적과 모든 일이 이룰 때가 있음이라 하였으며 18 내가 심중에 이르기를 인생의 일에 대하여 하나님이 저희를 시험하시리니 저희로 자기가 짐승보다 다름이 없는 줄을 깨닫게 하려 하심이라 하였노라

"내가 심중에 이르기를 의인과 악인을 하나님이 심판하시리니". 하나님은 의인과 악인을 심판하신다. 결국 사람이 옳다 그르다 심판하는 것은 별로 의미가 없다. 하나님이 심판하실 때에서야 거기에 공의의 심판이 온다는 것이다. 그래서 고린도전서 4장에서는 아무도 판단하지 말라고 했다. 주의 날에 주님이 심판하실 때에 각 사람에게 칭찬이 있을 것이라고 했다(고전 4:5). 주님이 판단하시는 것만이 정확한 것이다. 사람의 심판은 정확하지 않다. 전도서의 마지막 장 마지막 절은 심판에 대해 말하며 끝내고 있다. "하나님은 모든 행위와 모든 은밀한 일을 선악간에 심판하시리라"(전 12:14). 이 세상의 모든 은밀한 것들과 은밀히 행한 것들이 주님이 오실 때에는 다 심판받을 것이다.

"내가 심중에 이르기를 인생의 일에 대하여 하나님이 저희를 시험하시리니". 하나님은 시험하시는 하나님이시다. 하나님은 왜 인생에게 많은 시험을 주시는가? "저희로 자기가 짐승보다 다름이 없는 줄을 깨닫게 하려 하심이라". 인생이 아무것도 아니며 짐승보다 나을 것이 없다는 것을 깨닫게 하기 위해서이다. '동물의 왕국'이라는 프로그램을 보면 어떤 경우에는 차라리 동물들이 인간보다 단순하고 깨끗하다. 인간들의 세상이 훨씬 더 골치 아프다. 짐승들은 약육강식의 세계이지만 새끼를 낳고 먹여 살리는 모습을 보면 자식을 낳고도 뻔뻔하게 이혼하고 도망가는 사람들보다 백배 낫다. 물론 이 인생은 거듭나지 않은 옛 창조 안의 인생을 가리킨다. 그리스도 안의 새 창조 안에서는 이러한 일이 없다. 그 내용이 그리스도이기 때문이다(고전 1:30).

결국은 하나님이 인간을 경성케 하려고 시험을 하시고 3장에 나오는 이러한 많은 일을 주신다는 것이다. 낳고 죽고, 심고 뽑고, 죽이고 치료하고, 헐고 세우고, 울고 웃는 모든 시험을 왜 주시는가? 모두 다 사람으로 하여금 '우리가 짐승보다 나을 것이 없구나. 조금만 좋으면 좋아하고, 조금만 싫으면 잡아먹으려고 대드니 아, 짐승보다 나을 것이 없구나' 하는 것을 깨닫게 하기 위해서인 것이다. 이러한 인생으로는 희망이 없다는 말이다.

19절, 인생에게 임하는 일이 짐승에게도 임하나니 이 둘에게 임하는 일이 일반이라 다 동일한 호흡이 있어서 이의 죽음 같이 저도 죽으니 사람이 짐승보다 뛰어남이 없음은 모든 것이 헛됨이로다

"다 동일한 호흡이 있어서". 짐승도 숨을 쉬고 사람도 숨을 쉬니 똑같다는 것이다. "이의 죽음 같이 저도 죽으니". 짐승도 죽고 사람인 우리도 죽으니 결국 똑같다.

20절, 다 흙으로 말미암았으므로 다 흙으로 돌아가나니 다 한 곳으로 가거니와

짐승이나 사람이나 다 똑같이 다 흙으로 돌아간다는 것이다. 그렇게 허무한 인생 가운데서 최고의 가치는 예수 그리스도를 아는 것이요 거듭나서 하나님의 자녀가 되는 일이다.

21절, 인생의 혼은 위로 올라가고 짐승의 혼은 아래 곧 땅으로 내려가는 줄을 누가 알랴

다만 다른 점은 이것이다. 사람과 짐승의 딱 한 가지 차이가 있다면 사람의 혼(영)은 위로 올라간다. 주신 분에게로 가는 것이다. 여기서 '혼' 이라는 단어는 히브리어로 '루하' (영)인데, 흠정역 성경은 이 '루하' 를 영으로 보고 사람만이 아니라 짐승도 영이 있다고 번역했다. 그러나 짐승은 사람에게 있는 영이 없다. 우주 가운데는 하늘과 땅과 사람 안의 영이 가장 중요한 하나님의 창조의 항목이다(슥 12:1). 이 구절의 혼이라는 말은 '영' 이라기보다는 '생기, 호흡' 이라고 번역해야 맞다. 짐승의 '호흡' 또는 '생기' 라고 번역할 수도 있겠다. 영어로 'spirit' (영)이라고 번역하는 것은 틀린 것이다. 짐승은 하나님을 접할 수 있는 기관으로서의 영이 없다. 사람만이 하나님과 교통할 수 있는 영이 있는 것이다.

"인생의 혼(영)은 위로 올라가고". 사람은 영이 있어서 죽으면 사람의 영은 결국 하나님께로 가고 짐승의 혼(생기)은 아래로, 즉 땅으로 내려간다. 이것이 바로 사람과 짐승의 차이이다. 사람이 귀한 것은 그 사람의 영이 하나님과 교제하고 사귀고 동행하고 예배하는 데 있다. 그것이 짐승과의 차잇점이다. 그런데도 사람이 하나님을 경외하지 않고, 하나님을 예배하지 않고, 하나님을 동행하지 않고, 하나님의 영과 교통하면서 살지 않는다면 짐승과 똑같다는 것이다.

22절, 그러므로 내 소견에는 사람이 자기 일에 즐거워하는 것보다 나은 것이 없나니 이는 그의 분복이라 그 신후사를 보게 하려고 저를 도로 데리고 올 자가 누구이랴

"그러므로 내 소견에는". 전도자 솔로몬의 이야기이다. "사람이 자기 일에 즐거워하는 것보다 나은 것이 없나니". 3장의 결론이다. 매일의 일상생활 가운데에서 하나님께서 우리에게 맡기신 작은 일들, 그 일을 즐거워하는 것이 최고라는 것이다. 여러분, 작은 일을 맡았다면 그 일을 하면서 '아, 이것이 나의 가장 큰 즐거움이구나' 라고 생각하기 바란다.

나는 정말 그렇게 살고자 한다. 나는 아침에 사무실에 출근하면서 기쁘다. 그리고 책을 들고서 집으로 퇴근할 때(사무실과 집은 매우 가까운 거리이다.) 정말 기쁘다. 심방하고 성도들과 교제하고 예배하고 말씀 전하고 함께 집회하는 이러한 것이 나의 인생이며 나의 즐거움이다. 이것 외에는 큰 즐거움이 없다. 여러분도 그렇게 살기를 바란다. '크고 위대한 일이 오지 않으면 나는 즐겁지 않을 것이야' 라고 하지 말고 지금부터라도 여러분이 맡은 작은 일, 즉 아이들의 밥을 해주는 것, 조금 벌어서 아이들 용돈을 주는 일 등을 하면서 기뻐하기 바란다. 이런 일을 할 수 있으니 얼마나 기쁘고 즐거운가! 이것이 하나님과 함께하는 일이 되는 것이다.

하나님을 경외함으로, 주의 성령과 연합함으로 하기 때문에 우리는 짐승과 다른 것이다. 우리의 일상생활 속에서 주님과 하나되어서 하는 작은 일 한 가지 한 가지에서 우리는 너무나 큰 즐거움을 찾는 것이다. 나는 지금 여러분에게 하나님께서 주시는 즐거움과 기쁨을 선물로 가져다 드리고 싶다. 앞으로는 여러분 모두 이 말씀대로 즐겁게 살기 바란다.

기도

"하나님 아버지, 감사합니다. 오늘도 우리에게 주의 말씀으로 훈계하시고 양육하시며 지혜로 가르쳐 주심을 감사합니다. 하나님, 우리의 일상생활 가운데 작은 일 속에서 기뻐하고 즐거워하며 하나님과 함께 생활하라고 말씀해주신 것으로 알고 순종하며 살게 하여 주옵소서. 아버지, 우리는 먹고 마시며 주님을 섬길 수 있는 작은 일들에서 큰 기쁨을 누립니다. 영광을 홀로 받으시옵소서. 찬양과 감사와 영광을 돌리며 예수 그리스도의 이름으로 감사하며 기도드리옵나이다. 아멘."

전도서 4장

1절, 내가 돌이켜 해 아래서 행하는 모든 학대를 보았도다 오호라 학대받는 자가 눈물을 흘리되 저희에게 위로자가 없도다 저희를 학대하는 자의 손에는 권세가 있으나 저희에게는 위로자가 없도다

일반적으로 권력을 가진 사람은 사람들을 학대하면서도 그들의 고통을 모르기 십상이다. 그렇지만 하나님의 사람인 솔로몬은 자신이 왕이면서도 학대받는 자들의 아픔을 헤아릴 수 있는 사람이었다. "내가 돌이켜 해 아래서 행하는 모든 학대를 보았도다 오호라 학대받는 자가 눈물을 흘리되 저희에게 위로자가 없도다". 학대를 당하면서 아파하는데 그러한 자를 위로하는 자가 없었다는 것이다. 위로하는 자라도 있으면 학대를 받는 사람들은 마음에 힘이 되기도 하고, 또 그런 학대를 견디면서 이길 수 있는 은혜를 얻을 수 있을 텐데 그렇게 위로할 수 있는 사람도 없다는 것이다.

"저희를 학대하는 자의 손에는 권세가 있으나 저희에게는 위로자가 없도다" 학대하는 자들은 그 손에 권세가 있는 자들이다. 그러므로 약자들은 소위 큰 힘, 권세, 대세 등에 의해서 압제를 당하고 학대를 당하는데, 그럴 때에 슬퍼하는 사람 편에 서서 그들을 위로하게 되면 그도 역시 사람들의 눈총을 받고 학대를 받게 되기 때문에 그렇게 함부로 위로를 해줄 수도 없게 된다. 그렇기 때문에 그런 곤경 밑에서 학대를 받는 사람들은 외롭기 짝이 없게 된다. 이런 모든 상황을 솔로몬이 본 것이다.

2절, 그러므로 나는 살아 있는 산 자보다 죽은 지 오랜 죽은 자를 복되다 하였으며

그러므로 솔로몬은 그렇게 살아서 권력 밑에서 학대를 당하는 사람들의 고통을 보면서 '살아 있기 때문에 고통을 당하는구나. 차라리 죽은 자들이 더 행복하지 않은가' 라고 생각했다. 죽은 자들은 학대를 당할 필요가 없다. 오래 전에 죽었기 때문에 그런 고통을 당하는 자들보다 죽은 자들이 더 행복하지 않느냐고 생각한 것이다.

오늘날에는 우리나라에 이런 일이 적지만, 거슬러 올라가면 고려 시대나 조선 시대, 근세의 유신 시대에도, 또 그 이전에도 순수하고 착한 사람들이 끌려가서 심한 고문도 당하고 고통을 당하는 경우도 있었다. 우리나라 뿐 아니라 다른 많은 나라들에서도 그러한 권세 밑에서 탄압받고 고통당하는 사람들이 얼마든지 있다.

우리가 선교하는 나라인 캄보디아는 수많은 사람들이 폴폿트 정권 아래서 죽었다. 수년간 감옥에 끌려가서 고통을 당했다. 그들이 그럴 만한 죄를 지었기 때문이 아니다. 프놈펜에 있는 한 고등학교 전체를 감옥으로 만들어서 교실마다 민간인들을 잡아서 가둬두고 고문했다. 10여 년 전에 갈 때만 해도 그 감옥에 있던 인분이 아직 사라지지 않은 상태였다. 갖가지 고문 도구도 그대로 있다. 그 방에서 생활하고 그 방에서 배설하고 많은 고통을 당하고 대부분 다 죽음을 당했다. 처음에 그곳을 보았을 때는 눈물이 나왔다. 너무나 가련하고 불쌍했기 때문이다. 그처럼 권력을 잡았던 사람들에게 학대를 당하는 모습을 보면 그들보다 오래 전에 죽었던 사람이 행복하지 않은가라는 생각을 가질 수 있다.

솔로몬이라는 왕이 이러한 묵상을 하는 것이 귀하다는 것은 그가 왕이면서도 권세에 취하지 않았다는 것이다. 그러기에 학대받는 자의 편에서 그들의 아픔을 헤아릴 수 있었다는 점을 귀하게 볼 수 있다. 여기서 우리는 교만한 것, 부자가 되어서 마음이 부유한 것, 높은 위치에 있는 것이 얼마나 위험한 것인지를 알 수 있고 참으로 겸손하고 낮은 마음으로 모든 사태를 바라볼 수 있는 것, 사람과 정황과 많은 것들을 헤아릴 수 있는 것이 얼마나 아름다운 것인가를 알 수 있다. 나는 하나님의 마음과 가장 일치할 수 있는 지점은 결국 가장 낮은 곳에서 모든 상황을 바라보는 것이라고 믿는다. 하나님은 가장 높은 데 계시지만 가장 마음이 낮은 자들과 함께하시는 분이시다.

3절, 이 둘보다도 출생하지 아니하여 해 아래서 행하는 악을 보지 못한 자가 더욱 낫다 하였노라

죽은 자들보다도 또는 그 탄압 아래서 학대받는 사람들보다도, 또 오래 전에 죽은 자들보다도 더 복된 자들은 아예 출생하지 않은 자들이라고 말한다. 해 아래서 행하는 악을 보지 못한 자가 더욱 낫다고 했다. 솔로몬은 생각이 여기에까지 이른 것이다. 아예 나지 않았더라면 좋았다는 것이다. 욥도 그런 고백을 한 적이 있다. '내가 출생하지 않았더라면 이렇게 고난을 당하지 않았을 텐데 왜 어머니는 나를 낳았는가' 라고 했었다.

4절, 내가 또 본즉 사람이 모든 수고와 여러 가지 교묘한 일로 인하여 이웃에게 시기를 받으니 이것도 헛되어 바람을 잡으려는 것이로다

전도서의 주제는 공허하다는 것이다. 모든 것이 공허하다. "사람이 모든 수고와 여러 가지 교묘한 일로 인하여 이웃에게 시기를 받으니".

시기를 받는다는 말을 어떤 성경에는 '경쟁의 결과' 라고 번역했다. 이 땅에서 사람들은 여러 가지 교묘하고 지혜로운 일을 하려고 많은 수고를 한다. 그러한 성취를 위해서 수고를 하는 것을 볼 때에 그것이 결국은 경쟁의 결과임을 알았다는 것이다.

이를테면 바티칸에 가보면 정말 놀라운 예술 작품들이 많다. 바티칸 대성당의 총감독이 미켈란젤로였다. 또 한 명은 라파엘이었다. 그들은 분야는 달랐지만 얼마나 경쟁적으로 자기의 기술을 발휘했는지, 두 사람이 서로 말도 하지 않고 지냈다고 한다. 좋게 해석한다면 그런 경쟁자가 없고 이겨보려는 마음이 없었다면 그렇게 빼어난 작품은 나올 가능성이 없었다는 것이다. 사람은 나서 서울로 보내고 말은 제주도로 보내라는 말이 있다. 왜 사람을 서울로 보내라는 것인가? 시골에 있으면 경쟁이 없기 때문에 발전하지 않는다. 조금 공부 잘하면 자기가 최고인 줄 알고 더 이상 공부하지 않는다. 하지만 서울로 올라오면 수많은 경쟁자가 있기 때문에 만만치 않음을 느끼고 더욱 갈고 닦는 일을 하게 되는 것이다.

마찬가지로 사역자들을 시골 교회에만 있게 하지 말라는 말도 한다. 그러면 성경도 열심히 읽지 않고 느슨하게 되고 게을러지기 때문이다. 시골의 생활방식이 그렇다. 성도들은 논이나 밭에서 일하다가 또 모여서 예배드리기 때문에, 특별히 말씀을 많이 준비하지 않고 전해도 다들 좋다고 하고 은혜 받았다고 한다. 그런데 도시에서 그렇게 사역을 하다가는 쫓겨나기 십상이다. 일반 성도들도 이리 저리 성경공부 하러 다니기 때문에 눈과 귀가 다 높아져 있다. 따라서 도회지에서 사역을 해봐야 경쟁적으로 진보하기 때문에 사역자를 시골에다만 묶어두지 말라고 하는 것이다.

왜 많은 사람들이 그렇게 정교한 일을 위해서 노력하는가? 정교한 일이라면 예술도 있고, 문학도 있고, 음악도 있고, 또는 자기가 추구하는 많은 기술도 있다. 글 쓰고 시를 쓰는 것 등의 많은 것들이 있다. 그런 것들을 성취하려고 열심히 수고하는 것을 솔로몬이 보았더니 그것은 경쟁의 결과임을 확인했다는 것이다. 경쟁심 때문에 그렇게 열심히 하는 것을 보았다는 것이다. 그리고서 솔로몬이 하는 말이 '그것도 헛된 것' 이라고 한다.

여러분이 이러한 지혜의 말씀을 아는 것과 모르는 것은 차이가 있다. 일생토록 힘겹게 수고하고 에너지를 다 소모하고 나서 '내가 왜 이렇게 수고하지?' 라고 했을 때 알고 보니 결국 얄팍한 경쟁심 때문이었음을 알게 되면 허탈해지는 것이다. 왜 이렇게 돈을 벌려고 했던가? 어디 가서 친구나 이웃이 잘 사는 것을 보고 온 것이다. '내가 어떻게 해서든지 저 사람보다 잘 살아야지' 하는 마음에 그렇게 애를 써서 돈을 번다는 것이다. 언젠가 자기 친구가 에쿠우스를 타고 BMW를 타는 것을 보고는 어떻게든 그 친구를 따라잡으려고 그때부터 죽을 힘을 다해서 일을 하더라는 것이다. 이 세상에서 많은 사람들이 애를 쓰고 수고하고 열심히 하는 이유는 결국 경쟁의 결과이며 지혜자는 우리에게 그것도 모두 헛된 것이라고 말을 해준다.

이런 진리를 아는 것과 모르는 것, 깨닫는 것과 못 깨다는 것에는 차이가 있는가? 차이가 많다. 진리를 알지니 진리가 너희를 자유케 하리라고 했다. 모든 진리는 우리로 하여금 헛된 것에 힘을 다 쓰고 낭비하지 않도록 해준다. 우리가 참으로 하나님을 섬겨야 할 때, 정말 주님께 드려야 할 때 아직도 속에서 경쟁심리가 빠져나가지 않음으로 하나님을 섬기지 못하고 계속 헛되게 엉뚱한 일에 수고한다면 얼마나 손해이겠는가? 그렇게 되면 정작 주님이 시키시는 일을 받들어 할 수가 없다. 아직도 다른 사람을 이겨보려고 하는 경쟁심리에 불이 붙어서 주님의 음성을 참되게 듣지 못하기 때문이다. 경쟁심에 도취되어서 주님의 말씀을 순종하지 못한다. 어떻게 해서든지 모든 힘과 시간을 다해서 경쟁상대를 이겨야 하기 때문이다. 세월이 흘러 나이가 많아지고 노인이 되고 이도 다 빠지고 힘이 빠지고 나서 전도서를 읽어 보니 '아, 내가 경쟁심에 불타서 그렇게 많은 세월을 낭비했구나' 라고 뒤늦게 깨닫게 되는 것이다.

5절, 우매자는 손을 거두고 자기 살을 먹느니라

우매자는 미련한 자, 영어로는 바보(fool)이다. 그런 우매자는 자기의 손을 거두고 자기의 살을 먹는다고 한다. 자기 자신을 소모하는 사람이 바로 게으른 사람이다. 게으른 사람은 결국 자기를 축내는 사람이라는 뜻이다.

6절, 한 손에만 가득하고 평온함이 두 손에 가득하고 수고하며 바람을 잡으려는 것보다 나으니라

자기의 소유한 것이 한 손에만 가득하고 평안하면 된다는 것이다. 거기서 더 나아가서 두 손에는 가득하고 수고하는 것보다 낫다는 것이다. 두 손에 가득 잡으려다 보니 수고를 많이 하게 되는데 그것이 바로 바람을 잡는 것이라는 뜻이다. 이것은 욕심으로 일하는 것을 말한다. 한 손에만 채우면 마음이 평온할 수 있는데, 두 손을 채우려니까 욕심이 한이 없게 된다. 그러다 보니 수고가 지나치게 되는 것이다. 그렇다면 두 손이 다 채워지는가 하면 채워지지 않는다는 것이다. 그러므로 바람을 잡는 것이라고 했다.

쉬운 예를 들어보자. 아파트 한 채에서 살면 되는데 누가 두 채를 가졌다는 말을 듣고 두 채를 사보려고 수고하고 애를 쓰는데 결국 수고만 많이 했지 두 채는 생기지 않는 것이다. 그러므로 그냥 한 채만 구입해서 편안하게 살면서 평온하게 지내는 것이 두 채를 향해서 계속 수고하면서 애를 쓰다가 두 채를 가져보지도 못하고 죽는 것보다는 낫다는 것이다.

사도 바울은 입을 것과 먹을 것이 있은즉 족한 줄로 알라고 했다. 우리가 가진 것을 그저 족한 줄로 알면 될 텐데 거기서 더 욕심을 부려서 더 얻으려고 할 때, 두 손을 가득 채우려고 할 때 결국 얻어지지 않고 수고만 지나치게 하게 되니 그것은 어리석은 것이다.

7-8절, 내가 또 돌이켜 해 아래서 헛된 것을 보았도다 8 어떤 사람은 아들도 없고 형제도 없으니 아무도 없이 홀로 있으나 수고하기를 마지 아니하며 부를 눈에 족하게 여기지 아니하면서도 이르기를 내가 누구를 위하여 수고하고 내 심령으로 낙을 누리지 못하게 하는고 하나니 이것도 헛되어 무익한 노고로다

"어떤 사람은…아무도 없이 홀로 있으나 수고하기를 마지 아니하며 부를 눈에 족하게 여기지 아니하면서". 솔로몬이 주목하여 본 한 사람이 누구인가? 자식도 없고 형제도 없는 사람이다. 아무도 없이 혼자 된 사람이 돈을 벌기 위해서 그렇게 일을 열심히 하더라는 것이다. 그래서 돈을 많이 벌고 부가 축적이 되었는데도 계속 일을 하는 것이다.

"이르기를 내가 누구를 위하여 수고하고 내 심령으로 낙을 누리지 못하게 하는고". 그런 사람이 속으로 할 수 있는 말이다. 어느 정도 벌어놨으면 쉬면서 기쁨을 누려야 할 텐데 그는 혼자 살면서도 계속 돈을 더 벌려고 일만 하는 것이다. 솔로몬이 그런 사람을 보았다. 혼자서 끊임없이 부를 추구하면서 일을 하다가 죽을 날이 되면 죽는 것이다. "이것도 헛되어 무익한 노고로다". 그것도 헛되다는 것이다.

9절, 두 사람이 한 사람보다 나음은 저희가 수고함으로 좋은 상을 얻을 것임이라

"두 사람이 한 사람보다 나음은". 이제 솔로몬이 묵상하고 또 생각해낸 것이 이것이다. 고립된 것, 혼자 있는 것은 참으로 위험한 것이다. 왜 그렇게 헛된 방식으로 어리석은 방식으로 사는가를 생각했을 때 그것은 그 사람이 혼자이기 때문이라고 솔로몬은 생각했다. 그래서 두 사람이 한 사람보다 낫다고 했다. "저희가 수고함으로 좋은 상을 얻을 것임이라". 두 사람이 수고할 때 좋은 상을 얻을 수 있는 결과를 가져온다고 했다.

10절, 혹시 저희가 넘어지면 하나가 그 동무를 붙들어 일으키려니와

"혹시 저희가 넘어지면 하나가 그 동무를 붙들어 일으키려니와". 둘이 있으면 한 사람이 넘어져도 친구가 일으켜준다. 그러나 혼자 있다가 넘어지면 도울 사람이 없다.

"홀로 있어 넘어지고 붙들어 일으킬 자가 없는 자에게는 화가 있으리라". 홀아비나 과부나 혼자 살다가 병이 들거나 심장에 이상이 생겨서 갑자기 쓰러지면 누구도 도와줄 자가 없다. 그러므로 둘이 함께 살지 왜 혼자 사느냐고 말하고 있다.

11절, 두 사람이 함께 누우면 따뜻하거니와 한 사람이면 어찌 따뜻하랴

히말라야에 등반했던 두 사람이 너무 추워서 어떻게 할 수가 없을 때 둘이 꼭 붙어서 자서 살았다는 이야기를 들은 적이 있다. 또 한 사람이 쓰러졌는데 한 사람이 들쳐 업고 그 먼 길을 내려왔다고 한다. 그들이 혹독하게 추운 날씨에도 살아남을 수 있었던 것은 그 업힌 사람의 체온 때문에 업고 내려온 사람도 따뜻했기 때문이었다. 혼자 있는 것은 좋은 삶이 아니다. 너무나 힘든 일이다.

12절, 한 사람이면 패하겠거니와 두 사람이면 능히 당하나니 삼겹줄은

쉽게 끊어지지 아니하느니라

"한 사람이면 패하겠거니와". 한 사람이 싸우면 패하지만 두 사람이면 능히 당할 수 있다. 여자들도 밤에 혼자 다니면 안 된다. 혹 나쁜 사람들이 덤빌 때 두 사람이면 여자라도 위기를 모면할 수 있다. 그러나 혼자면 길이 없다.

"삼겹줄은 쉽게 끊어지지 아니하느니라". 삼겹줄이란 세 줄로 꼬아서 만든 줄이다. 각각 따로 있는 줄 세 개보다 세 줄을 함께 묶을 때 더 강하고 끊어지지 않는다. 우리는 여기서 지혜를 배울 수 있다. 오늘날 신앙생활 하는 성도들도 혼자 있는 것은 지혜롭지 않다는 것이다. 늘 지체들과 함께 연결되어서 생활하는 것이 좋은 것이다. 그런데 '나홀로 주의' 같은 독립적인 성품이 있다. 뭐든지 혼자 하는 것을 좋아하는 사람이 있다. 그런 성품은 위험하다. 지혜자인 솔로몬은 혼자는 좋지 않다는 것을 역설하고 있는 것이다. 누가 공격해도 막을 수 없고, 또 추운 날씨에도 혼자는 추위를 이길 수 없다. 혹시 넘어져도 일으켜줄 자도 없다. 그러므로 한 사람보다는 두 사람, 두 사람보다는 세 사람이 함께 하는 사람이 지혜로운 사람이고 길을 잘 걸어가는 사람이라고 말하는 것이다.

성품이 좋은 사람을 찾아보려면 그 사람이 학교 다닐 때 친구들 관계가 어떠했는가를 보는 것이 좋은 방법이다. 여러분이 앞으로 사위, 며느리감을 구할 때 사람이 어떤가를 봐야할 때가 있다. 그럴 때에 과연 그 사람이 성격이 좋은 사람인가를 보려면 친구들이 많이 있는가를 보면 된다. 늘 혼자 고독하게 왔다갔다 하는 사람은 성격이 좋은 사람이 아니다. 더불어 살 수 있는 사람이 좋은 사람이다. 여러 사람이 함께 지낼 수 있는 사람이 좋은 사람이다.

그런데 몸으로는 함께 지내고 함께 이야기를 하더라도 그 중심에서 사람들과의 연결이 없는 사람들이 있다. 그런 사람들은 나중에 어떤 시험을 당하거나 실족했을 때 일으켜줄 수 있는 사람이 아무도 없게 된다. 평소에 깊은 내면에서의 신뢰와 연결을 가진 사람이 없기 때문이다. 그러면 그렇게 생활하는 것이 좋은가? 좋지 않다. 적어도 몇몇의 서로 연결된 지체가 있어야 한다. 많은 사람들 가운데 신앙생활을 하더라도 주위에 마음을 같이 할 수 있는, 마음 중심속에서 서로 연결되고 신뢰하는 몇몇 지체들이 없다면 그런 사람들은 많은 사람들 속에 있어도 여전히 혼자이다.

나는 총회장으로서 총회를 이끌고 있는데 참 쉽지 않음을 느낀다. 내가 이렇게 말하면 사람들은 왜 총회에 속해서 그런 어려운 일을 당하느냐고 하는 사람들도 있다. 물론 총회로 인한 어려움이 많다. 그렇지만 그 가운데 속해서 함께 있는 것이 모든 귀찮은 것을 털어버리고 나홀로 있는 것보다 나은 것이다. 힘들게 여러 사람과 함께 하는 것이 쉽게 홀로 됨보다 훨씬 더 위험하다. 좋지 않다고 생각될지라도 많은 사람들과 함께하는 것이 순수하고 좋은 사람인 나 혼자 좋은 길을 간다고 하는 것보다 훨씬 안전하다는 것을 알기 바란다.

"삼겹줄을 쉽게 끊어지지 아니하느니라". 여러분의 신앙도 혼자 있으면 일겹줄밖에 안 된다. 그런 사람은 끊어지기 쉽다. 그러나 적어도 두세 사람, 서너 사람이 함께 중심에서 연결되고 함께 교제하고 신뢰하는 사람들은 삼겹줄, 오겹줄이기 때문에 끊어지지 않는다.

13절, 가난하여도 지혜로운 소년은 늙고 둔하여 간함을 받을 줄 모르는 왕보다 나으니

왜 이렇게 가난하고 지혜로운 소년을 왕과 비교했는지 우리는 알 수 없다. 그러나 솔로몬은 여기서 가난하고 지혜로운 소년과 늙고 둔하여 간함을 받을 줄 모르는 왕과 비교했다. 이런 대단한 왕보다 가난하지만 지혜로운 소년이 낫다는 것이다. 여기서 왕이 왜 문제가 있는가? 조언

자를 필요로 하지 않기 때문이다. "간함을 받을 줄 모르는 왕"이라고 했다. 그것은 둔하다는 것이다. 다른 사람의 조언을 잘 못 듣는 사람이 둔한 것이고 미련한 것이다. 그러나 지혜로운 사람은 어떤 사람인가? 다른 사람들의 충고와 조언을 지혜롭게 잘 들어서 자기 것으로 만들 줄 아는 사람이 지혜로운 사람이다.

그러므로 왕이면 무슨 소용이 있느냐는 것이다. 둔해서 좋은 조언을 해도 듣지 않는 왕이라면 그런 왕보다는 어리고 가난하더라도 다른 사람들의 말을 잘 들을 줄 아는 지혜로운 사람이 낫다는 것이다.

14절, 저는 그 나라에서 나면서 가난한 자로서 옥에서 나와서 왕이 되었음이니라

이 부분은 해석하기가 참 어렵다. '저는' 이라고 한 사람은 누구인가? 이것은 아마도 늙은 왕이 원래 나면서 가난한 자였다는 뜻인 것 같다. 그 사람이 감옥에 있다가 나와서 왕이 된 것이다. 그는 그렇게 어릴 때 고생도 하고 감옥살이도 해보았지만 후에 왕이 되어서는 고집이 센 사람이 되었다. 다른 사람의 조언을 듣지 않는 정도까지 된 것이다.

15-16절, 내가 본즉 해 아래서 다니는 인생들이 왕의 버금으로 대신하여 일어난 소년과 함께 있으매 16 저희 치리를 받는 백성들이 무수하였을지라도 후에 오는 자들은 저를 기뻐하지 아니하리니 이것도 헛되어 바람을 잡으려는 것이로다

"왕이 버금으로 대신하여 일어난 소년". 이는 아마도 13절에서 말한 가난하여도 지혜로운 소년인 것 같다. 이 소년이 결국은 나이 들고 둔한 왕 뒤를 이어 왕이 된 것 같다.

"저희 치리를 받는 백성들이 무수하였을지라도 후에 오는 자들은 저를 기뻐하지 아니하리니". 그런데 그 늙은 왕이 왕의를 내려놓고 소년이 왕이 되었을 때 전의 왕의 치리를 받던 백성이 무수하였지만 이전 왕을 기뻐하지 않는다는 것이다. 이것은 무슨 말인가? 예를 들어 우리나라의 제 5공화국 시절이 있었고 대통령이 있었다. 그 다음의 6공화국은 다른 분이 대통령이 되었다. 5공 정권은 실질적인 권력을 갖고 국민들을 치리했다. 그러나 그들이 지나갔을 때 많은 백성들이 그들을 기뻐하지 않았다. 새로 세워진 정권으로 마음이 향하기 때문이다. 경호실 사람들, 군인들, 많은 사람들이 전 대통령의 치리를 받았기 때문에 그가 여전히 대통령일 때처럼 대할 것 같지만, 일단 그만두고 새로운 대통령이 선출되었을 때는 전의 대통령에게 사람들은 '우리가 당신을 언제 보았는가? 당신이 무엇이냐?' 라고 한다는 것이다.

그러므로 현재 내가 대통령이다, 내가 회장이다 하면서 너무 좋아하지 말라는 것이다. 얼마 후 전임 대통령이 되고 전임 회장이 되면 사람들이 언제 보았느냐는 듯이 별로 아는 척도 하지 않는다는 것이다. 후에 오는 자들은 전임자들을 기뻐하지 않는다. 이것도 헛되어 바람을 잡는 것과 같다는 것이다. 만약 이런 사실을 모른다면 자신이 현재 많은 사람을 치리하고 많은 사람들이 좋아하니까 그것에 속아서 기뻐하며 모든 힘을 다 들여서 열심히 일할 것 아닌가? 하지만 나중에 보니 함께 하던 사람들의 태도가 다 바뀐다는 것이다. 이처럼 모든 것을 직접 다 겪어보지 않아도 그 본질을 알려주는 것이 바로 지혜이다.

기도

"하나님 아버지 감사합니다. 전도서의 말씀을 통해서 해 아래서 수고하는 모든 일들이 얼마나 헛된 것인지를 알려주시고, 그 본질이 얼마나 헛되며, 그 가운데 경쟁으로 말미암아 행하는 것이 얼마나 헛된 것인지를 알려주시니 감사합니다.

우리가 참되게 이런 진리를 깨닫고 우리의 온 맘과 온 뜻을 하나님께 행하고 참 진리로 행할 수 있도록 도와주시옵소서. 보혜사 성령께서 도와주시옵소서. 예수 그리스도의 이름으로 기도하옵나이다. 아멘."

전도서 5장

1절, 너는 하나님의 전에 들어갈 때에 네 발을 삼갈지어다 가까이 하여 말씀을 듣는 것이 우매자의 제사 드리는 것보다 나으니 저희는 악을 행하면서도 깨닫지 못함이니라

이제 전도서 5장에 올 때에 신앙생활에서의 주의할 점들, 특히 교회생활, 봉사에 있어서 주의해야 할 점들을 전도자는 가르쳐주고 있다.

"하나님의 전에 들어갈 때에". 이것은 오늘날 말로 말하면 교회생활, 곧 하나님을 섬기는 생활이다. "네 발을 삼갈지어다". 그럴 때에 발을 삼가라고 했다. 삼간다는 것은 조심하여 지키는 것이다.

"가까이 하여 말씀을 듣는 것이 우매자의 제사 드리는 것보다 나으니". 이 말씀을 들을 때 사무엘상 15장 22절의 '순종이 제사보다 낫다'는 말씀이 떠오른다. 즉 하나님 앞과 하나님의 집인 교회 앞에 나와서 교회생활 안에 참여할 때 첫 번째로 성도들이 알아야 할 것은, 깨닫지도 못한 채 무엇을 드리고 이것 하고 저것 하면서 뛰어다니는 것보다 말씀을 듣는 것이 낫다는 것이다. "가까이 하여 말씀을 듣는 것이 우매자의 제사 드리는 것보다 나으니". 이것은 나와 함께 신앙생활을 오래 하시는 분들은 귀에 못이 박히도록 들은 말씀이다. 무엇을 하려고 하지 말고 '먼저 들으라'는 것이다. 이것저것 하려고 하지 말고 말씀을 가까이 하여 잘 들으라는 것이다. 나는 이런 종류의 말씀을 정말 많이 말했다.

물론 말씀을 듣는다는 것은 단지 듣는 것만이 아니라 순종하는 것을 포함한다. 말씀을 청종하는 것이다. 출애굽기 3장에서 하나님께 호렙산에서 나타나셔서 모세를 불러서 보내시려고 할 때 하신 말씀이 있다. '이리로 가까이 하지 말라. 너의 선 곳은 거룩한 땅이니 네 발에서 신을 벗으라.' 하나님이 계시는 곳은 거룩한 곳이다. 그러므로 여기 저기 다니면서 신고 다니는 그 신을 벗으라고 하신 것이다. 하나님을 섬기기 위해서는 범사에 조심해야 한다는 뜻이다. 세상에서 일하는 방식이 이 세상의 신발이다. 회사생활 하는 방식으로 교회생활을 하면 안 된다. 회사에서 일하는 방식으로 교회에서 일하며 안 된다. 아내가 집에서 내무부 장관처럼 할 수 있지만, 그런 식으로 교회에서 행할 수 있는 것은 아니다. 남편이 집에서 마음대로 하고 자녀들을 호령하는 것처럼 교회에서 그렇게 행할 수 없다. 친구들과 자유롭게 지내듯이 하나님의 집에서 행할 수 없다.

교회는 하나님의 집이고 거룩하신 하나님이 계시는 곳이기 때문에 이곳에서는 '나는 그래도 뭔가를 할 수 있다. 내가 이렇게 제사드릴 수 있다. 이렇게 봉사하면 되지 않는가?' 라고 할 수 없는 것이다. 회사에서 경리를 하는 것처럼 교회에서 재정 봉사하면 되는 것이 아니다. 동창회에서 십시일반으로 돈을 걷어서 비품을 사는 것처럼 교회도 그렇게 비품을 사면 되는 것이 아니다. 세상에서 일하며 다니던 발로 교회에서 무엇인가 할 수 있다고 생각하지 말라는 것이다. 그것은 우매자의 제사이다. 그런 사람들은 자기들이 잘못된 제사를 드리고 있어도 그렇다고 깨닫지도 못하면서 그렇게 한다는 것이다. 그래서 나는 이전부터 성도들에게 무엇을 하려고 하지 말고 일단 말씀을 들으라고 말해온 것이다. 그러다 보면 나중에 깨닫고 하나님의 법도를 알게 될 때에 자연히 어떻게 할 줄을 알게 된다. 그러지 않고 신발을 벗지 않은 채 마음대로 행하면 많은 오류와 실수를 범하게 될 것이다.

2절, 너는 하나님 앞에서 함부로 입을 열지 말며 급한 마음으로 말을 내지 말라 하나님은 하늘에 계시고 너는 땅에 있음이니라 그런즉 마땅히 말을 적게 할 것이라

"너는 하나님 앞에서 함부로 입을 열지 말며 급한 마음으로 말을 내지 말라". 하나님을 섬기는 교회 안에 들어와서 말에 있어서 너무 빨리 말하지 말고, 많이 말하지 말라고 하는 것이다. 빨리 말하면 다 잘못 말하는 것이다. 많이 말하면 실수가 많게 된다. 많이 듣지 않고 말씀을 많이 배우지 않고 말을 많이 하게 되면 그 말은 필경 다 실수이다. 여기에도 교회 안에 들어온 지 얼마 안 된 분들이 있다. 그런 분들일수록 뭔가를 말하면 '이 교회는 어떻다, 이 교회의 사역자는 어떻다. 봉사가 어떻다, 교회 분위기가 어떻다, 설교가 어떻다' 라고 하는데, 그러나 그 모든 말들은 거의 다 실수이다.

그들은 어떻게 그렇게 담대하게 말할 수 있는가? 지금까지 그들은 나름대로 여기 저기 많은 교회에 다녀보았다. 거기에서 얻은 경험이 있고 거기에서 생겨난 관념이 있다. 아무래도 사람은 자기의 경험의 눈과 그 귀로 듣고 보게 된다. 따라서 정확한 판단을 하기 어렵다. 그러하기에 사람이 뭔가 말을 하려면 어디에서든지 좀 오래 있어 봐야 한다. 최소한 4-5년은 있어 봐야 한다. 그런 연후에 어떻다고 한 마디 할 수 있을 것이다. 그러나 아마도 그때쯤 되면 별로 할 말이 없게 될 것이다. 그러므로 신앙생활에서 가장 중요한 것은 입에서 급히 말을 내지 않는 것이다. 그것이 입술의 죄와 실수를 줄이는 비결이다.

"너는 하나님 앞에서 함부로 입을 열지 말며". 1절은 발을 조심하라고 했다. 함부로 일하는 것도 조심하라고 했다. 하나님의 전에 들어갈 때는 함부로 발을 딛는 것도 조심하라고 했다. 그리고 2절에서는 하나님의 전에서 함부로 입을 여는 것도 조심하라고 했다.

"급한 마음으로 말을 내지 말라 하나님은 하늘에 계시고 너는 땅에 있음이니라". 그 말하는 것이 하늘에서 바라본 하나님의 눈으로 바라보고 하나님의 마음으로 깨닫고 생각하고 말한 것이 아니라는 말이다. 사람의 생각이라는 말이다. 적어도 뭔가를 말하려면 하늘에 올라가서 하나님의 마음을 체크하고 하나님의 음성을 듣고 하나님의 눈으로 한 번 쳐다본 후에 말할 수 있을 것이다. 그러면 실수가 적을 것이다. 그러나 땅에서 땅의 안목으로 땅의 생각으로 말하면 다 틀린 말이다. "그런즉 마땅히 말을 적게 할 것이라". 그러다 보면 할 말이 별로 없게 된다. 그래서 말을 적게 하라는 것이다.

3절, 일이 많으면 꿈이 생기고 말이 많으면 우매자의 소리가 나타나느니라

"일이 많으면 꿈이 생기고". 꿈은 별 것이 아니라는 것이다. 꿈은 그저 낮에 있었던 여러 가지 일들이 잔상으로 남아서 떠오르는 것일 뿐이다. 그러므로 일이 많으면 꿈만 많아지게 된다.

"말이 많으면 우매자의 소리가 나타나느니라". 말을 많이 하는 사람은 결국 우매자라는 것이다. 하지만 사람들은 그렇게 생각하지 않는다. 그는 자기가 똑똑한 것을 증명하기 위해서 말을 많이 한다고 생각하는데 말을 많이 하는 사람은 어리석은 사람인 것이다.

18세기 영국의 시인 알렉산더 포우프는 "사람의 말은 나뭇잎과 같아서 잎이 가장 무성한 곳에서 의미라는 열매를 많이 보게 되는 경우는 거의 없다". 잎사귀가 많으면 거기에는 열매가 없다는 것이다. 말이 많으면 거기에는 의미라는 것이 없다는 뜻이다. 의미있고 가치있는 말을 하는 사람은 말을 적게 하는 사람이다. 당신이 평소에 하는 말의 양을 반만 줄인다고 가정해보라! 당신은 배나 지혜로운 사람이 될 수 있다.

4-5절, 네가 하나님께 서원하였거든 갚기를 더디게 말라 하나님은 우매자를 기뻐하지 아니하시나니 서원한 것을 갚으라 5 서원하고 갚지 아니하는 것보다 서원하지 아니하는 것이 나으니

"네가 하나님께 서원하였거든 갚기를 더디게 말라". '내가 무엇을 하겠다' 는 것이다. 가령 결혼하지 않은 청년들이 '결혼하지 않고 내 일생을 주님께 드리겠다' 는 것도 서원이다. 그러다가 시간이 좀 지나면 '아, 내가 잘못 서원했었다, 결혼해야겠다' 고 서원을 번복하는 것이다. 대부분 급히 말하고 말을 많이 하는 사람에게서 서원의 실수도 있는 것이다. 말을 천천히 하고 아껴서 하는 사람은 하나님 앞에서도 서원을 쉽게 내지 않는다. 하지만 급하게 말하는 사람일수록 하나님 앞에서 서원도 빨리 한다.

"서원하고 갚지 아니하는 것보다 서원하지 아니하는 것이 나으니". 이것은 말할 필요가 없다. 서원하고 갚지 않는 것보다는 차라리 서원하지 않는 것이 낫다.

6절, 네 입으로 네 육체를 범죄케 말라 사자 앞에서 내가 서원한 것이 실수라고 말하지 말라 어찌 하나님으로 네 말소리를 진노하사 네 손으로 한 것을 멸하시게 하랴

"네 입으로 네 육체를 범죄케 하지 말라" 결국 서원을 잘못하고 지키지 않는 것은 자기 육체에 죄를 짓는 것이다.

"사자 앞에서 내가 서원한 것이 실수라고 말하지 말라". 여기서 '사자' (使者)라면 하나님의 종이나 제사장이 될 것이다. 그들 앞에서 서원을 해놓고 '제가 그때 서원한 것은 실수였습니다. 미안합니다' 라고 하지 말라는 것이다. 어떤 사람은 헌금을 많이 드리겠다고 해놓고 집에서 생각해보니 돈이 아까운 것이다. 또 어떤 사람은 '저는 어디로든 가겠습니다. 하나님이 보내시면 아프리카라도 가겠습니다' 라고 서원을 한다. 우리는 단순하고 순진하기에 정말 그런가 싶어서 그에게 아프리카로 떠나라고 했더니 그때부터 고민이 시작된 것이다. 그러더니 어느 날 심각한 얼굴로 나에게 교제를 하러 왔다. 그때 말했던 것은 아차 실수였다는 것이다. 하나님은 성도들이 이렇게 해서는 안 된다고 하신다.

"어찌 하나님으로 네 말소리를 진노하사 네 손으로 한 것을 멸하시게 하랴". 약속한 것을 쉽게 깨는 사람이 있다. 하나님은 그러한 사람에 대해서 진노하신다고 한다. 그 말소리에 진노하시고 그 손으로 한 것을 멸하신다고 하신다. 그런 사람에게는 당신의 일에 대해서 파멸시킨다. 신약에도 서원에 대한 말씀이 있다. 주님도 말씀하셨다. 맹세에 대한 말씀이 마태복음 5장에 있다. 하늘로도 맹세하지 말고 땅으로도 맹세하지 말라고 했다. 맹세하고 지키지 않는 것은 좋지 않다. 그것에 대해서 하나님은 진노하시고 그 손으로 하신 것을 파멸하신다고 했다. 그러므로 그렇게 하는 것은 정말로 지혜롭지 않은 것이다. 그것은 하나님을 심히 노하게 하는 것임을 반드시 알기 바란다. 이것이 일종의 하나님의 법도이기 때문이다.

여러분은 하나님의 말씀을 아는 것과 모르는 것과의 차이를 알아야 한다. 무엇이든지 다 은혜라고 생각하고 하나님은 무엇이든지 다 용서하신다고 생각하며 아무렇게나 행해도 되는 것이 아니다. 하나님께는 법도가 있다. 하나님은 축복하실 자를 축복하신다. 저주할 자를 저주하신다. 그러므로 여러분은 하나님의 눈에 들게, 마음에 맞게 행하는 것이 무엇인지를 배워야 한다. 이 구절도 역시 하나님의 법도이다. 급하게 말하지 말아야 한다. 급하게 서원하지도 말아야 한다. 그리고 서원한 것은 반드시 지켜야 한다.

7절, 꿈이 많으면 헛된 것이 많고 말이 많아도 그러하니 오직 너는 하나님을 경외할지니라

"꿈이 많으면 헛된 것이 많고". 경외한다는 것은 두려워한다는 것이다. 어떤 사역자들은 '꿈을 꾸십시오. 꾸는 대로 이루어집니다' 라고 한다. 하지만 여기서 솔로몬은 그 반대로 이야기한다. 꿈을 많이 꾸는 사람은 허풍이 많다. 사역자들 가운데도 '됩니다. 이것도 되고 저것도 됩니다' 라고 하는 사람들이 있다. 그런 말을 들을 때는 참 좋지만 나중에 보면 되는 것이 별로 없다. 그것이 바로 헛된 것이다. 꿈이 많으면 헛된 것이 많게 된다.

사람에게는 허풍을 좋아하는 속성이 있다. 성실하게 일하기 싫어하는 반면 결과는 빨리 잘 되기를 바라기 때문이다. 그러므로 허풍기가 있는 사람들은 공허한 말이라도 잘된다고 하는 말을 듣기 좋아한다.

"말이 많아도 그러하니". 말이 많아도 헛된 것이 많다는 뜻이다. 하나님의 말씀의 사역자는 성경 말씀을 가르쳐야 한다. 왜 사람들에게 뜬구름 잡는 소리를 하고 그래서 헛된 것을 바라보게 하는 것인가? 그렇게 하면 안 된다. 마틴 루터가 한 말이 있다. "참된 신앙이란 그리스도께 무엇을 이루어달라고 요청하는 것이 아니고 그분의 처분대로 순종하는 것이다". 무엇을 이루어 달라고 하는 것이 아니다. 하나님의 처분대로 순종하는 것이 진짜 좋은 믿음이라는 뜻이다. 사람들에게 '된다 된다' 고 말하지만 결국 되지 않으면 엄청 실망하고 시험에 든다. 된다더니 왜 안 되는가, 낫는다더니 왜 안 낫는가, 부자가 된다더니 왜 안 되는가라고 한다. 범사에 하나님의 뜻과 처분이 중요한 것이다. 그러므로 말을 많이 하지 말고 꿈을 많이 꾸지 말아야 한다. 그것은 다 헛된 것이다.

"오직 너는 하나님을 경외할지니라". 꿈만 꾸지 말고, 그렇게 말만 하지 말고 하나님을 두려워하라는 것이다. 하나님의 처분을 그저 순종하라는 것이다.

8절, 너는 어느 도에서든지 빈민을 학대하는 것과 공의를 박멸하는 것

을 볼지라도 그것을 이상히 여기지 말라 높은 자보다 더 높은 자가 감찰하고 그들보다 더 높은 자들이 있음이니라

"빈민을 학대하는 것과 공의를 박멸하는 것을 볼지라도 그것을 이상히 여기지 말라". 이 세상은 다 이렇다는 것이다. 권력을 잡은 사람이 인민을 학대하고 공의를 멸한다. 그것을 이상히 여기지 말라는 것이다. 다 그렇기 때문이다. 오늘도 북한에서는 인민을 학대하고 공의를 박멸한다. "그들보다 더 높은 자들이 있음이니라". 그러나 김정일보다 더 높은 분이 계신다.

9절, 땅의 이익은 뭇 사람을 위하여 있나니 왕도 밭의 소산을 받느니라

"땅의 이익은 뭇 사람을 위하여 있나니". 땅은 모든 사람에게 유익을 준다는 뜻이다. "왕도 밭의 소산을 받느니라". 그러한 높은 자리에 있는 왕도 밭의 소산을 받는다. 모든 사람이 하나님의 덕을 보고 사는 것이다. 그들보다도 더 높은 데에 권력자가 계시면 백성들이나 왕이나 다 동일하게 밭의 소산을 먹고 사는 것이다. 그러므로 우리는 북한을 위해서 너무 염려할 것이 없다. 하나님이 다 보고 계시기 때문이다. 우리는 기도할 필요가 있다. 북한의 불쌍한 인민들, 굶어죽은 불쌍한 영혼들, 구원도 제대로 받지 못하고 복음도 제대로 영접하지 못하고 죽어가는 수많은 영혼들을 위해서 우리는 기도해야 한다. 더 높으신 분에게 기도해야 한다.

10절, 은을 사랑하는 자는 은으로 만족함이 없고 풍부를 사랑하는 자는 소득으로 만족함이 없나니 이것도 헛되도다

은은 돈을 상징한다. 그러므로 돈을 사랑하는 자라고 해도 된다. 돈으로는 만족함이 없다. 나는 돈을 많이 번 사람들과 대화를 해보았다. 어떤 사람은 10억을 목표로 돈을 번다고 했다. 그런데 10억을 벌어본 사람이 말하기를 10억을 벌고 나면 아무것도 아닌 것 같아서 더 벌고 싶다는 것이다. 20억을 벌고 나면 30억을 벌고 싶다는 것이다. 욕심이 차지 않는 것이다. 만족함이 없다. 많이 벌어놓으면 그때부터 공허함이 밀려온다는 것이다. 많이 얻어 놨는데 속이 그렇게 허무하고 공허하게 느껴질 수가 없다는 것이다.

11절, 재산이 더하면 먹는 자도 더하나니 그 소유주가 눈으로 보는 외에 무엇이 유익하랴

재산이 많아지면 먹는 사람도 많아진다는 것이다. 부자가 되고 사업을 크게 하면 결국 그 사람 휘하에 고용인들이 많기 때문에 먹는 사람만 많아진다는 말이다. 그것이 무엇이 유익하냐는 것이다. 재산이 없으면 자기만 먹는데 재산이 많으니까 많은 사람이 먹더라는 것이다. 자기는 예전이나 지금이나 똑같이 먹는데 뭐가 유익한가? 돈이 많다고 해서 위장이 두 개, 세 개로 늘어나는 것도 아니고, 몸이 여러 개라서 이 집에서 자면서 동시에 저 집에서 살 수도 없는 것이다.

12절, 노동자는 먹는 것이 많든지 적든지 잠을 달게 자거니와 부자는 배부름으로 자지 못하느니라

성경에서는 손으로 일을 하는 것을 가장 신성한 직업으로 생각한다. 그것은 창세기에서 하나님이 타락한 인간에게 정하신 것이기 때문이다. 그것은 사우나에서 흘리는 땀과는 다르다. 일을 하느라고 흘리는 땀은 신성하다. 노동자는 먹는 것이 많든지 적든지 잠을 달게 잔다고 했다. 그러나 부자는 먹기는 잘 먹고 움직이지 않기 때문에 배불러서 자지 못한다. 소화도 안 된다. 3500년 전에도 지금과 똑 같은 상황이 벌어졌던 것이다.

직업 중에서는 손으로 일하고 노동을 하는 것이 제일 좋은 것이다. 그렇게 손으로 일을 하지 않으려니 사람들은 머리를 써서 힘을 크게 들이지 않고 남의 호주머니의 돈을 자신의 호주머니로 이동시키려고 하는 것이다. 그렇게 해서 부자가 되긴 했는데 잠이 오지 않는 것이다. 그러므로 하나님의 정하신 원칙을 어겨서 좋을 것이 전혀 없다.

13절, 내가 해 아래서 큰 폐단되는 것을 보았나니 곧 소유주가 재물을 자기에게 해 되도록 지키는 것이라

이제 재물을 많이 가지고 있는 사람이 그것을 지키려다 보니까 자기에게 해가 되는 것이다. 병이 드는 것이다. 앞서도 이야기했듯이 캐나다에서 호텔 사업을 하면서 돈을 엄청나게 많이 번 사람이 내 앞에서 걱정을 했었다. 돈을 많이 벌었지만 이것을 어떻게 지켜야 할지 너무 걱정이 된다는 것이었다. 그러더니 얼마 후에 간암이 걸리고 얼마 후에 죽게 되었다. 재물을 많이 갖고서 그것을 지키려니 해가 되었던 것이다.

"내가 해 아래서 큰 폐단되는 것을 보았나니 곧 소유주가 재물을 자기에게 해 되도록 지키는 것이라". 그러므로 이 땅에 사는 동안에는 가난한 사람이 복인 것이다. 손으로 일하는 사람이 복이다.

전도서를 보게 되면 모든 인생에 대한 가치관이 정확해진다. 지금까지 우리가 알고 있던 가치관과 인생관이 하나님의 눈으로 볼 때 다 바뀌게 된다.

14-15절, 그 재물이 재난을 인하여 패하나니 비록 아들은 낳았으나 그 손에 아무 것도 없느니라 15 저가 모태에서 벌거벗고 나왔은즉 그 나온 대

로 돌아가고 수고하여 얻은 것을 아무것도 손에 가지고 가지 못하리니

바울도 디모데서에서 이렇게 말했다. 적신으로 왔기에 적신으로 돌아가는 것이다. 아무리 수고해서 얻은 것이라고 해도 갈 때는 아무것도 가져가지 못한다.

알렉산더 대왕은 자신이 죽게 되면 관 양 옆에 구멍을 뚫어 놓으라고 했다. 자신의 시체를 관에 넣을 때에 그 구멍으로 양손을 내놓아서 사람들로 하여금 빈손으로 간다는 것을 보여주려고 했던 것이다.

16절, 이것도 폐단이라 어떻게 왔든지 그대로 가리니 바람을 잡으려는 수고가 저에게 무엇이 유익하랴

이처럼 온 대로 가는데 아무리 수고한들 무슨 소용이냐는 것이다.

17절, 일평생을 어두운 데서 먹으며 번뇌와 병과 분노가 저에게 있느니라

재물을 가지고 있는 사람들, 재물 때문에 지키려고 애를 쓰고 고민하는 사람들은 어두운 데서 먹고 번뇌와 병과 분노가 있게 마련이다. 그러나 가난한 사람은 어두운 데 다닐 필요가 없다. 그들에게는 번뇌가 있을 리가 없다. 병과 분노도 없다.

18절, 사람이 하나님의 주신 바 그 일평생에 먹고 마시며 해 아래서 수고하는 모든 수고 중에서 낙을 누리는 것이 선하고 아름다움을 내가 보았나니 이것이 그의 분복이로다

그러므로 그렇게 욕심껏 벌고 욕심껏 수고하지 말고 하나님이 우리에게 주신 대로 일평생 먹고 마시고 낙을 누리는 것이 선하고 아름다우며 분복이라고 했다. '분복'이란 '보상'이라는 뜻이다.

전도서의 사상을 다시 한 번 말한다면, 우리 인간이 누릴 수 있는 낙은 작은 것에 있다는 것이다. 하나님이 주신 대로 먹고 마시는 가운데서의 그 즐거움, 그리고 하나님이 허락하신 그 일을 수고하는 것에서 누리는 즐거움, 그렇게 낙을 누리면서 사는 것이 최고라는 것이다. 이는 이 세상 사람들의 생각과는 다르다. 이 세상 사람들은 돈이 많고 재물이 많아야 행복하다고 생각한다. 하지만 그 모든 것을 다 누려본 솔로몬은 '그것이 아니다'라고 말하는 것이다. 돈 많은 사람을 보니까 그것을 지키느라고 병들고 괴로워하고 번뇌가 많고 어둠 속에서 헤매고 다닌다는 것이다. 결코 좋지 않다는 것이다.

그러므로 하나님이 주신 적은 음식을 먹고 마시고 수고하며 사는 삶이 여러분 인생의 가장 큰 낙이라는 것이다. 부자들은 너무 잘 먹고 움직이지 않으니까 소화도 되지 않고 잠도 오지 않고 병이 드는 것이다. 그것은 낙이 아니라는 것이다. 솔로몬의 말은 하나님이 여러분에게 주신 일을 하며 열심히 수고하고 주신 음식을 먹고 마실 때 그것이 여러분의 인생에서 가장 큰 즐거움이라는 것이다. 다른 것에서 즐거움과 쾌락을 찾으려고 하는 사람은 다 잘못된 것이라는 말이다.

19절, 어떤 사람에게든지 하나님이 재물과 부요를 주사 능히 누리게 하시며 분복을 받아 수고함으로 즐거워하게 하신 것은 하나님의 선물이라

하나님은 어떤 사람에게든지 재물과 부요를 주신다고 했다. 하나님은 주시는 분이시다. 이는 디모데 전서에도 있다. "네가 이 세대에 부한 자들을 명하여 마음을 높이지 말고 정함이 없는 재물에 소망을 두지 말고 오직 우리에게 모든 것을 후히 주사 누리게 하시는 하나님께 두며"(딤전 6:17). 하나님은 우리에게 후히 주시고 누리게 하신다고 했다. "우리가 세상에 아무 것도 가지고 온 것이 없으매 또한 아무것도 가지고 가지 못하리니 우리가 먹을 것과 입을 것이 있은즉 족한 줄로 알 것이니라"(딤전 6:7-8). 이런 말씀들이 다 전도서에 있는 솔로몬의 사상과 일치한다. 하나님이 여러분에게 필요한 것을 주신다는 것이다.

주 예수님은 솔로몬의 입은 옷과 들의 백합화를 비교해서 말씀하셨다. 들의 풀을 누가 자라게 하시는가? 주님이 자라게 하신다고 했다. 공중에 나는 새도 주님이 먹이신다고 했다. 주님이 공급하시는 분이시다. 여러분이 정상적인 신자라면 주님이 공급하신다. 나는 때로 어떤 성도를 볼 때 '저분은 도대체 어떻게 사는가' 라고 걱정이 되기도 한다. 그런데도 굶었다는 소리를 들은 적이 없다. 하나님이 다 먹이시는 것이다.

19절을 다시 읽어보자. "어떤 사람에게든지 하나님이 재물과 부요를 주사 능히 누리게 하시며 분복을 받아 수고함으로 즐거워하게 하신 것은 하나님의 선물이라". 수고하는 것도 분복이라는 것이다. 일을 하게 하심으로 즐거워하게 하신다는 것이다. 하나님이 주시는 일을 하는 것은 사람에게 있어서 즐거움이다. 여러분이 매일 먹고 마시고 일을 하는 것은 다 하나님의 선물이다. 그러므로 여러분이 일할 때 '나는 왜 이런 일을 하는가' 라고 하지 말라는 것이다. 그것이 다 선물이기에 '하나님, 일할 수 있게 하시니 감사합니다' 라고 해야 한다.

20절, 저는 그 생명의 날을 깊이 관념치 아니하리니 이는 하나님이 저의 마음의 기뻐하는 것으로 응하심이라

"저는 그 생명의 날을 깊이 관념치 아니하리니". 여기서 '저는' 은 누구인가? 18,19절처럼 사는 사람이다. 이런 일이나 먹고 마심이나 누리는 모든 것을 하나님이 주시는 대로 하는 사람을 말한다. 이런 사람은 생명의 날을 깊이 관념치 않는다. '내가 도대체 몇 살까지 살 것인가?

나는 오래 살아야 할텐데' 라는 걱정과 염려의 생각을 하지 않는다는 것이다. 하루하루를 감사하며 살고 하루하루의 삶이 즐겁기 때문이다. 이런 사람은 무엇이든지 하나님이 주셨다고 믿으며 앞날을 걱정하지 않고 날마다 기쁘게 하루하루를 살아갈 수 있는 것이다. 그러나 진시황과 같이 호의호식하며 재물과 부귀가 가득한 사람들은 생명의 날을 깊이 관념하여 불로초와 불사약을 찾아다니다가 일찍 죽었다. 오늘날도 가난하고 낮은 자들이 아니라 부귀를 누리며 호화롭게 사는 이들이 왜 자살을 하는가? 그들은 오히려 생명의 날을 너무 깊이 관념하기 때문에 그렇게 되는 것이다.

기도

"하나님 아버지 감사합니다. 우리에게 지혜의 말씀을 허락해주셔서 이 땅에 사는 성도들이 어떻게 기쁨으로 하루하루를 살아나갈지 관심하시고 알려주셔서 감사합니다.

오늘 특별히 이 말씀을 읽으면서 생각나는 것은 북한에 있는 불쌍한 동포들입니다. 그곳에서는 주의 말씀에 비추어 볼 때 빈민을 학대하고 공의를 박멸하는 지도자가 있습니다. 그보다 더 높으신 하나님, 그들을 감찰하시고 그들을 다 바라보고 계신 진정한 주권자이신 하나님, 만왕의 왕이신 주 예수님께 간구합니다. 저희들은 북한 땅에서 먹을 것이 없어서 굶주리는 사람들을 정말 불쌍히 여겨달라고 기도합니다. 그곳에는 순수하고 불쌍한 영혼들이 많습니다.

남한에는 복음이 들어와서 물질적으로도 배부를 뿐 아니라 복음이 들어와서 영적으로도 배부른 가운데 있습니다. 그러나 북한은 굶주리고 있습니다. 저들은 복음이 무엇인지도 모릅니다. 예수 그리스도의 이름을 알지도 못합니다. 수많은 불쌍한 영혼들을 기억하시고 그 닫힌 문을 열어주시고 주의 복음이 그 나라에 들어가서 많은 영혼들을 살려주시기 원합니다. 불쌍한 그들을 긍휼히 여겨주셔서 그 나라가 바뀌게 하여 주시고 복음의 문이 활짝 열리게 하여 주옵소서. 감사드리며 예수 그리스도의 이름으로 기도드리옵나이다. 아멘."

전도서 6장

1절, 내가 해 아래서 한 가지 폐단 있는 것을 보았나니 이는 사람에게 중한 것이라

“내가 해 아래서 한 가지 폐단 있는 것을 보았나니”. 여기서 ‘폐단’은 영어로는 ‘악’(evil)이며 ‘모순’이라고 해도 된다. 무엇이 한 가지 악이요 폐단인가? “이는 사람에게 중한 것이라”. 일단 내용을 이야기하기 전에 사람에게 중한 것이라고 말하고 있다. ‘중한 것’이란 히브리어로는 ‘공통적이다, 넓다’는 뜻이다. 그러므로 해 아래 인간 세상사에는 한 가지 모순, 폐단이 있는데 그것이 공통적이고 많다는 뜻이 된다.

2절, 어떤 사람은 그 심령의 모든 소원에 부족함이 없어 재물과 부요와 존귀를 하나님께 받았으나 능히 누리게 하심을 얻지 못하였으므로 다른 사람이 누리나니 이것도 헛되어 악한 병이로다

“어떤 사람은 그 심령의 모든 소원에 부족함이 없어 재물과 부요와 존귀를 하나님께 받았으나”. 솔로몬은 재물이나 부요나 존귀는 하나님이 주신다고 보았던 것이다. “능히 누리게 하심을 얻지 못하였으므로”. 왜 누리지 못했는가? 죽었기에 그렇다. 솔로몬이 보았더니 그런 사람이 있었다. 애를 써서 해 아래서 수고하고 힘을 들여서 재물을 얻고 부요와 존귀를 얻었는데, 좀 살만하니까 죽어버린 것이다. 세상에는 그런 경우가 있다. 돈도 벌만큼 애써서 벌었고, 열심히 공부해서 학위도 따고, 이제 뭔가 살아볼 만한 상황이 도달했는데, 그때 죽어버린 것이다. 그 모든 것을 누리지 못하는 것을 볼 때 솔로몬은 모순이라고 생각했다. "다른 사람이 누리나니". 힘을 써서 벌어놓은 재물을 결국은 아무 수고도 하지 않은 어떤 사람이 차지해서 누리더라는 것이다. 그래서 솔로몬은 이것을 폐단이라고 말한 것이다. "이것도 헛되어 악한 병이로다". 병은 영어로 'affliction' 이라고 했으니 이는 '고통' 이라는 뜻이다.

3절, 사람이 비록 일백 자녀를 낳고 또 장수하여 사는 날이 많을지라도 그 심령에 낙이 족하지 못하고 또 그 몸이 매장되지 못하면 나는 이르기를 낙태된 자가 저보다 낫다 하노니

인간의 축복은 자녀가 많은 것이다. 자녀가 많은 사람을 복되다고 한다. 사사 시대에는 70명을 낳은 사람이 있다. 아들 딸 합치면 100명도 될 것이다. 그렇게 자녀를 많이 낳은 사람을 복이 있다고 한다.

"사람이 비록 일백 자녀를 낳고 또 장수하여 사는 날이 많을지라도 그 심령에 낙이 족하지 못하고 또 그 몸이 매장되지 못하면". 자녀를 많이 낳고 또 장수하고 사는 날이 많을 지라도 그 심령에 낙이 족하지 못할 수가 있다. 오래 살긴 사는데 재미가 없이 사는 수가 있다는 것이다. 고민스러운 일만 잔뜩 생긴다. 그런 상황에서 자식이 많고 장수하면 무슨 소용이 있느냐는 것이다. 죽을 때 매장도 되지 못하는 수가 있다고 말한다. 자식이 많으면 죽을 때 장례를 잘 치러주어야 할 텐데 심지어 매장도 시켜주지 않는다는 것이다. 그렇게 죽는 경우도 있다는 것이다. 솔로몬은 이것을 폐단이며 모순이라고 보았던 것이다.

4-5절, 낙태된 자는 헛되이 왔다가 어두운 중에 가매 그 이름이 어두움에 덮이니 5 햇빛을 보지 못하고 알지 못하나 이가 저보다 평안함이라

어려울 것이 없는 구절이다. 낙태된 자는 왔다가 숨만 조금 쉬다가 간 것이다. 어두운 중에 갔다는 것이다. 이런 사람은 햇빛을 보지 못하고 간 것이다. 그렇게 죽은 아이가 차라리 평안하다는 것이다. 길게 살면서 재미도 없고 고민과 고통 가운데 괴롭게 인생을 살다가 갈 바에는 차라리 낙태된 자가 더 낫다고 솔로몬은 말하고 있다.

6절, 저가 비록 천년의 갑절을 산다 할지라도 낙을 누리지 못하면 마침내 다 한 곳으로 돌아가는 것뿐이 아니냐

"저가 비록 천 년의 갑절을 산다 할지라도". 천 년의 갑절, 즉 이천 년을 장수한들 낙을 누리지 못하면 무슨 소용이냐고 말한다. 사람이 창조될 때는 천 년 이상 살 수 있는 존재로 지어졌다고 보아야 한다. 따라서 창세기의 족장 시대에는 구백 살 이상 산 사람들이 많다. "마침내 다 한 곳으로 돌아가는 것뿐이 아니냐". 낙태된 아이나 천 년, 이천 년을 오래 살다가 간 사람이나 다 그렇게 간다. 그러니 자녀를 백 명 낳고 장수를 누린 사람이 다 한 곳으로 돌아가는데 무슨 이득이 있느냐는 것이다.

7절, 사람의 수고는 다 그 입을 위함이나 그 식욕은 차지 아니하느니라

사람이 왜 이렇게 수고를 하는가? 간단하게 답을 내렸다. 먹고 살려고 수고한다는 것이다.

"사람의 수고는 다 그 입을 위함이나 그 식욕은 차지 아니하느니라". 아무리 수고해서 먹어도 먹고 나면 또 배고프다. 식욕은 차지 않는다.

지금 무슨 말을 하려는 것인가? 그렇게 수고를 하고 애를 써도 결국은 입을 위한 것인데 그 입은 아무리 먹어도 차지 않는다는 것이다. 그러므로 어차피 그 입을 만족시키지 못할 바에야 입으로 들어가기 위한 그 수고를 뭐하러 그렇게 열심이 하느냐는 말이다.

8절, 지혜자가 우매자보다 나은 것이 무엇이뇨 인생 앞에서 행할 줄 아는 가난한 자는 무엇이 유익한고

지혜로운 사람이 어리석은 사람보다 나은 것이 무엇인가? "인생 앞에서 행할 줄 아는 가난한 자". 가난하면서도 뭔가를 할 줄 아는 사람들이 있다는 말이다. 가난하면서도 어떻게 해야 할 줄은 다 아는 사람들이다. 그런 사람이 지혜로운 사람이다. 그런데 돈이 한 푼도 없을 수도 있다는 것이다. 말도 할 줄 알고 처신도 할 줄 아는데 돈이 없는 사람이 있고 우매하고 미련한데 돈이 많을 수도 있다. 그러므로 그런 지혜자가 우매자보다 나은 것이 무엇이냐고 말한다.

9절, 눈으로 보는 것이 심령의 공상보다 나으나 이것도 헛되어 바람을 잡으려는 것이로다

"눈으로 보는 것이 심령의 공상보다 나으나". 심령의 공상을 다른 말로 하면 '욕망의 배회', 혹은 '혼적인 욕망'이라는 뜻이다. 이것은 무슨 의미인가? 어떤 사람들은 자신의 눈으로 보이는 것에 만족을 하지 못하고 뭔가를 더 얻기 원하는 욕망으로 배회를 한다는 말이다. 자기가 가지고 있고 누릴 수 있는 것, 그 보이는 것만 가지고 만족하면 좋은데, 그것은 안 보이고, 자기가 갖지 못한 것을 갖고 싶어서 욕심을 내다 보니 생각이 배회를 하는 것이다.

예를 들어 여러분에게 하나님이 단독주택 전세 한 칸을 할당을 하셨으면 거기서 살면 되는데, 그의 생각은 계속 아파트 몇 평짜리를 배회하는 것이다. 그것이 욕망의 배회이다. 사람이 자기에게 주신 것만 보면 되는데 그것으로 만족하지 않는다는 것이다.

그러면 어떤 편이 더 나은가? 눈으로 보는 것으로 만족하는 사람이 심령에 공상하는 사람보다 나은 것이다. 하지만 그렇더라도 그것이나 저것이나 다 헛되다고 말한다. "이것도 헛되어 바람을 잡으려는 것이로다".

10절, 이미 있는 무엇이든지 오래 전부터 그 이름이 칭한 바 되었으며 사람이 무엇인지도 이미 안 바 되었나니 자기보다 강한 자와 능히 다툴 수 없느니라

"이미 있는 무엇이든지 오래 전부터 그 이름이 칭한 바 되었으며". 이 시대의 사람들이 뭔가 노력을 해서 성취하고 이름을 얻고 해냈을 때 굉장히 자랑스러워하고 신기해 하지만 오래 전부터 그런 이름은 이미 있어 왔다. 반복일 뿐이라는 뜻이다.

"사람이 무엇인지도 이미 안 바 되었나니". 여기서 사람은 히브리어로 '아담', 붉은 흙덩어리이다. 사람이 아무리 무엇인가를 성취했다고 하고 이르렀다고 해도 하나님은 그것을 이미 다 아신다.

"자기보다 강한 자와 능히 다툴 수 없느니라". 사람은 자기의 어떠함으로 만족하지 않는다는 뜻이다. 자기보다 더 나은 어떤 것이 되기 위해서 계속 공상을 하는 것이다. 그러나 하나님은 여러분이 어떤 사람인가를 이미 아신다. 사람이 자신의 주어진 지위에 머무르면 좋은데 그것에 불만을 품고 자꾸 뭔가를 공상하는 사람은 자기보다 '강한 자', 즉 하나님과 다투는 사람이다. 우리 인간의 무익함, 무용함, 우리 자신의 어떠함 등의 모든 것은 이미 다 정해진 것이고 거기서 특별한 것이 없다. 별다른 것이 없다. 사람은 그 상황에서 그냥 만족해야 한다. 그에 대해서 불만을 품는 것 자체가 결국 하나님과 다투겠다는 것이다. 하지만 강한 자와 다투어서 무엇을 어떻게 하겠느냐는 것이다. 우리 인생은 하나님이 정해주신 삶을 살아야 한다는 말이다.

11절, 헛된 것을 더하게 하는 많은 일이 있나니 사람에게 무엇이 유익하랴

사람이 도모하는 여러 가지 일들이 있다. 하지만 그런 모든 일은 다 헛된 것을 더하게 하는 것일 뿐이다. 재산을 모은다거나 쾌락을 추구하거나 명예를 추구하는 것들은 모두 헛된 것을 더하게 하는 많은 일들일 뿐이다. 여러분도 나름대로 추구하는 것이 있을 것이다. 그런데 그러한 추구가 다 헛되다고 말하고 있다. 헛된 것만 더 늘어나게 할 뿐, 그것이 사람에게 무엇이 유익하느냐는 것이다.

12절, 헛된 생명의 모든 날을 그림자 같이 보내는 일평생에 사람에게 무엇이 낙인지 누가 알며 그 신후에 해 아래서 무슨 일이 있을 것을 누가 능히 그에게 고하리요

"헛된 생명의 모든 날을 그림자 같이 보내는 일평생에 사람에게 무엇이 낙인지 누가 알며 그 신후에 해 아래서 무슨 일이 있을 것을 누가 능히 그에게 고하리요". 우리 인생은 그림자 같이 그저 우리의 생명을 보내는 것이다. 여기서 '신후'란 '사후'를 말한다.

지금 이런 말을 왜 하고 있는가? 사람은 무엇이든지 헛된 것을 추구하면서 일평생을 보낸다는 말이다. 헛된 생명의 모든 날을 그림자 같이 보내며 무엇이 낙인지 알지 못한다. 또 사후에는 무슨 일이 생길지 아무것도 모른다. 이것은 결국 무엇인가? 허무한 세상에서 무엇이 자신에게 가장 좋은 것인지 아는 사람이 아무도 없으며, 또한 자기가 죽은 뒤 이 땅에서 무슨 일이 일어날지 아는 사람도 아무도 없다는 것이다.

그러므로 전도서의 주제란 '인생 자체란 헛된 것이다' 이다. 하나님을 알지 못하면 다 헛된 것이다. 인생들에게 있어서 삶이라는 자체가 다 헛된 것임을 확신시켜 주는 것이 전도서의 주제이다. 따라서 아가서로 넘어가면서 '하나님만이, 주 예수만이 여러분에게 만족을 준다' 는 사실을 이끌어주고자 하는 것이다.

기도

"하나님 아버지, 오늘도 우리에게 전도서를 통해서 지혜의 말씀을 주셔서 감사드립니다. 우리가 인생 가운데 다른 것을 위해서 달음질하지 않고 영원히 참되시고 실제이신 예수 그리스도, 우리 하나님 한 분만 찾고 주님만을 우리의 유일한 낙으로 삼고 주님과 함께 생활할 수 있도록 축복해주시기 바랍니다. 감사와 찬미를 드리며 예수 그리스도의 이름으로 기도합니다. 아멘."

전도서 7장

1절, 아름다운 이름이 보배로운 기름보다 낫고 죽는 날이 출생하는 날보다 나으며

"아름다운 이름이 보배로운 기름보다 낫고". 보배로운 기름이란 무엇일까? 값비싼 향유 같은 것이라고 하겠다. 매우 귀하고 좋은 재산도 포함될 것이다. 그런 것보다도 '이름'이 낫다는 것이다. '바울' 같은 이름이라면 좋지 않은가? 사람에게 아무리 많은 재물이 있다 한들 그런 좋은 이름 하나를 갖는 것보다 귀하겠는가? 한국 속담에도 '호랑이는 죽어서 가죽을 남기고 사람은 죽어서 이름을 남긴다'는 말이 있다. 나는 지금도 여러분 한 분 한 분이 사실 그 이름을 남기는 일을 하고 있다고 믿는다. 우리는 '아무개' 하면 '아, 그 사람은 이런 사람이다'라고 한다. 바울 같은 사람에게는 사람들이 욕된 이름도 붙였지만 하나님을 아는 사람들은 사도 바울에게 아름다운 이름을 주었다.

"죽는 날이 출생하는 날보다 나으며". 이는 무슨 의미인가? 출생하는 날이 나쁘다는 것이 아니라 죽는 날이 그보다 낫다는 것이지, 출생하는 날은 나쁘고 죽는 날은 좋다는 뜻이 아니다. 죽는 날이 낫다는 것은 인생을 잘 살았을 때의 이야기이다. 좋은 이름, 아름다운 이름을 얻도록 살았을 때의 이야기이다. 예를 들어서 D.L. 무디나 스펄전, 조지 뮬러,

마틴 루터, 요한 웨슬레 등은 태어날 때는 수많은 아기들 중의 하나로 태어났을 뿐이다. 그들이 누구인지를 몰랐다. 그러므로 그들이 태어난 순간보다는 성공적인 인생을 살고 모든 것을 다 마치고 운명할 때가 훨씬 좋은 것이다.

인생을 잘 살다가 끝마치는 것이 죽음이다. 따라서 예수를 안 믿는 불신자들은 출생하는 것이나 죽는 것이나 똑같이 아무 의미도 없다. 하지만 예수를 믿고 주 안에서 잘 생활한 사람들에게는 출생한 것보다 죽음이 더 보배로운 것이다.

2절, 초상집에 가는 것이 잔칫집에 가는 것보다 나으니 모든 사람의 결국이 이와 같이 됨이라 산 자가 이것에 유심하리로다

이 말씀은 여러분이 잘 알고 있다. 잔칫집에 가는 것보다 초상집에 가는 것에서 우리는 유익을 많이 얻는다. 가까운 사람의 죽음이 우리에게 가르쳐주고 교훈하는 바가 크다. '아, 인생은 이렇게 살면 안 되겠구나. 이렇게 살아야겠구나. 이렇게 죽으면 그만인데 내가 어떻게 살아야 하나?' 하면서 유익을 얻는다. 그러나 잔칫집에 가면 사람이 풀어지고 아무것도 얻는 것이 없다.

3절, 슬픔이 웃음보다 나음은 얼굴에 근심함으로 마음이 좋게 됨이니라

고난을 받으면 마음이 일시 기쁘지 않다. 슬프다. 그러나 늘 기쁜 것이 좋은 것 같고 늘 웃음이 있는 것이 좋은 것 같지만, 그런 사람은 발전이 없다. 주 안에서 고민이 있고 어려운 일을 당해서 고심하는 일이 많을 때 그것이 우리 인생에 가져다주는 유익이 큰 것이다. 우리는 그런 과정을 통해서 더 진지해지고 인생의 많은 것들을 깨닫게 된다. 무엇이 과연 의인지 진리인지 생명인지 더 깊이 느끼게 된다. 다른 사람에 대한 깊은 사랑은 무엇인지, 또 자기를 사랑하는 것은 어떤 것인지를 알게 된다. 항상 웃기만 하는 사람은 이런 것들을 하나하나 헤아릴 수 있는 경지에 이르지 못한다. 깊은 슬픔이 있을 때 그 속에서 우리에게 주는 유익은 더 큰 것이다.

"근심함으로 마음이 좋게 됨이니라". 결국 근심은 우리에게 유익을 가져다준다. 마음이 좋게 된다고 했다. 교회생활 가운데서도 마음이 아픈 사건들이 생긴다. 지체들로 인해서 마음이 아프고 상처받고 시험이 들기도 한다. 병이 생기는 것도 같다. 그럴 때 많은 근심이 있게 되고 어려운 마음을 피하기 어렵지만 그런 마음이 결국 좋은 마음으로 되는 것이다. 마음 아픈 사건이나 몸의 질병 등 많은 사건들이 괴로움을 가져다줌으로 매우 안 좋은 것 같지만 사실은 그렇지 않다. 그런 근심을 거쳐서 여러분의 마음은 더 좋게 되는 것이다. 생명이 있는 사람은 그렇게 된다.

성도들은 교회생활이 기뻐야지 왜 이렇게 어려운 때가 있느냐고 말한다. 어렵고 힘들고 시험이 들 때에 여러분의 마음은 슬프고 괴로울 것이다. 하지만 그 과정에서 여러분의 마음은 더 깊어진다는 것을 알기 바란다. 사람에 대해서, 일에 대해서, 하나님에 대해서, 말씀에 대해서, 모든 것에서 더 깊은 생각을 갖게 된다. 하루 종일 웃어보라. 일주일, 한 달 동안 웃기만 하면서 근심스러운 일이 하나도 없으면 좋을 것 같지만 결코 그렇지 않다. 그러면 사람이 깊어지지 않는다. 그러므로 앞으로 어려운 일이 생기고 힘든 일이 생기면 '왜 이런가' 하고 낙심하지 말고 이것이 여러분에게 주는 유익이 크다는 것으로 인해서 감사하기 바란다.

4절, 지혜자의 마음은 초상집에 있으되 우매자의 마음은 연락하는 집에 있느니라

이것은 2절의 연속이다. 지혜로운 사람의 마음은 불쌍한 사람들, 가난한 사람들, 병든 사람들, 병원에 있는 사람들, 영안실에 가 있는 사람들에게 먼저 마음이 가 있다. 반면에 우매한 사람들은 '어디 가서 술 먹나, 어디 가서 노는가, 어디 가야 재미있나' 만 생각한다는 것이다. 그래서 어리석은 것이다

5절, 사람이 지혜자의 책망을 듣는 것이 우매자의 노래를 듣는 것보다 나으니라

우매자의 노래란 악인의 거짓된 위로를 말한다. 지혜자의 책망이 우매자의 잠시 해주는 달콤한 속삭임보다 나은 것이다. 그러나 사람들이 책망을 싫어하다 보니 어리석은 사람들의 노래(속삭임)를 듣게 되는 것이다.

6절, 우매자의 웃음소리는 솥 밑에서 가시나무의 타는 소리 같으니 이것도 헛되니라

솥밑에서 타는 가시나무 소리는 타닥 타닥 하면서 고른 소리가 나지 않고 또 금새 사라진다. 이는 건전하지 못한 기쁨을 말한다. 참 기쁨은 진정 기쁜 때 기뻐하는 것인데 많은 사람들의 기쁨은 우매자의 웃음소리로 기뻐하는 것이다.

7절, 탐학이 지혜자를 우매하게 하고 뇌물이 사람의 명철을 망케 하느니라

"탐학이 지혜자를 우매하게 하고". '탐학' 에는 '탐욕' 이라는 말도 들어있고 '압제' 한다는 뜻도 들어있다. 먼저 탐욕에 대해서 이야기하자

면, 지혜자라 할지라도 욕심을 품으면 미련하게 된다는 것이다. 욕심이 잉태하면 죄를 낳는다. 어떤 사람들은 욕심이 죄인 줄을 모른다. 죄가 장성하면 사망을 낳는다. 욕심이 사람 속에 들어오게 되면 그때부터 사람이 미련하게 된다. 그러므로 어떤 사람이 가장 맑고 투명하고 지혜로운가? 욕심이 없는 사람이다. 명예를 얻으려고 노력하는 사람들이 있다. 어떤 지위를 마음에 두고 있는 한 그 사람은 어리석게 되고 그때부터 분별력이 떨어지기 시작한다. 물욕도 마찬가지고 명예욕, 권력욕도 마찬가지이다. 욕심을 품게 되면 그때부터 그는 사리분별이 없어진다.

탐학을 '압제, 학대'라고 번역한다면 학대가 지혜자를 우매하게 한다는 것이다. 지혜로운 사람이라고 할지라도 지속해서 너무 억눌림을 당하다 보면 사람이 우매하게 된다고 해석할 수 있다. 사람을 너무 억누르지 말아야 한다. 여러분은 자녀를 너무 학대하지 말아야 한다. 그러면 아이들이 바보가 되어버린다.

또한 뇌물이 명철을 없어지게 한다. "뇌물이 사람의 명철을 망케 하느니라". 사람이 뇌물을 받게 되면 그때부터 명철한 것이 없어진다. 눈이 어두워지기 시작하는 것이다.

8절, 일의 끝이 시작보다 낫고 참는 마음이 교만한 마음보다 나으니

"일의 끝이 시작보다 낫고". 시작도 좋지만 끝이 더 좋다는 뜻이다. 어떤 일이라도 시작이 있어야 한다. 하지만 매사에 끝이 더 중요하다. 일을 시작만 하고 끝맺지 못하는 사람은 별로 좋은 사람이 아니다. 어떤 사람이 훌륭한가? 시작하면 반드시 끝을 맺는 사람이다. 어떤 사람은 일을 과감하게 벌릴 줄은 알지만, 그 일을 잘 지켜나가고 발전시켜서 합당하게 결말을 가져오는 것을 하지 못한다. 당신은 일을 잘 벌리는 사람이 역량이 있다고 생각할 것이다. 그렇지 않다. 일을 잘 끝맺는 사람이 훌륭한 사람이다. 흔히 사람이 어떤지를 보려면 헤어질 때 보라는 말이 있다. 만날 때는 다 좋다. 그러나 헤어질 때 합당한 예절로 헤어지기란 쉽지 않다. 당신은 지혜를 얻고 싶은가? 사람을 아는 것도 일종의 큰 지혜이다. 어떤 사람이 진정 좋은 사람인 줄 아는가? 일을 끝맺는 것을 보라! 거기서 큰 분별이 있게 된다.

"참는 마음이 교만한 마음보다 나으니". 끝을 맺는 사람은 주로 참는 사람이다. 오래 참을 수 있는 사람이 끝을 맺는다. 일을 시작은 하고, 또 벌려놓고 끝맺지 못하는 사람은 참는 마음이 부족한 경우이다. 그러므로 참는 사람은 겸손한 사람이라는 뜻도 된다. 참는 마음이 교만한 마음보다 낫다고 했다. 교만한 마음은 겸손한 마음과 대비가 되는데 여기서는 교만한 마음 대 참는 마음이라고 한다. 사람들이 왜 중도에 다 포기하는가? 대개 참지 못하기 때문이며, 참지 못하는 이유는 겸손하지 못하기 때문이다. 어떤 일이든지 끝까지 마무리하고 성취하는 사람들은 다 겸손한 사람들이다. 교만한 사람은 자기의 교만한 마음이 상처를 받을 때 발끈하면서 일을 끝내버리기 때문에, 또 사람들의 심중과 일의 진상을 참되게 읽지 못하기 때문에 가다가 실패하는 것이다.

9절, 급한 마음으로 노를 발하지 말라 노는 우매자의 품에 머무름이니라

"급한 마음으로 노를 발하지 말라". 어떤 사람의 인격이 훌륭한가를 보려면 그가 화를 잘 내는가를 보면 된다. 또 무엇에 화를 내는가를 보면 된다. 어떤 면에서도 화를 내지 않고 인내할 수 있는 사람은 정말 훌륭한 사람이다. 너댓 가지에서는 화를 안 내는데 여섯 번째, 일곱 번째 부분에 대해서는 화를 내는 사람이 있다. 그것은 그 부분에 있어서 그 사람의 교만이 처리되지 않았기 때문이다. 분노라는 것은 그 뿌리가 교만에 있다. 왜 그렇게 노를 발하는가? 그것은 그 사람 속에 교만의 부분이 만져졌기 때문이다. 결국 어떤 일의 끝마무리를 못하는 이유는 대부분 급한 마음으로 노를 발하기 시작해서 깨지기 때문이다. 그것은 교만이 해결되지 않았기 때문이다.

"노는 우매자의 품에 머무름이니라". 급한 마음으로 노를 발하는 사람은 우매한 사람이다. 어떤 분노할 상황이 올 때 급히 분내는 사람은 자신을 우매한 자로 만드는 것이다. 그러므로 속에서 분이 날 때라도 분을 내지 말고 기다려야 한다. 많은 시간을 기다리다 보면 거기에 지혜가 부족했던 점이 떠오르게 된다. 일주일만 기다려 보라. 그러면 내가 그때 당시에 제 정신이 아니었음을 알게 된다. 어떤 경우라도 분을 낼 필요가 없는 것이다. 시간이 조금만 지나면 나중에 거기에 해결 대책이 있었고, 나의 실수가 있었고, 나의 교만이 있었음을 알게 된다.

10절, 옛날이 오늘보다 나은 것이 어찜이냐 하지 말라 이렇게 묻는 것이 지혜가 아니니라

"옛날이 오늘보다 나은 것이 어찜이냐 하지 말라". 이것은 과거지향적인 사람들을 두고 하는 말이다. 뭐든지 옛날이 좋았다고 말하는 사람들이 있다. 그들은 과거에 대한 미련이 많다. 영적으로도 마찬가지이다. '그때 나의 신앙생활과 당시의 교회생활이 좋았는데' 하는 사람들이 있는데 그것은 우매한 사람이다. 나는 '미련이 많은 사람이 미련한 사람' 이라고 말하고 싶다. 현재에 충실한 사람이 정말 충실한 사람이다. 물론 과거에 좋은 것이 있었겠지만 그런 것은 생각하지 말라. 현재를 위해서 생각하라. 현재가 나의 실제이고 여기서부터 미래를 향해서 나아가려고 하는 사람이 지혜로운 사람이다.

과거에 미련을 가지고 과거가 좋았다고 생각하고 거기에서 나오지 못하는 사람은 그 생각만큼 앞으로 나아가지 못하는 것이다. 여러분은 이 말씀을 통해서 지혜를 많이 얻었는가? 미련을 버리겠는가? 바울은 뒤에 것을 잃어버리고 앞을 향하여 나아갔다고 말한다. 그는 과거에 좋은 것이 많았지만 배설물로 여기고 현재의 일과 미래를 향하여 나아간 것이다. 과거의 모든 미련을 버리고 뒤엣것을 잊어버리고 앞을 향해서 전진하는 여러분이 되기 바란다.

11절, 지혜는 유업 같이 아름답고 햇빛을 보는 자에게 유익하도다

이제 11절부터 마지막 절까지는 지혜에 대해서 상당히 높이는 말씀이다. 여기서의 지혜는 이 세상의 지혜가 아니라 하나님을 아는 영적인 지혜이다. 지혜의 근본은 여호와를 경외하는 것이다. 그러므로 이 지혜는 하나님을 아는 지혜이며 그런 지혜가 가장 고상하고 귀한 것임을 말하는 것이다.

"지혜는 유업 같이 아름답고". 유업은 어떤 사람이 영구히 소유할 수 있는 재산이다. 그런데 지혜는 그런 유업같이 귀한 것이라고 말씀한다.

"햇빛을 보는 자에게 유익하도다". 지혜는 귀하고 아름다울 뿐 아니라 유익하다고 하신다. '햇빛을 보는 자'란 '살아 있는 자'라는 뜻이다. 이처럼 지혜는 살아 있는 자에게 참으로 유익하고 좋은 것이다.

12절, 지혜도 보호하는 것이 되고 돈도 보호하는 것이 되나 지식이 더욱 아름다움은 지혜는 지혜 얻은 자의 생명을 보존함이니라

"지혜도 보호하는 것이 되고 돈도 보호하는 것이 되나". 유업을 한마디로 말해서 '돈'이라고 표현했다.

"지식이 더욱 아름다움은 지혜는 지혜 얻은 자의 생명을 보존함이니라". 여기서 지혜와 지식은 같은 것을 뜻한다. 재물이 있으면 우리는 보호받는다. 먹을 것이 있어야 우리가 보호된다. 잠 잘 곳이 있어야 보호된다. 병원에 갈 돈이 있어야 아파도 우리는 보호받을 수 있다. 이처럼 재물은 우리를 지켜준다.

그런데 재물만이 아니라 지혜도 우리를 지켜준다고 했다. 결국 어리석은 사람, 지혜가 없는 사람은 자기를 지키지 못한다는 뜻이 된다. 특히 이 지혜는 영적인 지혜이므로 이 지혜가 없으면 영원한 보장, 영원한 보호를 받지 못한다. 결국 참 지혜는 무엇인가? 하나님을 아는 것이요 진리를 아는 것이요 구원을 깨닫는 것이 바로 참 지혜이다. 재물도 우리를 보호하고 지혜도 우리를 보호해주지만, 이 지혜는 우리의 생명을 영원히 보호해주는 것이기 때문에 사실 재물보다는 지혜가 더 귀한 것이라는 뜻이다.

13절, 하나님의 행하시는 일을 보라 하나님이 굽게 하신 것을 누가 능히 곧게 하겠느냐

지혜를 이야기하다가 이 말이 이어서 나온다. "하나님이 굽게 하신 것을 누가 능히 곧게 하겠느냐". 지혜로운 사람은 어떻다는 말인가? 하나님이 하시는 일을 인정하고 그 섭리를 순종한다는 것이다. 지혜롭지 않은 사람은 어떻게 하는가? '왜 곧게 펴야할 것을 굽게 하시는가?' 하면서 하나님이 하시는 일에 불만을 품는다. 지혜가 없는 사람은 모든 것이 자기 뜻대로 되어야 한다고 생각한다. 모든 사람이 자기 뜻대로 움직여주어야 한다고 믿으며 하나님도 그렇게 자기의 뜻대로 해주셔야 한다고 믿는다. 자기 뜻대로 되지 않을 때 모든 것에 대해서 불평불만이 생기는 사람이 어리석은 사람이다.

그러나 지혜로운 사람은 하나님의 행정, 하나님의 역사에 대해서 '아멘' 하는 사람이다. 그는 '하나님이 굽게 하셨으면 누구라도 펼 수 없다, 하나님이 펴 놓으셨으면 누구라도 굽게 할 수 없다' 라고 하나님의 주권을 인정하는 사람이다. 이처럼 하나님의 하신 일에 순응하는 그런 사람이 바로 지혜로운 사람이다.

14절, 형통한 날에는 기뻐하고 곤고한 날에는 생각하라 하나님이 이 두 가지를 병행하게 하사 사람으로 그 장래 일을 능히 헤아려 알지 못하게 하셨느니라

"형통한 날에는 기뻐하고". 하나님이 어떤 때에는 형통한 날을 주신다. 형통한 날에는 기뻐하는 것이 하나님의 주권을 인정하는 것이다.

"곤고한 날에는 생각하라". 때로는 곤고한 날도 있다. 어려운 고난, 예기치 않는 환난이 닥친다. 육신의 질병이 생기고, 가정에 어려움과 분란이 생기고, 경제적으로 큰 문제가 생긴다. 이것이 다 곤고한 날이다. 그럴 때는 생각해봐야 한다. '내 자신이 뭔가 잘못한 것이 없는가? 배워야 할 점은 없는가? 하나님이 나에게 말씀하시는 것은 없는가?' 라고 생각해봐야 한다.

굽게 하셨다는 것은 이런 곤고한 날을 주신 것이고 펴셨다는 것은 평탄한 날이라고 볼 수 있는데, 그런 모든 환경을 다 하나님이 주시는 것으로 생각하고 순응하는 것이 하나님의 주권을 인정하는 태도이다. 또한 이러한 하나님의 주권을 인정하고 받아들이는 것이 지혜로운 사람인 것이다.

"하나님이 이 두 가지를 병행하게 하사 사람으로 그 장래 일을 능히 헤아려 알지 못하게 하셨느니라". 하나님은 어떤 때는 굽은 것을 주시고 어떤 때에는 반듯한 것을 주신다. 어떤 때는 곤고함을 주시고 어떤 때는 평탄한 것을 주신다. 그렇게 섞어서 주시는 이유는 우리로 미래를 예측할 수 없도록 하시기 위함이다. 사람이 미래를 예측하는 것은 좋은 것이 아니기 때문이다. 만약 미래를 예측할 수 있게 된다면 사람들은 하나님을 의지하지 않는다. 어떻게 하면 미래를 자기 생각대로 바꿔볼까 머리를 쓰지 하나님을 의지하지 않는다. 하나님을 믿지 않는다. 그렇기 때문에 하나님은 사람이 한 치 앞을 바라볼 수 없도록 해 놓으신 것이다. 그것은 사람으로 하여금 하나님만을 믿고 의지하고 신뢰하고 바라보게 하시기 위함이시다.

15절, 내가 내 헛된 날에 이 모든 일을 본즉 자기의 의로운 중에서 멸망하는 의인이 있고 자기의 악행 중에서 장수하는 악인이 있으니

"내가 내 헛된 날에". 솔로몬은 자기가 지혜를 연구하고 얻으려 하고 궁구했다. 사람의 인생 가운데 도대체 어떤 비밀이 있는지, 어떤 뜻이 들어 있는지에 대해서 많은 연구를 했다. 그러나 그런 시간이 모두 헛되었다고 고백했다. 의로운 중에서 멸망하는 의인이 있고 악행 중에서 장수하는 악인이 있다는 것이다. 우리 생각은 어떤가? 악행을 하는 사람은 일찍 죽어야 한다. 착한 일을 하는 사람은 복을 받아서 오래 살아야 한다.

그러나 실제로는 굉장히 착하게 사는데 일찍 세상을 뜨는 사람이 있다. 굉장히 나쁜 사람인데 오래 장수하기도 한다. 솔로몬이 이 모든 것을 다 연구했지만 해답을 못 얻었다는 것이다. 그래서 그는 16절에서 나름대로의 결론을 내린다.

16절, 지나치게 의인이 되지 말며 지나치게 지혜자도 되지 말라 어찌하여 스스로 패망케 하겠느냐

"지나치게 의인이 되지 말며 지나치게 지혜자도 되지 말라". 지나치게 의인이 되면 일찍 죽더라는 것이다. 별수 없다는 것이다. 지나치게 지혜자가 되지 말라고 했다. 너무 많이 아는 것도 좋은 것 같지 않다는 것이다. 음식은 이것을 먹어야 좋고, 저것을 먹어야 좋고, 무슨 비타민을 먹어야 하고…이런 것을 해박하게 잘 아는 박사가 아무것도 모르는 사람보다 삐쩍 말라있다는 것이다. 그러므로 적당하게 알면 되었지 너무 그렇게 알려고 하지 말라는 것이다.

"어찌하여 스스로 패망케 하겠느냐". 그렇게 너무 많이 알다 보니 오히려 패망하더라는 것이다. 너무 지혜롭고 너무 의로우면 패망하게 된다는 것이다.

17절, 지나치게 악인이 되지 말며 우매자도 되지 말라 어찌하여 기한 전에 죽으려느냐

지나치게 악인도 되지 말고 지나치게 우매자도 되지 말라고 했다. 지나치게 나쁜 짓을 하는 사람도 제 명을 못 살고 일찍 죽게 된다는 것이다.

"지나치게 악인이 되지 말며"라는 이 말은 잘못 해석하면 적당하게 죄도 지어가면서 적당하게 의롭기도 하고 너무 잘난 척하지 말고 너무 악한 일도 하지 말고 적당하게 살라는 말로 들린다. 그러나 여기서 솔로몬의 말이 전적으로 주님의 말씀과 합한다고 볼 수는 없다. 이 전도서 자체가 사람의 생각이 많다. 인간사에 대한 사람으로서의 탐구이기 때문이다.

사실 참된 의인은 예수 그리스도이시다. 우리는 지나친 의인이 되려고 할 것이 아니라 '의' 자체를 구해야 한다. 의는 '예수 그리스도'이시다. 자기가 나름대로 의를 찾아서 의로워지려고 할 때 그것은 결국 인간적인 의가 되어버리고 만다. 따라서 지금 솔로몬이 말하는 '지나친 의'는 다른 사람들은 저렇게 나쁜 마음을 먹고 살지만 나는 절대로 불의하지 않고 의롭게 살아보겠다고 하는 사람들의 '인간적인 의'를 말하는 것이다. 그러나 그렇게 하는 사람도 일찍 죽더라는 것이다. 또 너무나 나쁘게 사는 사람도 똑같이 일찍 죽더라는 것이다.

그러므로 우리는 인간으로서 최고로 지혜로웠던 솔로몬이 한 말이기에 이를 참고할 뿐이다. 나쁜 짓을 엄청나게 많이 하는 사람은 패망할 수밖에 없다는 것도 사실은 진리이다.

'악인' 과 '우매자' 는 서로 연결이 되어 있다. 어떤 사람이 화를 잘 내는가? 이야기만 하면 싸우려고 하는 사람들은 대부분 우매한 사람이다. 지혜로운 사람은 그렇게 싸우지 않는다. 상황을 다 이해하고 파악하기 때문이다. 역지사지도 할 줄 안다. 옆에서도 볼 줄 알고 앞에서도 볼 줄 알기에 싸우지 않는다. 하지만 성질을 잘 내고 남을 몰아붙이는 사람은 하나만 생각하고 자기 편에서만 생각하고 자기 잇속만 차리기 때문에 잘 싸우는 것이다. 하지만 시간이 지나면 그도 자신이 잘못했다는 것을 알게 된다. 이처럼 우매한 것과 악인이 되는 것과는 관계가 있다. 그나마 나중에라도 잘못한 것을 깨닫는 사람은 나은 편이다. 아주 우매한 사람은 성질을 내고 남들을 못살게 굴고 나쁜 짓을 하고도 끝까지 자기가 잘했다고 하는데 이는 진짜 우매한 사람이다. 안타깝지만 그런 사람들도 많이 있다.

18절, 너는 이것을 잡으며 저것을 놓지 마는 것이 좋으니 하나님을 경외하는 자는 이 모든 일에서 벗어날 것임이니라

"너는 이것을 잡으며 저것을 놓지 마는 것이 좋으니". 지금까지 말한 '너무 의인이 되지 말고 너무 악인이 되지도 말아라' 는 말을 잡고 놓지 말라는 것이다. 즉 16절의 너무 의인이 되지 말라는 말씀은 잡고, 17절의 너무 악인이 되지 말라는 말씀은 놓지 말라는 것이다. 그것이 좋다는 것이다. 성경에서 좋다면 그것이 진정 좋은 것이다. 이것이 많은 것을 연구한 솔로몬의 결론이다. 너무 지나치게 극단적으로 가지 말라는 것이다. 우리는 그리스도인의 길을 걸어가면서 언제나 두 극단(two extremes)이 있음을 본다. 어떤 사람들은 다른 사람들이 가는 길은 다 잘못되고 자신들이 가는 길이 가장 옳다고 주장한다. 이것도 극단으로 치우친 사례이다. 심지어 지나치게 옳게 가려고 의도하는 것조차 함정에 빠지게 된다는 것을 알아야 한다. 나는 역대로 진리를 매우 사랑하는 몇 몇 그리스도인 단체와 그 창시자를 잘 아는데 그들이 바로 이러한 함정에 빠진 경우라고 본다. 그들은 성경적으로 지나치게 옳은 것을 지향하였다.

사람들은 옳은 것을 매우 좋아하는 특성이 있고 틀리기를 원치 않는 성질이 있다. 그러므로 다른 사람들의 틀린 것을 보여주고 성경적으로 옳은 것을 말해주면 그것을 기뻐하면서 쉽게 진리로 받아들이는 것이다. 그러나 사람이란 그 자체가 타락했고 옳지 않은데 지나치게 옳은 것을 지향하다 보니 신앙적으로 이상과 현실 사이의 괴리현상이 생겨나고 결국은 이중성과 위선적인 신앙을 모면할 수 없는 것이다. 그렇다면 인간은 어차피 타락한 죄인이니 차라리 부패한 것을 지향해야 하는가? 사람들은 왜 부패한 것을 알면서도 부패하고 악한 쪽을 선택하는가? 그것이 겉으로 보기에 안전하다고 판단하기에 그렇게 하는 것이다.

그러면 어떻게 해야 하는가? 여기에 합당한 균형이 있는 것이다. 주 예수님을 보자! 주님과 달리 바리새인들은 지나치게 옳게 되려고 했다. 그러나 주님은 죄인들과 함께 먹고 마셨다. 그러면 주님은 진정 죄인이 되고 말았는가? 그렇지 않다. 그분은 우리의 눈으로 보기에 옳은 길을 간 것 같지 않지만 참되게 하나님을 경외하는 길을 가신 것이다. 그것은 그분이 죄인을 구원하러 오셨기에 그렇다. 우리는 한 가지는 잡고(지나치게 의인이 되지 말 것), 다른 한 가지는 놓지 말아야 한다(지나치게 악인이 되지 말 것).

"하나님을 경외하는 자는 이 모든 일에서 벗어날 것임이니라". 이런 두 극단은 사실 사람들이 빠지기 쉬운 함정이라는 말이다. 그래서 "벗어날 것임이니라"는 말이 있는 것이다. 감사하게도 하나님을 경외하는 자는 이런 위험에서 벗어나게 된다는 은혜로운 말씀이다. 당신이 진정 하나나님을 경외하는가? 그렇다면 당신은 혹 그런 극단에 빠졌다가도 벗어나게 된다. 결론적으로 말해서 솔로몬은 지나치게 악인 되지 않거나 지나치게 의인이 되지 않는 것도 중요하지만 그것보다 더 중요한 것은 하나님을 경외하는 것이라고 말한다. 그럴 때에 지나치게 의인이 되는 해나 악인이 되는 해에서 벗어날 수 있기에 하나님을 경외할 것을 권하고 있는 것이다.

19절, 지혜가 지혜자로 성읍 가운데 열 유사보다 능력이 있게 하느니라

지혜가 있다면 성읍의 10명의 관원(유사)보다 낫다고 했다. 10명의 지도자보다 지혜가 있는 자가 더 낫고 능력이 있다고 하는 것이다. 이처럼 솔로몬은 지혜를 가장 탁월한 것으로 추천을 하고 있다.

20절, 선을 행하고 죄를 범치 아니하는 의인은 세상에 아주 없느니라

이 세상에 처음부터 끝까지 완전히 선만을 행하고 죄를 조금도 범하지 않는 의인은 없다는 것이다. 누군가 정말 선인이고 의인이고 좋은 사람일 수도 있지만, 그도 때로는 죄를 범하는 수가 있다는 것이다.

성경은 모든 사람이 죄를 범했다고 했다. 의인은 없나니 하나도 없다고 했다. 이는 완벽한 사람은 없다는 뜻도 된다. 사람은 그 자체가 완전하지 않다는 뜻이다. 그러니 사람이 지나치게 완벽을 표준으로 내거는 자체가 모순의 시작이라는 말도 된다. 그러나 이것이 곧 진리의 표준을 낮춘다는 의미가 아니므로 조심해야 한다.

진리는 영원히 진리이다. 그리고 우리는 그리스도의 완전하심과 같이 완전해지기를 사모해야 한다. 또 우리는 그렇게 될 수 있음도 알아야 한다. 그러나 그 과정에서 우리는 사람의 불완전함을 망각하는 방식으로 완전을 추구하지 말아야 한다는 말이다. 그러므로 어떤 사람들의 흠에 대해서 이야기 하면서 '그 사람은 참 나쁘다' 라고 하지 말라. 이 세상에 완벽한 사람은 하나도 없다.

21절, 무릇 사람의 말을 들으려고 마음을 두지 말라 염려컨대 네 종이 너를 저주하는 것을 들으리라

사람의 말을 듣는 것을 너무 마음에 두지 말라는 것이다. 사도 바울은 고린도 전서 4장에서 이런 이야기를 했다. "너희에게나 다른 사람에게나 판단 받는 것이 내게는 매우 작은 일이라 나도 나를 판단치 아니하노니 내가 자책할 아무 것도 깨닫지 못하나 그러나 이를 인하여 의롭다 함을 얻지 못하노라 다만 나를 판단하실 이는 주시니라"(고전 4:3,4)라고 했다.

그런데 다른 사람이 자기에 대해서 말하는 것에 굉장히 민감한 사람들이 있다. '누가 나를 뭐라고 했다고?' 하며 흥분한다. 다른 사람들이 자신에 대해서 무언가 말했을 때에 좋은 말이라면 좋아하지만 안 좋은 쪽으로 비평하고 평가를 했다면 눈꼬리가 올라간다. 그런 말에 대해서 아주 예민한 것이다. 전도서에 의하면 그런 사람도 결국 어리석은 사람이다. 지혜로운 사람은 그런 사람들의 말에 대해서 별로 개의치 않는다.

"무릇 사람의 말을 들으려고 마음을 두지 말라". 누가 나에 대해서 뭐라고 하는지 너무 많이 생각하지 말라는 것이다. 자기에 대한 여론의 동향을 너무 주의깊게 들으려고 하지 않는 것이 좋다. 요즈음에 우리나라의 몇몇 인기 연예인들이 자살을 했는데 그 이유 중의 하나가 인터넷상에서 사람들이 자기에 대해 쓴 말을 듣고 흥분한 탓도 있다고 한다. 사람들의 말을 유의해 들으려 하는 사람들은 다 어리석은 사람으로 알면 된다. 그 말들은 들을 가치가 별로 없다.

여러분은 사람들의 속에 좋은 것이 많이 들어 있다고 보는가? 혹은 나쁜 것이 많이 들어 있다고 보는가? 성경에 의하면 사람의 속에는 선한 것이 없고 죄와 악이 그 속에 있다. 인터넷은 보지 않는 곳에서 쓰는 공간이므로 사람들의 속에 있는 것이 여과없이 나올 수 있는 창구이다.

나는 여러분이 사람들의 마음속에 들어 있는 더러운 악과 부패한 것들을 볼 필요가 없듯이 인터넷에 올리는 악한 말들도 동일하게 유의할 필요가 없다고 믿는다.

"염려컨대 네 종이 너를 저주하는 것을 들으리라". 그렇게 자꾸 남의 말을 들으려고 하다보면 종들이 하는 나쁜 말을 듣게 되기 때문이다. 아랫사람은 어쨌든 윗사람을 저주하는 생각이 들게 마련이다. 부림을 당하다보니 자기를 부리는 윗사람에게 서운한 마음을 갖게 되기 때문이다. 또한 상전은 아무래도 일을 시키다 보니 죄를 짓게 된다. 그런데도 자꾸 사람의 말을 들으려고 하다 보면 종이 자신에게 한 마디 저주하는 말을 듣게 되고 그럴 때 굉장히 기분이 나쁘게 된다. 그래서 다음 절에서는 '너도 때로는 그러하지 않느냐' 라고 말하는 것이다.

22절, 너도 가끔 사람을 저주한 것을 네 마음이 아느니라

사람이란 어떤 때에는 나쁜 사람들에 대해서 저주하는 마음이 든다는 것이다. 밖으로 말을 하지 않고 마음으로만 지나가서 그렇지 나쁜 마음이 드는 경우가 있다. 그런데도 남의 말을 자꾸만 귀담아 들으려고 하는 사람은 그러다가 한 마디를 듣고 며칠 밤을 고민하게 된다. 종은 자기가 피곤하고 속상하니까 그냥 내뱉는 말일 뿐인데 그 말을 마음에 두는 것이다.

그래서 솔로몬은 '너도 때로는 남을 저주하는 마음을 갖지 않느냐? 그러니까 다른 사람의 말을 자꾸 들으려고 귀를 기울이지 말라' 고 말하는 것이다. 이것이 지혜이다. 남의 말을 다 들을 필요가 없다. 너무 귀담아 들을 필요가 없다. 여러분에 대해서 평가하는 모든 말들을 다 듣고 마음에 담아둘 필요가 없다. 사실 그것들은 별 뜻도 없는 말이다. 그런데도 '그 사람이 나에 대해서 그랬어?' 라고 흥분하고 그 말에 많은 의미를 부여하면서 '두고보자' 고 마음에 품는 사람은 어리석은 사람이다. 그것은 그 사람이 그때 기분 나빠서 한 마디 잘못한 말이지 그렇게 중요한 말이 아니다. 그러므로 전도서의 말씀을 배우는 것은 여러분에게 참으로 유익하다. 이러한 우매함에 빠지지 않을 길을 배우게 되기 때문이다.

23절, 내가 이 모든 것을 지혜로 시험하며 스스로 이르기를 내가 지혜자가 되리라 하였으나 지혜가 나를 멀리하였도다

솔로몬은 모든 것을 지혜로 시험하며 '내가 지혜로운 사람이 되어야겠다' 라고 했지만 그것이 잘 되지 않더라는 것이다. 지혜로워지려고 하면 할수록, 연구하면 할수록, 알아보면 알아볼수록 지혜는 더 멀리 가는 것 같았다는 것이 솔로몬의 고백이다.

24절, 무릇 된 것이 멀고 깊고 깊도다 누가 능히 통달하랴

솔로몬은 왜 이런 말을 하는가? 사람은 다 가질 수 없다는 결론을 주고 있는 것이다. 그렇다면 전도서는 무엇을 예비하는 것인가?

25절, 내가 돌이켜 전심으로 지혜와 명철을 살피고 궁구하여 악한 것이 어리석은 것이요 어리석은 것이 미친 것인 줄을 알고자 하였더니

"악한 것이 어리석은 것이요 어리석은 것이 미친 것인 줄을 알고자 하였더니". 정신이 나간 사람들이 어리석은 사람이다. 이단에 빠지는 것도 미친 것이다. 그것이 정신이 나간 것이다. 그것은 하나만 알아서 그렇다. 둘 셋을 함께 균형있게 알면 이단에 빠지지 않는다. 그런데 '아, 바로 그것이었네' 하면서 하나만 알고는 온통 한 사람의 사상에 빠져버리는 것이다. 이단일수록 주장을 많이 한다. 성경을 펴놓고 주장한다. 그들은 그것밖에는 모른다. 그 다음 것을 이야기하면 화를 내면서 받아들이지 않는다. 그런 사람들은 제일 불쌍한 사람들이다. 오랫동안 이단 생활을 하고 나면 제 정신을 가지고 살지 못한다. 그런 삶을 20년 동안 하고 나오면 인생 20년을 교주의 사상, 이단 단체의 정신에 세뇌되어 그 정신으로 사는 것이다. 그런 이단 단체의 사람들은 수 백 수 천 명이라도 무엇이든지 똑같이 이야기하고 똑같이 반응한다. 그런 후에 이단에서 나왔을 때 연탄가스에 중독된 사람들처럼 산소호흡기 달아서 살려 놓으면 '아, 내가 20년 동안 남의 정신으로 살았네' 라고 고백한다.

예를 들어 금강산 관광을 갔다가 한 사람이 피살되었는데, 북한 사람들에게 물어보라. 누구든지 똑같이 이야기한다. 개성공단 사람이나 평양 사람이나 신의주 사람이나 똑같은 말을 한다. 왜 그런가? 세뇌되었기 때문이다. 자기 정신은 어디에다 맡겨놓은 것처럼 행동한다. 그것이 미친 것이다. 그것이 바로 어리석은 것이다. 그러므로 진정한 복음, 진정한 진리는 사람을 자유케 한다. 세뇌시켜서 사람을 꼭두각시처럼 만들어 놓는 것은 다 이단이다.

이단 단체에 가보면 북한 사람들이 똑같이 빨간 치마에 빨간 꽃 달고 흔드는 것처럼 확신에 차서 그렇게 기뻐한다. 그들은 하나만 알기 때문이다. 반대편을 이야기해주면 분을 내는 것이다. 그들이 바로 이단이며 미친 것이고 어리석은 것이다. 미친 것, 어리석은 것, 악한 것은 다 통한다. 그것은 아주 악한 것이다. 예를 들어 부인이 이단에 빠졌다고 할 때 남편이 계속 반대하고 어렵게 하면 그 이단 단체에서는 남편과 이혼해버리라고 한다. 이는 아주 악한 것이다. 이처럼 이 구절은 이단을 예로들어 설명할 때 가장 이해하기가 쉽다.

26절, 내가 깨달은즉 마음이 올무와 그물 같고 손이 포승 같은 여인은 사망보다 독한 자라 하나님을 기뻐하는 자는 저를 피하려니와 죄인은 저

에게 잡히리로다

"마음이 올무와 그물 같고".이제 솔로몬이 깨달았다는 것이다. 마음이 올무와 그물 같다는 것이다. 마음속에 올무가 있다는 것이다. 마음속에 그물 같은 것이 있다는 말이다. 거기에 한 번 잡히면 못나오는 것이다.

"손이 포승 같은 여인은 사망보다 독한 자라". 또한 포승같이 사로잡는 여인도 있다. 이 여인은 어떤 창녀 같은 유혹하는 여인도 될 수 있고, 이단적이고 악한 교리로도 해석할 수 있다. 이는 사람으로도 해석할 수 있지만 어떤 것을 의인화시킨 것일 수도 있다. 이 여자는 사망보다 독하다고 했다. 사망이 가장 강력하고 이길 수 없는 원수인데, 여인 중에서 아주 유혹적인 여자는 사망의 강한 것보다 더 독하다는 것이다. 하나님을 섬기는 사람들 중에서도 여자 문제 때문에 일생을 망치는 경우가 아주 많이 있다. 하나님의 종들, 교회를 섬기려는 유망한 사람들을 패망시키는 가장 강력한 올무는 다름 아닌 이성(異性)이다. 그것은 죽음보다 더 강력하게 사람을 올무에 잡히게 하는 것이다.

또한 이것을 아주 매혹적으로 사로잡는 교리로도 해석할 수 있다. 그런 것이 있을 수 있다. 그렇게 의인화시켜서 말해보자. 이단에 빠지는 사람들이 시원찮은 어떤 것에 빠지는 것이 아니다. 성경을 펴서 너무나 그럴듯하고 매혹적인 교리를 대기 때문에 빠지는 것이다. 올무와 포승 같은 것이 있기 때문이다. 그런데 그런 것에 한 번 묶이면 빠져나오지 못한다. 죽어도 빠져 나오지 못하는 것을 보았다. 나는 과거에 이단에 오랫동안 빠져서 생활하다가 죽는데도 그 사상을 외면서 죽는 것을 본 적이 있다. 암에 걸려서 전신이 썩어서 죽는데도 그 사상 때문에 끝까지 그런 소리를 하면서 죽는 것이다. 그런 것을 볼 때 포승과 올무를 가진 그러한 여인, 혹은 그렇게 강하고 매혹적인 교리는 그리스도인에게는 대단히 위험하다.

"하나님을 기뻐하는 자는 저를 피하려니와". 이런 상황이 되면 거의 모든 사람들은 그것에 잡혀가는데 하나님을 기뻐하는 자는 그것을 피할 수 있다. 나는 여러분이 그렇게 주님의 구출을 받는 자들, 피하는 자들이 되기를 바란다. 어떤 이단에 빠졌더라도 하나님이 기뻐하는 자는 하나님이 빼내주신다. 어거스틴도 한때 마니교 이단에 빠졌던 적이 있었다. 그러나 하나님이 그를 빼내주셨다.

27절, 전도자가 가로되 내가 낱낱이 살펴 그 이치를 궁구하여 이것을 깨달았노라

솔로몬은 이런 모든 것을 하나하나 살폈다는 것이다. 그리고 그 이치를 연구하여 그것을 깨달았다고 말한다.

28절, 내 마음에 찾아도 아직 얻지 못한 것이 이것이라 일천 남자 중에서 하나를 얻었거니와 일천 여인 중에서는 하나도 얻지 못하였느니라

솔로몬은 어쨌든 의인화가 되었든 아니든 여인에 대해서 낮추는 말을 하고 있다. 이유는 무엇인가? 정말로 올무에 걸리지 않고 정말 합당한 사람을 한 번 찾아봤다는 것이다. 일천 명을 만나봤는데 '이 사람은 정말 괜찮은 사람이네' 라고 할 만한 사람은 남자 중에는 하나 정도 있고 그나마 여자 중에는 한 명도 보지 못했다는 것이다. 이 세상 인간 중에는 제대로 된 사람이 거의 없다는 말이다. 남자 1000명, 여자 1000명, 도합 2000명 중에 1명이라는 것이다. 솔직히 말해서 국회위원도 여자가 나오는데 나는 별로 찬성을 안 한다. 물론 여러분이 거듭나서 그리스도 안에 들어오면 다르겠지만 세상적으로는 솔로몬의 말이 맞을 것이다. 정말 남자도 다 문제가 있고 여자도 다 문제가 있는데, 그래도 남자는 천 명 중에 한 명 있을까 말까 한데 여자는 전멸이라는 것이다.

그러나 그리스도 안에 올 때 성경에는 정말 귀한 여자들이 많이 있고 교회사적으로도 주님께 쓰임받은 귀한 여인들이 많이 나왔다. 그리스도 안에 올 때는 이야기가 달라진다. 솔로몬이 이야기하는 것은 모두 세상적인 관점이다.

29절, 나의 깨달은 것이 이것이라 곧 하나님이 사람을 정직하게 지으셨으나 사람은 많은 꾀를 낸 것이니라

이렇게 된 이유는 사람이 타락했기 때문이라는 것이다. 하나님은 원래 그렇게 지으신 것이 아니다. 하나님이 원래 사람을 지으실 때는 하나님의 형상과 모양대로 지었으며 정직하게 지으셨지만 사람이 타락하다보니까 자기 꾀로 이렇게 형편없이 되었다는 이야기를 결론으로 말하고 있다.

기도

"하나님 아버지 감사합니다. 오늘도 지혜서를 통해서 우리가 어떻게 살 수 있는지 지혜를 얻게 하신 것을 감사합니다. 우리는 이런 말씀에 따라서 우리의 인생 가운데 소망이 없음을 깨닫고 참 지혜이신 예수 그리스도를 우리의 지혜로 모시고 생명으로 모시고 살기 원합니다. 성도들이 은혜와 축복을 얻게 하여 주옵소서. 예수 그리스도의 이름으로 기도하옵나이다. 아멘."

전도서 8장

1절, 지혜자와 같은 자 누구며 사리의 해석을 아는 자 누구냐 사람의 지혜는 그 사람의 얼굴에 광채가 나게 하나니 그 얼굴의 사나운 것이 변하느니라

미련한 사람의 얼굴은 사납게 보인다. 지혜로운 사람은 그 얼굴이 사납지 않고 부드럽고 인자하게 보이고 사람이 넓어 보이고 이해력이 많아 보이고 포용력이 있어 보인다. 그리고 얼굴에 빛이 나는 법이다.

2절, 내가 권하노니 왕의 명령을 지키라 이미 하나님을 가리켜 맹세하였음이니라

"내가 권하노니 왕의 명령을 지키라". 여기서 왕이 누구냐에 대해서는 학자들 간에 이견이 있다. 진짜 나라의 왕을 가리키는 것이라고 하는 사람도 있고 이어서 언급한 하나님을 말하는 것이라고 생각하는 사람도 있다. 어쨌든 하나님도 왕이시고 또 이 땅의 왕도 하나님이 세우신 권세자라고 성경에서 말씀하시기에 '권세자'로 생각하면 된다. 혹은 '하나님'이라고 해석해도 틀리지 않는다.

왕의 명령을 지키라고 했다. 만약 하나님이라면 하나님의 계명을 지키라는 것이다. 하나님을 가리켜 맹세했기 때문이다.

3절, 왕 앞에서 물러가기를 급거히 말며 악한 것을 일삼지 말라 왕은 그 하고자 하는 것을 다 행함이니라

"왕 앞에 물러가기를 급거히 말며". 만일 이 왕이 '하나님'이라고 한다면 하나님 앞에서 물러가기를 급히 하지 말라고 했다. 갈라디아서 1장을 보면 갈라디아 성도들이 하나님의 복음을 빨리 떠났다고 했다. 하나님은 그분을 속히 떠나는 것을 싫어하신다. 물론 천천히 떠나더라도 싫어하신다. 왕이나 권세자, 즉 권위가 있는 분일수록 주의해야 한다는 뜻이다.

우리가 생활 가운데 사소한 일을 매듭짓고 떠나는 것은 급히 해도 무방할 때가 있다. 하지만 하나님 앞에서 행할 때 어떤 일을 급히 끝내고 물러가는 것은 매우 위험한 행동이라고 할 수 있다. 어떤 사람들은 함께 교회생활을 하다가도 어느 날 급히 자신의 향방을 결정짓기도 한다. 그러나 하나님 앞에서 행할 때는 매우 주의해야 한다. 급히 어떤 것을 결단하는 것이 매우 위험하기 때문이다.

"악한 것을 일삼지 말라 왕은 그 하고자 하는 것을 다 행함이니라". 악한 행동을 계속해서 하지 말라고 한다. 하나님으로 말한다면 그분은 권세자이시고 이 말씀에 의하면 '하고자 하는 것을 다 하실 수 있는 분'이기에 하나님을 진노케 할 때는 그 사람이 무슨 일을 당할는지 알 수 없기 때문이다.

4절, 왕의 말은 권능이 있나니 누가 이르기를 왕께서 무엇을 하시나이까 할 수 있으랴

하나님의 말씀은 권세가 있다. 그러므로 어떤 사람이든지 하나님께

'무엇을 하시나이까' 할 수 없다고 했다. 토기장이가 그릇을 만들 때 멸망 받을 그릇도 만들고 영광 받기로 예비된 긍휼의 그릇도 만드는 것은 전적으로 토기장이의 뜻에 달렸다. 토기가 '왜 이렇게 하느냐' 고 힐문할 수 없다는 말이다. 하나님의 길을 따르며 하나님의 섭리에 다만 순종하는 사람이 되어야지, '하나님 왜 이렇게 하십니까? 하나님, 내 마음에 들지 않습니다' 라고 하나님의 하시는 일에 대해서 토를 다는 일을 하지 말라는 뜻이다. "왕께서 무엇을 하시나이까 할 수 있으랴". 하나님은 무엇이든지 하나님의 뜻대로 행하시는 분이기 때문에 그렇다.

5절, 무릇 명령을 지키는 자는 화를 모르리라 지혜자의 마음은 시기와 판단을 분변하나니

"무릇 명령을 지키는 자는 화를 모르리라". 다만 사람의 본분은 권세자 아래 있는 우리는 하나님의 명령을, 또 왕이면 왕의 명령을 지키는 것이다. 순종하고 지키는 자에게는 화가 없다. 화를 당하지 않게 된다는 뜻이다. 또한 권위자의 명령을 잘 순종해서 지키는 사람은 화를 받을 일이 없다.

"지혜자의 마음은 시기와 판단을 분변하나니". 지혜로운 사람은 그 시기와 그 판단을 아는 사람이다. 어떤 때에 어떤 일을 해야 할지, 하지 말아야 할지에 대해서 지혜로운 사람은 안다. 모든 사람이나 사물에는 때가 있기 때문에 잘될 때도 있고 잘못될 때도 있는 법이다. 지혜로운 사람은 시대를 분별할 줄 아는 사람이라는 뜻이다.

6절, 무론 무슨 일에든지 시기와 판단이 있으므로 사람에게 임하는 화가 심함이니라

무슨 일에든지 시기와 판단이 있다고 했다. "사람에게 임하는 화가 심함이니라". 하나님의 명령을 지키지 않는 사람들은 어느 때이든지 하나님의 심판을 받는 때가 있다. 그러므로 이 말씀은 5절 전반절처럼 명령을 지키지 않는 사람은 화를 당한다는 말씀이다. 명령을 잘 지켜야 한다는 뜻이다.

7절, 사람이 장래 일을 알지 못하나니 장래 일을 가르칠 자가 누구이랴

인간은 장래 일을 알지 못하는 특징이 있다. 7장에도 그런 말씀이 있었다. 하나님은 사람에게 내일 일을 알지 못하게 해두셨다. 그것은 무엇이든지 하나님을 의지할 수밖에 없도록 하기 위함이다. 기도하면서 하나님의 섭리, 하나님의 뜻에 순종할 수밖에 없도록 하기 위해서 장래 일을 모르게 해놓으신 것이다.

8절, 생기를 주장하여 생기로 머무르게 할 사람도 없고 죽는 날을 주장할 자도 없고 전쟁할 때에 모면할 자도 없으며 악이 행악자를 건져낼 수도 없느니라

"생기를 주장하여 생기로 머무르게 할 사람도 없고". 사람은 하나님이 생기를 그 코에 불어 넣으셔서 존재하게 된 존재이다. 생기가 계속 있으면 오래 살게 된다. 그러나 그 생기를 계속 머물러 있게 할 수 있는 권세는 사람에게는 없다. 죽는 날도 사람은 주장할 수가 없다. "전쟁할 때에 모면할 자도 없으며". 전쟁도 한 번 터지면 그 전쟁을 당하는 수밖에 없는 것이지 그것을 모면할 수가 없다는 말이다. 여러분 중에는 전쟁을 경험한 세대도 있을 것이고 경험하지 못한 세대도 있을 것이다. 우리가 원하지 않지만 그 물밀듯이 밀려들어오는 전쟁의 화를 아무도 모면할 수가 없다는 뜻이다.

"악이 행악자를 건져낼 수도 없느니라". 악을 행하는 사람들은 그 악을 행해서 그 악으로 말미암아 행악자들을 건져 낼 수가 없다고 했다.

9절, 내가 이런 것들을 다 보고 마음을 다하여 해 아래서 행하는 모든 일을 살핀즉 사람이 사람을 주장하여 해롭게 하는 때가 있으며

전도자가 모든 일을 살폈다고 했다. "사람이 사람을 주장하여 해롭게 하는 때가 있으며". 좋지 않은 왕, 악한 왕이 민중들을 다스려서 아주 해롭게 하는 때가 있더라는 것이다.

10절, 내가 본즉 악인은 장사 지낸 바 되어 무덤에 들어갔고 선을 행한 자는 거룩한 곳에서 떠나 성읍 사람의 잊어버린바 되었으니 이것도 헛되도다

솔로몬은 선한 왕도 보고 악한 왕도 보았는데, 악한 자도 장사지낸 바 되어 무덤에 들어가고 선한 자도 거룩한 곳을 떠나서 그곳에서 출입하다가 떠났다. '거룩한 곳' 이란 예루살렘이다. 그 성읍 사람들이 악한 왕도 잊어버리고 선하게 잘 다스린 성군도 잊어버린 것을 보니 참 헛되다고 말하고 있다.

11절, 악한 일에 징벌이 속히 실행되지 않으므로 인생들이 악을 행하기에 마음이 담대하도다

악한 왕의 통치에 대한 하나님의 심판이 속히 임하지 않으므로 사람들은 악을 행하기를 담대히 한다는 말이다. 역사적으로도 악한 왕들이 오래 통치한 적이 있었다. 그러므로 사람들은 악을 행하고도 두려워하지 않는다는 말이다.

12절, 죄인이 백 번 악을 행하고도 장수하거니와 내가 정녕히 아노니 하나님을 경외하여 그 앞에서 경외하는 자가 잘 될 것이요

"죄인이 백번 악을 행하고도 장수하거니와". 악한 사람이 백 번 악을 행했는데도 장수하는 사람이 있더라는 것이다. 예를 들어 김일성 같은 사람일 것이다. 악을 백 번 천 번 행했어도 80세 이상을 살지 않았는가? 그런 일은 예외적으로 있을 수 있다는 것이다.

"내가 정녕히 아노니 하나님을 경외하여 그 앞에서 경외하는 자가 잘 될 것이요". 인생 속에는 죄를 많이 짓고도 오래 살고 장수하는 사람이 있을 수 있다. 그러나 일반적으로 다 그런 것이 아니고 결국 하나님을 경외하는 사람이 잘 되는 것임을 말하고 있다.

13절, 악인은 잘 되지 못하며 장수하지 못하고 그 날이 그림자와 같으리니 이는 하나님 앞에 경외하지 아니함이니라

백 번 악을 행하고도 장수하는 사람들이 있기는 있지만, 대다수의 악인들은 장수하지 못하고 그림자와 같이 있다가 죽는다는 것이다. 잘 되지 못한다는 것이다.

14절, 세상에 행하는 헛된 일이 있나니 곧 악인의 행위대로 받는 의인도 있고 의인의 행위대로 받는 악인도 있는 것이라 내가 이르노니 이것도 헛되도다

솔로몬이 보았을 때 악인이 나쁜 짓을 많이 했는데 의인으로 취급받는 수도 있고, 의인으로서 의를 많이 행한 사람인데 악인으로 취급받는 수도 있다는 것이다. 이런 모든 것을 볼 때 다 헛되게 보였다는 것이다.

15절, 이에 내가 희락을 칭찬하노니 이는 사람이 먹고 마시고 즐거워하는 것보다 해 아래서 나은 것이 없음이라 하나님이 사람으로 해 아래서 살게 하신 날 동안 수고하는 중에 이것이 항상 함께 있을 것이니라

"이에 내가 희락을 칭찬하노니 이는 사람이 먹고 마시고 즐거워하는 것보다 해 아래서 나은 것이 없음이라". 이런 저런 사람들, 못된 일들을 보니까 결국 이 땅에서 하나님이 주신 섭리에 순종하면서 그 주신 나날을 먹고 마시며 그 분복을 즐기며 지내는 것이 가장 행복한 것이라고 솔로몬은 말한다. 물론 이 솔로몬은 하늘의 소망이나 영생의 소망이나 그분의 나라에 대한 소망을 염두에 둔 것이 아니라, 이 땅에서 생활하는 생활만을 염두에 둔 것이기에 그렇게 이해하면 되겠다. "하나님이 사람으로 해 아래서 살게 하신 날 동안 수고하는 중에 이것이 항상 함께 있을 것이니라".

16절, 내가 마음을 다하여 지혜를 알고자 하며 세상에서 하는 노고를 보고자 하는 동시에 (밤낮으로 자지 못하는 자도 있도다)

솔로몬은 마음을 다하여 지혜를 알고자 했다. 세상에서 하는 노고를 보고자 했다. 동시에 밤낮으로 자지 못하는 자도 있다고 했다. 이것은 무슨 말인가? 그는 이 세상 모든 일의 뜻과 이치를 알고 싶었던 것이다. 사람들이 하는 수고가 도대체 무슨 의미인가를 알고자 했던 것이다. 그런 일을 하느라 밤새 잠을 못자는 이들도 있더라는 것이다.

17절, 하나님의 모든 행사를 살펴보니 해 아래서 하시는 일을 사람이 능히 깨달을 수 없도다 사람이 아무리 애써 궁구할지라도 능히 깨닫지 못하나니 비록 지혜자가 아노라 할지라도 능히 깨닫지 못하리로다

전도서는 '지혜서' 이다. 인간에게 지혜를 가르쳐주는 책이다. 그렇다면 이것이 우리에게 과연 필요한가? 전도서도 하나님의 말씀이고 우리의 양식이 되는 것이다. 그런데 이 전도서의 특징은 우리에게 지혜로운 삶을 살 수 있도록 해준다는 것이다. 헛된 것에 빠지지 않도록 헛된 것이 무엇인지 말해주고 있다. 그렇다면 오늘 여러분이 얻을 수 있는 지혜는 무엇인가? "하나님의 모든 행사를 살펴보니 해 아래서 하시는 일을 사람이 능히 깨달을 수 없도다 사람이 아무리 애써 궁구할지라도 능히 깨닫지 못하나니 비록 지혜자가 아노라 할지라도 능히 깨닫지 못하리로다". 이것이다.

여러분이 신앙생활을 하다보면 이해가 가지 않는 일들이 닥친다. 최근에 우리 전도사님 한 분은 집을 얻는 과정에서 상당히 어려운 상황을 맞이했다고 들었다. 기도도 많이 했고, 지금까지 주님이 인도해주신 손길도 너무나 감사하며 잘못한 것도 없는데 꼬이고 꼬여서 고생을 많이 했다고 한다. '이것이 어찌된 일인가?' 라고 밤새 잠도 못자고 연구를 했다는 것이다. 내가 그 말을 들었을 때 뭔가 조언을 해주려고 하다가 못했는데 오늘 그 답변을 드리게 되는 것 같다.

그런 일의 의미를 우리가 다 알아야 하는가? 지혜자는 '그것은 모르는 일이다' 라고 말한다. 깨달을 수 없는 것이다. 그런데 사람들은 그 의미를 다 알려고 하는 어리석음에 빠지는 것이다. 솔로몬은 이것에 대해서 '헛되다' 고 말했다. 그렇다면 어떻게 해야 하는가? 하나님이 어떻게 하시든지 다 '아멘' 하는 것이다. 그분의 섭리에 감사하고 그분이 하시는 일은 다 옳다고 하면서 감사하고 사는 것이다. 그저 하루 주님이 먹여주시면 먹고 마시게 하시면 마시고 잠을 자게 하시면 잠을 자고 일어나게 하시면 일어나고 '아멘' 하며 사는 것이다. 이것이 지혜의 삶이라는 것이다.

여기서 우리는 솔로몬이라는 사람을 통해서 하나님이 우리 사람에게 주시는 지혜를 볼 수 있는데, 그것은 우리의 인생사 가운데서 일어나는 모든 일을 우리는 알 수 없다는 것이다. 하나님이 하시는 모든 일을 우리 인간은 알 수 없다. 장래 일에 대해서도 알 수 없고 현재 일에 대해서도 알 수 없다. 하나님이 해 아래에서 하시는 모든 행사를 사람은 능히 깨달을 수 없다고 하셨다. 그런데 대부분의 사람들은 깨달을 수 있어야 한다고 생각하는 것이다. 깨달아지지 않으면 혼란에 빠진다. 깨달아지지 않으면 믿음이 약화된다. 모든 일을 알려고 하는 자체가 문제가 되는데도 사람들은 그것을 알려고 한다는 것이다. 이해가 가지 않는 일에 대해서는 알려고 하지 말아야 한다. '하나님, 당신이 이렇게 하셨습니다. 나는 다만 하나님이 하시는 일에 대해서 맞다고, 옳다고 시인합니다. 감사합니다. 나는 이해가 가든 안 가든 하나님을 믿고 사랑합니다' 하면서 전진하면 된다. 이렇게 할 때 하나님은 여러분을 기뻐하시고 계속 인도하실 것이라고 믿는다.

기도

"하나님 아버지 감사합니다. 오늘도 전도서 말씀을 통해서 지혜의 말씀을 주셨습니다. 참으로 우리가 인생을 사는 동안에 우리 앞에 펼쳐지는 많은 일, 하나님의 섭리를 다 이해하지 못합니다. 지혜자도 모든 것을 알지 못한다고 했습니다. 하나님이 이렇게 모든 것을 알 수 없게 해 놓으신 가운데서 참 지혜자란 하나님을 다만 경외하는 것이라고 배웠습니다.

하나님, 감사합니다. 하나님이 하시는 모든 일 가운데서 우리가 이해가지 않더라도 경외하고 사랑하고 순종하며 따를 수 있도록 도와주시옵소서. 예수 그리스도 이름으로 감사하며 기도드리옵나이다. 아멘."

전도서 9장

1절, 내가 마음을 다하여 이 모든 일을 궁구하며 살펴본즉 의인과 지혜자나 그들의 행하는 일이나 다 하나님의 손에 있으니 사랑을 받을는지 미움을 받을는지 사람이 알지 못하는 것은 모두 그 미래임이니라

전도서는 전도서답게 쉽지 않고 한 마디 한 마디가 다 뜻이 있다. 지금 전도자는 마음을 다해서 이 모든 일을 궁구하고 살폈다고 했다. 그것은 8장 16절부터의 말씀을 가리킨다. "내가 마음을 다하여 지혜를 알고자 하며 세상에서 하는 노고를 보고자 하는 동시에 (밤낮으로 자지 못하는 자도 있도다) 하나님의 모든 행사를 살펴보니 해 아래서 하시는 일을 사람이 능히 깨달을 수 없도다 사람이 아무리 애써 궁구할지라도 능히 깨닫지 못하나니 비록 지혜자가 아노라 할지라도 능히 깨닫지 못하리로다"(16-17절). 하나님이 이 땅에서 행하시는 행사에 대해서는 사람은 알 수 없다는 것이다. 사람이 아무리 애써 궁구할지라도 깨달을 수 없다고 하셨다.

9장 1절 말씀도 마찬가지이다. "내가 마음을 다하여 이 모든 일을 궁구하며 살펴본즉 의인과 지혜자나 그들의 행하는 일이나 다 하나님의 손에 있으니 사랑을 받을는지 미움을 받을는지 사람이 알지 못하는 것은 모두 그 미래임이니라". 여기서 알지 못한다고 전도자가 말하는 뜻은 의인이라고 해서 반드시 잘 되거나 악인이라고 해서 반드시 잘 안 되는 것도 아니라는 것이다. 의인이 잘 안 되는 수도 있고 악인이 오히려 잘 되는 수가 있다는 것이다. 그 이유는 무엇일까를 솔로몬이 생각하다가 답을 내린 것은 '모른다' 는 것이다. 사람은 하나님이 하시는 일을 알지 못한다. 이렇게 알지 못한다고 깨닫는 것만 해도 큰 것이다. 오늘날 성도들이 범하는 큰 잘못 중의 하나는 그 뜻을 다 알려고 한다는 것이다. 알지 않으면 하나님을 원망하고 시험에 들기도 하는 것이다.

의인에게는 좋은 일만 생겨야 하는데 좋지 않은 일이 생겨난다. 악인은 망해야 맞는데 악인도 장수하는 수가 있고 잘 되는 수도 있다. 그래서 전도자는 모든 것이 다 하나님 손에 있다고 말하는 것이다. 의인이나 지혜자나 다 하나님 손에 있는 것이다. 사랑을 받을는지 미움을 받는지도 알지 못한다고 했다. 지혜자이고 의인이면 좋은 사람들이기에 사랑을 받는 쪽으로 하나님이 역사해주셔야 하는데 미움을 받을는지도 모른다는 것이다. "사람이 알지 못하는 것은 모두 그 미래임이니라". 왜 모르는가? 장래 일이기 때문에 모른다는 것이다. 의인이고 지혜자인데도 좋은 일을 만날는지 나쁜 일을 만날는지 잘 모른다는 뜻이다.

그러므로 의인이 이 세상에서 육적으로 불행하게 된다 해도 그것은 하나님 손에서 그렇게 된 것이므로 위로를 받으라는 것이다. 하나님이 의인에게 그렇게 불행한 일을 당하도록 하신다 해도 신약적으로 말할 때 '만유가 합력해서 선을 이루는 역사' 가 있기에 그것으로 인해서 좌절하지 말라는 뜻이 들어 있다.

구약 성경에서 욥은 의인이고 정말 좋은 성도였지만 그는 극심한 고난을 당했다. 그는 자신이 왜 그런 고난을 당해야 하는지 몰랐지만, 다 당하고 나서 끝에 가서는 '아, 거기에는 그런 역사가 있었구나. 하나님의 그런 깊은 뜻이 있었구나' 라는 것을 알게 되었던 것이다. 결국 사랑하는 자들에게 무슨 일이 일어나든지 간에 하나님의 모든 성도들은 그의 수중에 있다는 점을 생각하여 안심해야 한다(매튜 헨리). 그러므로 어떤 일이 의인에게 지혜자에게 닥칠 때 그것이 사랑을 받는 것인지, 미움을 받는 것인지 사람들은 알지 못하나 모든 것은 다 하나님의 손에 있는 것임을 말하고 있다. 사람들은 의인이 고생과 고난을 당할 때 하나님의 미움을 받는 것이라고 확신하지만 사실은 그것이 아니라 그를 위한 것이요 그에게 유익을 주기 위한 것이다. 사람들은 이 점을 잘 알지 못한다.

2절, 모든 사람에게 임하는 모든 것이 일반이라 의인과 악인이며 선하고 깨끗한 자와 깨끗지 않은 자며 제사를 드리는 자와 제사를 드리지 아니하는 자의 결국이 일반이니 선인과 죄인이며 맹세하는 자와 맹세하기를 무서워하는 자가 일반이로다

의인이나 악인이나, 선하고 깨끗한 자나 깨끗하지 않는 자나, 하나님께 제물을 드리는 자나 드리지 않는 자의 결국이 일반이라는 것이다. 선인이나 죄인이나 맹세하는 자와 맹세하기를 무서워하는 자나 좋은 사람이나 나쁜 사람이나 다 임하는 결과가 같다는 것이다.

우리는 의인이나 악인이 당하는 것이 달라야 한다고 생각한다. 그러므로 이에 대해서 의문을 갖게 된다. 이 세상에는 실제로 그렇게 되는 일이 많다. 그런데 하나님께서 이렇게 섭리적으로 의인이나 악인이나 다 결과가 같아지게 하시는 것은 결국 성도들로 하여금 믿음을 배우게 하기 위함이다. '그렇다 하더라도' 하나님을 믿게끔 하시려는 선한 뜻이 들어 있는 것이다. 그렇지 않으면 어떤 일이 일어나겠는가? 자신이 잘 되니까 믿는 이기적인 신앙만 발전하게 된다. 하지만 잘 안 되더라도 믿어야 그것이 진짜이다. 만일 의인은 잘 되고 악인은 잘 안 되며, 제사를 잘 드리는 자는 잘 되고 드리지 않는 자는 잘 안된다면 그것은 완전히 '권선징악'이다. 그렇게 될 때 사람은 하나님에 대한 믿음을 갖지 못하게 된다.

흔한 소설처럼 어떤 남자가 잘 되니까 사랑하고 결혼한다는 이야기가 되는 것이다. 하지만 남편이 사업에 실패하고 어디로 갔는지 모르는데도 여전히 절기를 지키고 남편을 사랑한다면, 하나님께도 그렇게 한다면 그것이 진정한 믿음이 것이다. 하나님이 의인이니까 잘해주고 악인에게는 잘해주지 않는다면 그 하나님은 너무 믿기가 쉽다. 그런데 의인이든 악인이든 똑같은 결과가 임하니 혼돈이 오는 것이다. 그래도 믿어야 하는가라는 문제에 마주친다. 사람들은 그럴 바에는 믿을 필요가 없다고 생각하게 되는 것이다.

그러므로 이렇게 같은 결과를 가져오는 것은 우리로 인내를 배우게 하고, 죄를 깨닫게 하기도 하고, 신앙을 굳게 하기도 하고, 하나님에 대한 소망과 미래에 대한 소망을 더 갖도록 만들어주시는 것이다.

3절, 모든 사람의 결국이 일반인 그것은 해 아래서 모든 일 중에 악한 것이니 곧 인생의 마음에 악이 가득하여 평생에 미친 마음을 품다가 후에는 죽은 자에게로 돌아가는 것이라

이 말씀의 의미는 의인과 악인이 이 세상에서 당하는 일에 있어서 별로 차이가 없기 때문에 이 세상에 속한 사람들은 그것을 이용해서 죄를 짓는 빙거를 삼는다는 말이다. 즉 의를 행하거나 악을 행하거나 결과는 똑같으니, 결국은 죄를 짓고 살아도 아무 문제가 없고 의를 행해도 아무 차이가 없다는 말이 된다. 우리 믿는 사람들은 그런 일들을 볼 때 하나님을 더 사랑하고 신뢰하는 쪽으로 간다. 하지만 세상 사람들은 그렇기 때문에 오히려 악을 행하거나 죄를 짓거나 무슨 문제가 있느냐면서 죄를 짓는 쪽으로 간다는 것이다.

본 구절인 "모든 사람의 결국이 일반인 그것은 해 아래서 모든 일 중에 악한 것이니 곧 인생의 마음에 악이 가득하여 평생에 미친 마음을 품다가 후에는 죽은 자에게로 돌아가는 것이라"는 말씀은 의인과 악인의 결과를 같게 하시는 하나님의 섭리 자체를 나쁘다고 말하려는 것이 아니다. 이는 이 세상에 속한 사람들의 이야기이다. 그들에게는 하나님의 섭리 자체가 좋지 않게 보이는 것이다. 그래서 좋지 않게 생각하고 반동적으로 타락한 생활을 하다가 결국 멸망에 떨어지는 것이다. 이것이 바로 '죽은 자에게로 돌아가는 것이라' 는 말씀의 의미이다. 멸망하는 사람들에게는 이런 하나님의 행사가 다 좋지 않게 들려진다. 그들은 이것을 좋지 않게 이해하고 좋지 않게 사용해버리는 것이다.

같은 것이 어떤 사람에게는 생명이 되고 구원이 되지만, 어떤 사람에게는 멸망이 되고 멸망의 도구가 되어버리는 것이다. 그래서 고린도 후서 2장에서도 "우리는 구원 얻는 자들에게나 망하는 자들에게나 하나님 앞에서 그리스도의 향기니 이 사람에게는 사망으로 좇아 사망에 이르는 냄새요 저 사람에게는 생명으로 좇아 생명에 이르는 냄새라"고 했다. 같은 말씀을 전하는데도 어떤 사람에게는 사망에 이르는 냄새가 되고 어떤 사람에게는 생명에 이르는 냄새가 되는 것이다.

4절, 모든 산 자 중에 참예한 자가 소망이 있음은 산 개가 죽은 사자보다 나음이니라

사람이 한 번 죽으면 다시 올바르게 고쳐서 개선해서 살 수 있는 여지가 없기 때문에 죽는 것보다는 사는 것이 낫다는 뜻이다. 어떤 사람은 죽는 것이 낫다고 생각하고 빨리 죽어야겠다고 생각하지만 그것은 성경적인 것이 아니다. 지혜자 솔로몬은 살아 있는 것이 소망이 있다고 했다. 개가 사자만 못하다. 성경에서 개는 아주 낮은 동물이다. 세상에서도 개는 질이 안 좋은 것으로 친다. 사람에게 개라고 하면 그것은 대단히 나쁜 말이 된다. 하지만 사자는 맹수로서 짐승 중의 왕이다. 하지만 성경은 죽었는데 왕이면 뭘 하고 사자면 뭘 하느냐고 한다. 개라도 산 것이 낫다는 이야기이다.

5절, 무릇 산 자는 죽을 줄을 알되 죽은 자는 아무것도 모르며 다시는 상도 받지 못하는 것은 그 이름이 잊어버린바 됨이라

산 사람은 왜 유익한가? 죄 많은 인간이라도 살아있다면 올바로 살 수 있는 기회가 있기 때문이다. 회개할 기회가 있는 것이다. 하지만 사자 같은 영웅호걸도, 아무리 훌륭한 사람도 죽으면 더 이상 회개할 기회가 없다. 죽으면 아무것도 모른다. 그러나 산 사람은 자신이 죽을 것이라는 것이라도 안다. 그러므로 그는 죽기 전에 경성하고 회개해서 살 수가 있다는 말이다.

"산 자는 죽을 줄을 알되 죽은 자는 아무것도 모르며 다시는 상도 받지 못하는 것은". 그래서 산 사람이 낫다는 것이다. 산 사람은 잘 살아서 상급을 받을 수 있는 가능성이 있는 것이다. 사실 그리스도인이 가장 중요한 것은 이 시대에 잘 살아서 예수 그리스도로부터 상을 받는 일이다. 여러분의 인생이 아직도 남아 있는 이유가 무엇인가? 잘 살아서 상을 받으라는 것이다.

나도 그리스도인의 생활을 하면서 내가 현재 살아 있음에 대해서 감사할 때가 있다. 솔로몬도 많이 생각을 한 사람이지만 나도 그 부분에 대해서 많이 생각을 했다. 살아 있는 것이 무엇이 나에게 좋은가? 그것은 주님을 만날 때 내가 상을 더 받을 수 있다는 바로 그것이다. 나는 그것을 정말 깊이 느끼고 있는 사람이다. 그것이 삶이 우리에게 주는 가장 큰 교훈이며 축복이다. 그럴 때 우리는 다시 정신을 차릴 수 있다. 바울은 '내가 사는 것이 내 일의 열매이다' (빌 1:22)라고 했는데, 어쨌든 열매를 맺을 수가 있지 않은가? 조금씩 주를 위해서 일을 해서 공적을 더 쌓을 수 있지 않은가? 그리고 주님이 주시는 상을 받을 수 있지 않은가? 이것을 위해서 내가 살아 있다는 것이 귀한 것이다. 죽으면 소용이 없다. 죽으면 거기서 끝나버린다. 하지만 주를 위해서 충성을 다할 시간이 남아 있다는 것이 귀한 것이다. 그러므로 이 구절은 참으로 귀한 말씀이다. "무릇 산 자는 죽을 줄을 알되 죽은 자는 아무것도 모르며 다시는 상도 받지 못하는 것은 그 이름이 잊어버린바 됨이라".

6절, 그 사랑함과 미워함과 시기함이 없어진 지 오래니 해 아래서 행하는 모든 일에 저희가 다시는 영영히 분복이 없느니라

죽으면 사랑하는 마음도 없고 미워하지도 않고 시기하지도 않는다. 이 땅에서 다시 어떤 일도 행할 수 없다. 죽었기 때문이다. 오늘 우리가 어떤 것을 사랑하고 미워하고 시기하는 것이 있을 수 있다. 이것이 감정에서 가장 중한 기능들이다. 사랑하는 기능, 미워하는 기능, 시기하는 기능은 모두 주의 일을 하는 우리들에게 굉장히 중요한 기능이다.

내가 어떤 때 큰 소리를 치고 속이 떨리고 할 때 여러분은 그것을 무엇이라고 생각하는가? 그것은 사랑이 있기 때문이고 열정이기도 하다. 또 어떤 것에 대해서 미워하는 것이 있기 때문이기도 하다. 죄는 미워해야 한다. 사단적인 것은 미워하는 것이다. 그러나 주님의 성도들은 사랑하기 때문에 그런 것이다. 하나라도 더 지키고 보호하려고 하기 때문이다. 사역자들에게는 사랑함과 미워함과 시기 또한 있는 것이다. 어떤 시기인가? 성도들이 주님을 사랑하게 하고자 하는 시기가 있다.

사도 바울은 고린도 후서 11장에서 자신에게는 그리스도를 위한 시기(질투)가 있다고 했다. 성도들이 다른 것을 사랑했기 때문이다. 고린도 성도들이 순전하게 신랑 되신 그리스도만 사랑해야 하는데 다른 것으로 향할 때 그 속에 시기가 일어났던 것이다. 이처럼 하나님의 종들은 시기가 있는 사람들이다. 성도들이 주님 외에 다른 것들로 마음이 향할 때 속에서 뒤집어지는 시기가 있다. 자신이 사랑하는 여인이 다른 남자에게 마음이 향하면 속에서 불이 일어나는 것과도 같다. 그런 마음이 주의 종들에게는 있다. 그런 것이 없으면 주의 종이 아니다. 성도들이 세상을 사랑하든지 어디에 빠지든지 아무 감정이 없고 '다 좋습니다. 훌륭하십니다. 괜찮습니다' 라고 하는 사역자는 거절해야 마땅하다.

나에게 어떤 사람에게도 다 잘해주라고 권하는 사람들이 있다. '목사님, 그저 다 잘해주세요' 라고 격려하는 사람들이 있다. 그렇게 하는 사람은 다 거짓 종들이다. 속에 사랑이 있고 미움이 있고 시기가 있을진대 어떻게 그런 식으로 하겠는가? 이런 것이 없다면 주님을 위한 수고가 나올 수가 없는 것이다. 그럴 때 거기에 상급이 있는 것이다. 교회를 섬기는 과정에서 눈물이 나고 말할 수 없는 분노가 치밀어 오르는 것은 다 사랑의 감정과 미움의 감정과 시기의 감정으로 인한 것이다. 그리고 그것이 합해졌을 때 거기에 수고가 있는 것이고 그 결과가 하나님 앞에 합해졌을 때 그에 대한 상급이 있는 것이다. 이런 것이 없이 모든 것을 다 좋다고 하는 것은 잘못이다. 좋기는 뭐가 좋은가? 마귀에게 미혹되고 시험당하여 멸망의 길로 가고 있는데 뭐가 좋고 훌륭하다는 말인가?

7절, 너는 가서 기쁨으로 네 식물을 먹고 즐거운 마음으로 네 포도주를 마실지어다 이는 하나님이 너의 하는 일을 벌써 기쁘게 받으셨음이니라

"너는 가서 기쁨으로 네 식물을 먹고 즐거운 마음으로 네 포도주를 마실지어다". 이는 살아있는 사람들에 대한 축복을 말하는 것이다. 그리스도인이 실제로 이 세상에 사는 동안에 하나님은 성도들이 기뻐하는 것을 원하신다.

"이는 하나님이 너의 하는 일을 벌써 기쁘게 받으셨음이니라". 하나님은 성도들이 기쁘게 잘 살라고 말씀하신다. 염세주의 사상은 성경에 있는 사상이 아니다. 하나님은 원래 사람을 창조하실 때 에덴동산에 두시고 사람이 기쁘게 살도록 하셨다. 그러므로 여러분은 이 말씀대로 음식을 기쁨으로 잘 드시고 즐거운 마음으로 포도주 음료도 한 잔씩 마시고 그리고 하나님이 여러분이 하는 일을 기쁘게 받으신 줄 믿으라는 말이다. 하지만 술 취하지는 말아야 한다. 술 취하는 자는 교회에서 내쫓아야 한다. 고린도 전서 5장에서 사도 바울은 간음하는 자와 토색하는 자와 마찬가지로 술 취하는 자는 하나님의 나라에서 기업이 없다고 했다.

8절, 네 의복을 항상 희게 하며 네 머리에 향 기름을 그치지 않게 할지니라

"네 의복을 항상 희게 하며". 옷을 깨끗하게 입으라고 말한다. 흰 옷이란 당시에 제일 고상한 사람들이 입는 옷이었다. 그리스도인은 마땅히 옷을 말끔하게 잘 입어야 한다. 아무렇게나 지저분하게 하고 다니지 말기 바란다. 성도들은 음식도 맛있게 기쁨으로 잘 드시고 옷도 깨끗이 입고 머리에는 항상 단정하게 기름을 발라 정돈하는 것이 좋다.

9절, 네 헛된 평생의 모든 날 곧 하나님이 해 아래서 네게 주신 모든 헛된 날에 사랑하는 아내와 함께 즐겁게 살지어다 이는 네가 일평생에 해 아래서 수고하고 얻은 분복이니라

"네 헛된 평생의 모든 날 곧 하나님이 해 아래서 네게 주신 모든 헛된 날에 사랑하는 아내와 함께 즐겁게 살지어다". 솔로몬은 이 세상의 모든 날들이 다 헛된 날들이라고 했다. 헛되게 지나가는 날이기 때문에 사랑하는 아내와 즐겁게 살라고 했다. 여러분은 하나님이 주신 가정에서 즐거운 가정생활을 가지면 된다. 그리스도인은 고행이나 수도생활로 부르심을 받은 것이 아니다. 솔로몬이 헛되게 지나가는 모든 광음 속에서 일생을 살면서 자신의 지혜로 모든 것을 살펴보니 하나님이 주신 날 동안 기쁘게 사는 것이 복이라는 것을 알게 된 것이다. 하지만 이것은 흔히 말하는 '쾌락주의'를 가리키는 것은 아니다. 다만 주 안에서 행복하고 기쁘게 하나님이 주신 음식을 감사함으로 잘 먹고 마시고 그리고 또 의복도 예쁘게 잘 입고 주신 아내와 남편과 행복하게 잘 살라는 말씀이다. 그것이 지혜로운 삶이라고 했다.

"이는 네가 일평생에 해 아래서 수고하고 얻은 분복이니라". 이렇게 열심히 수고하고 얻은 분복이 잘 먹고 마시고 깨끗하게 옷을 입고 가족과 함께 즐겁게 매일 사는 것이라고 말한다.

10절, 무릇 네 손이 일을 당하는 대로 힘을 다하여 할지어다 네가 장차 들어갈 음부에는 일도 없고 계획도 없고 지식도 없고 지혜도 없음이니라

"무릇 네 손이 일을 당하는 대로 힘을 다하여 할지어다". 솔로몬은 이렇게 행복하게 하루하루를 잘 살면서 우리에게 주어진 매일의 일들을 힘을 다해서 하라고 말한다. 우리에게 가장 세월을 아껴서 후회 없이 인생을 사는 방법을 말해주고 있는 것이다. 솔로몬은 지혜로운 사람으로서 우리의 인생을 알차게 잘 사는 방법을 알려주는 것이다. 그것은 날마다 기쁘게 감사함으로 여러분의 아내와 남편과 가족들과 사랑하며 오순도순 잘 사는 것이라고 말한다.

어떤 사람은 종교적으로 잘못 입력되어서 맛있는 것을 먹어도 안 되고 아내와 너무 기쁘게 살아도 안 되며 자신을 괴롭게 하는 것이 신앙생활을 잘 하는 것으로 생각하기도 한다. 그러나 그렇게 하지 말라고 말한다. 그것은 '금욕주의'이지 그리스도인의 정상적인 신앙이 아니다. 전도서 말씀은 즐겁게 여러분의 가족과 자녀와 성도와 이웃과 매일매일 값지고 보람되게 하루하루를 살아가라고 가르치신다. 그리고 여러분에게 주어진 일들을 열심히 하라고 말한다. 여러분에게 맡겨주신 일은 주님이 주신 복이다. 일을 할 수 있음은 얼마나 감사한 일인가! 그러므로 열심히 힘이 있는 대로 일하라고 솔로몬은 말한다.

"네가 장차 들어갈 음부에는 일도 없고 계획도 없고 지식도 없고 지혜도 없음이니라". 구약 시대는 죽음에 대해서 신약만큼 계시가 그렇게 분명하지 않다. 구약에도 부활에 대한 사상이 있지만, 죽은 다음에 어떻게 되는지 잘 모른다. 슬피 울며 음부에 내려간다고도 했다. 이 구절에서도 죽은 후에는 일도 없고 계획도 없고 지식도 없고 아무 감각도 없는 것처럼 되어 있다. 하지만 신약 성경은 그렇지 않다. 주님은 십자가에 달린 강도에게 '오늘 밤에 네가 나와 함께 낙원에 있으리라' 고 하셨다. '오늘 밤', 즉 죽은 바로 그날 밤이다. 그러므로 신약의 성도들은 신약 성경을 통해서 죽음에 대해서 보다 더 분명한 계시를 받게 되었다. 사도 바울은 무엇이라고 했는가? '내가 육신을 떠나면 즉시 주와 함께 있게 된다' (빌 1장)고 했고 고린도 후서 5장에서도 '내가 몸을 떠나 주님과 함께 있기를 원한다' 고 했기 때문에 우리가 만일 유감스럽게도 일찍 죽게 된다면 바로 그 순간에 주님과 함께 있게 되는 것이다. 이것이 신약의 계시이다.

물론 주님이 다시 재림하실 때 모든 죽었던 성도들이 다시 부활해서 주님과 함께 올 것이다. 이 땅에 있는 성도들은 주님이 오실 때 그 몸이 홀연히 변하게 되어서 산채로 죽음을 맛보지 않고 주님과, 또 이미 주님께 간 모든 성도들과 공중에서 만나게 된다. 이것이 신약의 계시이다. 그러나 구약 시대에는 죽은 후에 다만 '스올' (히, 음부)에 간다고만 되어 있다. "네가 장차 들어갈 음부에는 일도 없고 계획도 없고 지식도 없고 지혜도 없음이니라". 음부에는 일도 없고 계획도 없고 지식도 없고 지혜도 없다고 했다. 그러면 '죽으면 끝나고 아무것도 없기 때문에 죽기 싫다' 라고 되는 것이다. 그러나 신약의 성도들은 부활의 소망이 있고 주님과 함께 있게 될 소망이 있기 때문에 죽음을 두려워하지 않는다. 내가 오늘 밤에 죽어도 즉시 주님과 함께 있게 될 것을 믿기 때문에 그런 것이다.

11절, 내가 돌이켜 해 아래서 보니 빠른 경주자라고 선착하는 것이 아니며 유력자라고 전쟁에 승리하는 것이 아니며 지혜자라고 식물을 얻는 것이 아니며 명철자라고 재물을 얻는 것이 아니며 기능자라고 은총을 입는 것이 아니니 이는 시기와 우연이 이 모든 자에게 임함이라

지혜로운 솔로몬이 지혜의 말을 하고 있다. 그는 '돌이켜 해 아래서 보았다' 고 했다. 그가 보았더니 빠른 사람이 반드시 선착을 하는 것이 아니라는 것이다. 이번 올림픽에서도 우리나라에서 체조를 제일 잘하는 선수가 있는데 지난 번 올림픽 때 금메달을 딸 수 있었지만 미국 심판들 때문에 억울하게 금메달을 놓친 적이 있었다. 그런데 이번에도 아쉽게도 실패했다. 그리고 다른 선수가 은메달을 따게 되었다.

사도 바울이 보았더니 빠른 경주자라고 선착하는 것이 아니고, 유력자라고 해서 전쟁에서 승리하는 것이 아니었던 것이다. 거기에 우연이라고 것이 있고 소위 말하는 행운이라는 것이 있다는 것이다. 그러므로 반드시 지혜로운 사람이라고 해서 돈을 많이 버는 것도 아니다. 대단히 지혜롭고 똑똑해도 엄청 가난한 사람이 있더라는 것이다. 또한 기능자라고 해서 은총을 얻는 것도 아니라고 했다. 이 세상에는 시기와 우연이라는 것이 있다는 것이다. 하나님의 섭리라고 설명할 수밖에 없는 우연적인 일처럼 보이는 일들이 이 세상에는 발생한다.

12절, 대저 사람은 자기의 시기를 알지 못하나니 물고기가 재앙의 그물에 걸리고 새가 올무에 걸림 같이 인생도 재앙의 날이 홀연히 임하면 거기 걸리느니라

사람은 자기의 시기-이것을 우연이라고 말해보자-를 알지 못한다는 것이다. 그래서 장래에 잘못하지도 않았는데 물고기가 그물에 걸리듯이 걸려들고 새가 올무에 걸리는 것처럼 어떻게 하다보니 우연히 재앙을 만나는 것이다. 따라서 이 세상에는 이처럼 인간이 해석할 수 없는 일이 많다. 또 인간이 목적을 이룰 수 있기 위해서 성공할 수 있는 조건을 다 갖추었는데도 불구하고 이르지 못하는 수가 있고, 어떤 경우에는 갖추지도 못했는데 이르는 수도 있다. 이것을 재수나 우연이라고 표현하는 것이다. 이런 것이 인생 가운데는 있다고 했다.

그러면 이 모든 것이 구약 성경에서는 시기나 우연이라고 표현했지만, 신약의 해석에 따르면 그렇지 않다. 그것은 사람들이 볼 때 그렇다는 것이다. 전도서는 지혜로운 인간이 최대의 지혜를 사용해서 인간 세상을 살펴본 사람 속에서 나온 생각일 뿐 이것이 곧 주님의 계시는 아니다. 사람의 생각으로 가장 많이 연구할 때 여기까지 다다른 것이다. 이렇게 해석해야 전도서를 제대로 해석하는 것이다.

우연처럼 보이는 그 모든 일들 속에 하나님의 섭리가 있다는 것이 신약이다. 신약 성경에서는 주님이 허락하지 않으시면 참새 한 마리도 떨어지지 않는다고 했고 우리의 머리털 하나까지 다 세신 바 되었다고 했다. 그러면 우리는 왜 이것도 알고 저것도 알아야 하는가? 이것도 알아야 한다. 사람이 볼 때 그렇게 보이기 때문이다. 그것을 알아야 그 속에 보이지 않는 하나님의 섭리가 주장하고 계신 것을 균형있게 깨닫게 되어 모든 것을 적합하게 대처할 수 있게 된다. 무엇이든지 기계적으로 '주님이 이렇게 하셨어. 이것이 주님의 인도야' 라고 하는 사람은 치우친 사람처럼 보이고 생각이 없는 사람 같다. 그런 것이 아니다. 사실은 알 수 없는 것이다. 하지만 알 수 없는 속에 기묘하게도 주님의 인도가 있기 때문에 우리는 주님의 손길을 믿기도 하고 경외하기도 하고 신뢰하면서 한 발씩 따라가는 것이다. 여러분도 이렇게 지혜를 얻으시기 바란다.

13-16절, 내가 또 해 아래서 지혜를 보고 크게 여긴 것이 이러하니 14 곧 어떤 작고 인구가 많지 않은 성읍에 큰 임금이 와서 에워싸고 큰 흉벽

을 쌓고 치고자 할 때에 15 그 성읍 가운데 가난한 지혜자가 있어서 그 지혜로 그 성읍을 건진 것이라 그러나 이 가난한 자를 기억하는 사람이 없었도다 16 그러므로 내가 이르기를 지혜가 힘보다 낫다마는 가난한 자의 지혜가 멸시를 받고 그 말이 신청되지 아니한다 하였노라

이 구절들의 말씀이 의미하는 것은 '지혜도 별 수 없다' 는 것이다. 이는 작은 성에 큰 다른 왕이 쳐들어와서 작은 성읍을 에워싸고 흉벽을 쌓고 치고자 할 때 그 성읍의 어떤 가난한 지혜자가 지혜롭게 말을 해서 그 성읍이 보존된 상황이다. 그렇다면 그 성읍의 사람들은 이 지혜자 때문에 성읍이 지켜졌기에 그 이름을 늘 기억하면서 고마워해야 할 텐데 그가 가난하다 보니 다 잊어버린 것이다. 언제 우리가 그 사람 때문에 살게 되었느냐는 식으로 모두 잊어버린 것이다.

그러므로 솔로몬은 자신이 분명이 지혜가 힘보다 낫다고 말했지만 가만히 보니 지혜도 별 것이 아니라고 말하는 것이다. 해 아래서의 모든 것은 다 별 것이 아니라는 것이 전도서의 결론이다.

17절, 종용히 들리는 지혜자의 말이 우매자의 어른의 호령보다 나으니라

어리석은 사람은 호령이 크다. 소리가 크고 목소리가 큰 사람은 약간 어리석다고 생각하면 된다. 지혜자는 종용히 말한다. 지혜롭게 되려면 어떤 상황에서도 조용히 말하기 바란다.

18절, 지혜가 병기보다 나으니라 그러나 한 죄인이 많은 선을 패케케 하느니라

"지혜가 병기보다 나으니라". 사람이 목소리를 높이고 키우는 이유는 그러한 호령으로 사람들을 제압하고 찍어누르려고 하는 것이다. 그러나 조용한 지혜가 병기보다 힘이 있다는 말이다.

"그러나 한 죄인이 많은 선을 패궤케 하느니라". 이 마지막 말씀을 좀 강조하려고 한다. 내가 때로 왜 한 사람 때문에 열을 내는지 아는가? 여러분 생각에는 '한 사람이 잘못하는 것이 뭐가 그렇게 대단하다고 목사님은 그렇게 열을 내십니까?' 라고 할지 모른다. 하지만 전도서 말씀은 한 사람이 많은 선을 패궤케 한다고 했다. 작은 여우가 포도원을 다 헐어버리는 것이다. 작은 누룩이 온 덩이를 부풀게 하는 것이다. 어떤 사람들은 때로 한두 사람의 악한 죄나 거역을 대할 때 '그 작은 일에 그렇게 신경쓰십니까?' 라고 한다. 절대로 그렇지 않다. 여러분은 교회를 세워보았는가? 교회를 돌보고 성도 한 사람이라도 온전케 해보았는가? 그런 상황에서 그런 말을 하는 사람들은 그렇게 해보지 않은 사람이다. 한 사람을 세우는 것이 쉬운가? 여러분이 자식 한 명을 키우는 것이 쉬웠는가? 대범하게 그냥 놔두어서 잘 키워지던가? 그렇지 않다. 아이 때문에 많은 시간 울기도 하고 소리도 질러가면서 키우지 않았던가? 자식들은 그렇게 쉽게 키워지는 것이 아니다.

나도 이런 것을 체험적으로 알게 되었다. 처음에는 한쪽 구석에서 안 좋은 말들이 퍼져나온다. 내가 젊어서 사역할 때는 '하나님의 교회이니까 저런 것은 하나님이 다 처리하실 것이다, 성령의 역사가 있는 교회니까 없어질 것이다' 라고 생각했다. 그런데 세월이 지나니까 구석에 조금 있던 것이 점점 퍼지는 것이었다. 좀 더 시간이 지나니까 그때 퍼졌던 작은 것을 어린이까지도 다 알게 된 것이다. 그런 악한 말들을 모든 사람이 다 똑같이 하는 광경을 보았다. 악화가 양화를 구축한다더니 그런 일이 생긴다는 것을 알게 되었다.

나는 그래서 작은 것을 작게 보지 않는다. 이것이 하나님의 교회를 볼 줄 아는 사람들의 생각이다. 한 사람의 얼굴이 시커멓게 죽어서 오면 그 한 사람으로 끝나지 않는다. 몇 주 지나면 두세 사람의 얼굴이 그렇게 된다. 몇 달 지나면 절반이 다 시커먼 얼굴이 된다. 왜 그런가? 돌아가서 계속 독소가 있는 악한 교제를 하기 때문이다. 이런 일을 일찌감치 심각하게 대처하지 않으면 큰 문제로 비화된다.

우리가 지혜가 있다면 조용히 행해야 한다. "그러나 한 죄인이 많은 선을 패궤케 하느니라". 여기서 '그러나'라는 말이 중요하다. 지혜가 병기보다 낫지만 그러나 한 죄인이 많은 선을 부패시키는 것이다. 지금까지 얼마나 많은 선을 행하고 업적을 쌓아놓고 교회를 세워놓고 많은 성도를 일으켜 놓았더라도 한 죄인이 그 모든 것을 다 무너뜨리고 패궤케 할 수가 있다는 말이다. 마음 좋은 아저씨 같은 사람은 절대 교회를 건축하지 못한다. 어떤 일이든지 해내는 사람들은 다 양면을 가지고 있는 사람들이다. 부드러울 때는 한없이 양순한 어머니 같고 유모 같지만, 그러나 때로는 사자처럼 엄위하고 아비같이 엄하게 책망하는 양면이 없으면 하나님의 교회는 결코 세워지지 않는다.

전도서 10장

1절, 죽은 파리가 향기름으로 악취가 나게 하는 것 같이 적은 우매가 지혜와 존귀로 패하게 하느니라

향유는 향기가 너무 좋기 때문에 사람들은 그것을 좋다고 말하고 또 소유하기 원한다. 그런데 그렇게 좋은 향유에 파리가 한 마리 빠지면 그 파리 때문에 악취가 나게 된다는 것이다. 이것은 인간의 행동을 비유로 말하는 것이다. 어떤 사람이 지혜가 많고 명예에 대해서 크게 덕망을 쌓고 지위를 많이 차지하고 훌륭한 명성을 소유할 수 있지만, 파리 한 마리 같은 작은 실수 때문에, 작은 잘못된 일 때문에 그의 모든 일생이 업적이 악취가 나게 만들어 버리고 패망해버리는 결과를 가져온다는 것이다. 우리 속담에 '공든 탑에 무너지랴' 는 말이 있지만, 그러나 작은 한 가지 일로 그 공든 탑이 무너질 수 있다는 뜻이다.

사람들은 대다수가 그런 특징이 있다. 수 년 동안 좋은 일을 하고 헌신적이고 사람들에게 유익을 주고 선행을 많이 한 사람일지라도 한 번 결정적으로 잘못을 하게 되면 사람들은 그 모든 값진 공적은 잊어버리고 그 한 가지 경솔한 행동만으로 기억하여 그를 그 한 마디로 매도해버리는 경향이 있다. 그에게 그저 한두 마디만 해버리면 그 사람의 평판은 그것으로 다 끝나버리는 수가 있다는 것이다. 그러므로 이것이 다 일종의 지혜이다. 누군가 '나는 일생 동안 잘해왔기 때문에 한 가지 잘못을 하더라도 그런 것쯤이야 큰 문제가 없을 것이다' 라고 생각한다면 그는 어리석은 사람이다. 백 번에 한 번, 천 번에 한 번도 죽은 파리 같은 잘못을 범하지 말아야 한다.

우리는 학생들이 시험을 보고 나서 '아는 것인데 아차해서 하나 틀렸다' 고 말하는 것을 종종 듣는다. 하지만 실수로 하나 틀리는 그것이 바로 그 사람의 실력이다. 그런 사람은 다음에도 또 틀린다. 언제나 실수 없게 완전하게 행하기를 배워야 한다. 성경에서는 '완전하라' 는 말을 많이 한다. 우리는 완전하게 하는 사람이 되어야 한다. 작은 실수를 용납하는 사람은 어리석은 사람이다. 그것 하나 때문에 그 사람이 지금까지 해왔던 백 가지 일이 다 무효로 돌아갈 수도 있기 때문이다.

"적은 우매가 지혜와 존귀로 패하게 하느니라". 작은 한 가지의 어리석은 행동이 그 사람의 모든 지혜로운 역사를 다 패망하게 만들어버릴 수 있음을 알아야 한다. 우리나라에도 이름을 굳이 거명하지 않아도 이런 경우를 당한 사람들이 많이 있었다. 너무나도 훌륭한 사람인데 정치계에 한 번 발을 잘못 들여놓음으로 말미암아 그 사람의 모든 일생의 훌륭한 점들이 다 구겨져 버리기도 한다. 또는 우리 초대에 헌법을 만드는 데 기여한 어떤 분도 단 한 번 정치에 잘못 발을 딛는 바람에 그분의 이름을 대면 그 잘못만을 떠올리지 그분이 일생토록 이 나라의 법을 위해서 수고한 것은 별로 기억하지 않는다. 죽은 파리 한 마리가 향기름으로 악취가 나게 하는 것이다.

2절, 지혜자의 마음은 오른편에 있고 우매자의 마음은 왼편에 있느니라

지혜자의 마음이 있고 우매자의 마음이 있다. 어떤 사람이 지혜자인가? 그 마음을 오른편에 두는 사람이다. 우매자는 그 마음을 왼편에 두는 사람이다. 우편과 좌편, 우익과 좌익, 두 개밖에 없다. 우편에 두든지 좌편에 두는 것이다. 지혜자는 그 마음을 언제나 우편에 둔다. 우편이란 일을 하는데 있어서 올바른 쪽을 말한다. 오른손으로 하는 것은 다 힘이 있고 잘 된다. 왼편은 왠지 어색하고 왼편으로 하는 일은 잘 안 된다. 밥을 왼손으로 먹게 되면 하다가 잘 안 되기 때문에 다시 오른손으로 먹게 된다. 왼손은 어색한 쪽이고 결국 안 되는 쪽이다. 오른쪽은 힘이 있는 쪽이고 일로 말하면 올바른 방법이다. 그런데 왼쪽은 안 되는 방법이다. 틀린 방법이다.

지혜자와 우매자를 무엇으로 구분하는가? 여러분의 생각에는 모든 사람이 다 오른편에 마음을 둘 것 같지 않은가? 그러나 놀랍게도 안 되는 쪽에다 마음을 두는 사람이 있다는 것이다. 우측이든 좌측이든 한 편을 골라야 하는데 지혜로운 사람은 언제나 되는 쪽인 우편을 선택한다.

3절, 우매자는 길에 행할 때에도 지혜가 결핍하여 각 사람에게 자기의 우매한 것을 말하느니라

길을 걸어간다고 할 때는 그것이 진짜 도로를 걸어가는 것을 뜻하는 것이 아니라 인생에 있어서의 행로를 의미한다. 또한 살면서 행하는 어떤 단순한 일을 의미하기도 한다. 이처럼 무엇인가를 행할 때에 우매자는 그의 결핍된 지혜를 각 사람에게 나타내게 된다. 그가 '내가 이렇게 이렇게 행하려고 한다' 는 이야기를 할 때 들어보면 '안 되는 일을 엉뚱한 생각을 갖고 하려고 하는구나' 라는 생각이 든다는 것이다. 어리석은 사람은 각 사람에게 자기의 우매한 것을 말하는데 정작 본인은 그 우매한 것을 말하면서도 그것을 모른다는 것이다. 그것은 안 되는 일이고 헛바퀴를 돌릴 일이고 뜬구름을 잡는 일인데 그것을 모르고 계속 말을 한다는 것이다.

4절, 주권자가 네게 분을 일으키거든 너는 네 자리를 떠나지 말라 공순이 큰 허물을 경하게 하느니라

주권자는 누구를 가리키는가? 권세를 갖고 있는 모든 사람이다. 회사로 말하면 상사도 될 수 있다. 학교로 말하면 교장 선생님, 교감 선생님, 교무과장도 될 수 있다. 또는 정부로 따지면 상위 공직자가 되겠다. 그런데 별로 좋지 않은 주권자도 있을 수 있을 것이다. 그러한 사람들에게 불의하게 취급을 당할 때 여러분에게는 분이 일어난다. 그런 상황에서 자리를 떠나지 말라는 것이다. 그러한 주권자의 처사를 불쾌하게 여겨서 반항하지 말라는 것이다. 회사생활을 하는 사람이라면 그런 일을 당할 때 아주 불쾌한 얼굴로 퇴근해서는 '내일 출근하면 그 상사의 얼굴에 사표를 던져버리겠다' 는 생각을 하기도 한다. 그러나 '공순히' 행하라고 했다. 이는 '양보' , 혹은 '유순' 이라는 뜻이다.

주권자의 분노에 대해서 억울함을 당하게 분이 일어나는 상황에 있어서의 지혜의 무엇인가? 그 자리를 급히 떠나지 말라는 것이 지혜라는 것이다. 만일 그런 때에 분노를 누르고 완전히 파열될 것 같은 분위기와 위기를 유순함과 양보함으로 치료시켜서 잘 싸맨다면 앞으로 일어날 많은 충돌과 파괴와 상처와 오해와 분열과 파멸을 제거할 수 있는 것이다.

이스라엘의 다윗왕은 사울에게 엄청난 불이익을 당하고 분을 일으킬 만한 충분한 상황에 있었음에도 그는 사울 밑에서 이룩한 많은 공로를 주장하지 않고 공순히 대했던 것이다. "공순이 큰 허물을 경하게 하느니라".

흠정역 성경은 "치리자의 영이 너를 대항하여 일어나면 너는 네 자리를 떠나지 말라. 이는 굴복함이 큰 화를 진정시키느니라"고 했다. 굴복하는 것, 양보하는 것, 느슨하게 상대하는 것이 사람으로서 그런 상황을 대처하는 가장 지혜로운 방법이라는 것이다. 이런 말씀은 젊은 사람들이 꼭 유념해서 들어야 할 것이다. 예로부터 책에서 간접경험을 얻을 수 있다는 말을 한다. 내가 꼭 그렇게 살아보고 체험해보지 않아도 배울 수 있다는 것이다. 사람은 흔히 자기가 직접 체험하고 실패한 후에 '아, 이래서는 안 되는구나' 라고 배운다. 그러나 우리가 꼭 그렇게 해보지 않아도, 실패해보지 않아도 먼저 경험한 이런 지혜자의 말씀을 통해서 간접경험을 할 수 있는 것이다. 인생을 세이브하고 그런 난관에서 구제받을 수 있는 것이다.

그런데 사실은 성도 여러분이 주의 성령 안에서 잘 기도하면서 행하면 솔로몬의 지혜보다도 더 나은 지혜로 행할 수 있다. 이런 말씀을 몰라도 여러분이 이미 이렇게 행했을 수도 있다. 예수 그리스도의 영은 솔로몬보다 더 나은 지혜를 갖고 있는 그리스도의 영이기 때문이다. 그러므로 여러분 가운데는 '그때 내가 참 잘했다' 는 사람도 있을 것이고 혹은 '그때 내가 실수했다' 는 사람도 있을 것이다. 실수한 것은 바로 자신의 육체 때문이다. '내가 여기 아니면 갈 데가 없겠어!' 하면서 육체로 행한 것이다. 그러나 그럴 때 굴복함으로 공순히 행하며 모든 허물과 화를 진정시키고 치료하는 방식으로 행하는 사람이 지혜로운 사람이다.

5-7절, 내가 해 아래서 한 가지 폐단 곧 주권자에게서 나는 허물인 듯한 것을 보았노니 6 우매자가 크게 높은 지위를 얻고 부자가 낮은 지위에 앉는도다 7 또 보았노니 종들은 말을 타고 방백들은 종처럼 땅에 걸어 다니는도다

치리자는 나라로 말하면 왕이고 직장으로 말하면 사장이고 관공서로 말하면 그곳의 장이 되는 사람이다. 그런 사람들이 인사관리를 할 때 반드시 지혜로운 사람이나 부자를 높은 지위에 앉히는 것이 아니라는 것이다. 여기서 부자는 많은 역량과 지혜를 소유한 사람을 의미한다.

그런데 그런 자들을 낮은 곳에 두는 것을 보았다는 것이다.

"또 보았노니 종들은 말을 타고 방백들은 종처럼 땅에 걸어 다니는도다"(7절). 왜 이렇게 되는 것인가? 이는 바로 치리자들이 범하는 실수이다. 이 세상에서는 어쩔 수가 없다. 이런 일이 빈번히 일어나는 것이다. 그러므로 세상사가 이렇다는 것을 알아야 한다는 말이다. 이 세상 사람들은 솔로몬을 포함해서 이런 허물을 면키 어렵다는 것이다. 우리 인간은 사람을 잘 모른다. 사장은 직원을 모른다. 왕도 신하들을 모른다. 고위 공무원도 부하들을 모른다. 그래서 하다 보면 이런 실수가 나온다. 높아져야 할 사람이 높아지는 것이 아니라 어리석고 우매한 사람들을 높은 자리에 둔다는 것이다.

그러면 이런 사실을 아는 것과 모르는 것의 차이는 무엇인가? 모르는 사람은 이런 현상에 대해서 갈등하면서 밤잠을 못자고 쓸데없는 고민에 빠진다. 하지만 아는 사람은 '옛날부터 지금까지 다 그런 것이구나' 하면서 마음이 편안할 수 있다. 이 세상이 어차피 질서가 없고 혼란된 무더기 같은 곳임을 알게 되는 것이다. 예수 그리스도가 다시 오실 때에서야 비로소 온 땅에 그리스도를 머리로 하는 새로운 질서가 세워지게 된다. 하지만 지금 이 땅에서는 있지 말아야 할 사람이 높은 자리에 가 있고 지혜로운 사람은 말단에서 하찮은 일을 하고 있는 경우가 많다. 솔로몬은 이 세상에서는 이런 일들이 다반사로 일어나고 있음을 가르쳐 주고 있는 것이다.

8절, 함정을 파는 자는 거기 빠질 것이요 담을 허는 자는 뱀에게 물리리라

"함정을 파는 자는 거기 빠질 것이요". 함정을 파는 자는 다른 사람이 거기에 빠지라고 파는 것이다. 그러나 다른 사람이 빠지라고 판 함정에 결국 자기가 빠지게 된다.

"담을 허는 자는 뱀에게 물리리라". 남의 담장을 헐다 보면 거기서 뱀이 나와서 물린다는 것이다. 남을 끌어내리고 못된 일을 하며 자기의 유익을 위해서 다른 사람을 헐어내는 사람들은 도리어 자신이 뱀에게 물리게 된다.

9절, 돌을 떠내는 자는 그로 인하여 상할 것이요 나무를 쪼개는 자는 그로 인하여 위험을 당하리라

돌을 떠내고 나무를 쪼개는 일을 하면 그 일로 인해서 상하게 되고 위험을 당하게 된다는 말이다. 주님은 칼을 쓰는 사람은 칼로 망한다고 하셨다. 이 세상에서 처신할 때 모든 것을 인자하게 온유한 방식으로 하는 것이 좋다. 사람을 긍휼히 여김으로 손해도 감수하면서 남의 유익을 위해서 행하는 것이 좋다. 그런데 어떤 사람들은 돌을 깨듯이, 나무를 쪼개듯이 강하게 사람들을 다루는 사람들이 있다. 육체의 강함과 완력으로 쪼개고 깨는 사람들이 있다. 그럴 때 사람들은 일단은 무서우니까 듣는다. 하지만 그렇게 돌을 정으로 찍어서 떠내듯이 나무를 쪼개듯이 하는 사람은 결국은 그로 인해서 자기도 그런 식으로 쪼개지고 그런 식으로 상함을 입게 된다. 그러므로 그렇게 하지 말라는 것이다.

10절, 무딘 철 연장 날을 갈지 아니하면 힘이 더 드느니라 오직 지혜는 성공하기에 유익하니라

일을 할 때 돌을 깨든지 나무를 자르든지, 철 연장의 날이 무뎌졌는데도 계속 찍어댄다고 해서 성과가 있는 것은 아니다. 뭐든지 열심히만 한다고 되는 것이 아니라는 말이다. 그 일을 어떻게 해야 할지에 대한 지혜가 있어야 한다. 먼저 철 연장을 날카롭고 예리하게 갈아야 한다. 연장에 문제가 있는데 그것은 제쳐두고 무조건 '일을 하는 것' 에만 중점을 두는 사람들이 있다. 그것도 지혜가 없는 사람들이다.

하나님을 섬기는 사람도 마찬가지이다. 무조건 심방 다니고 무조건 봉사한다고 해서 되는 것이 아니다. 결과가 있어야 한다. 그렇게 5년, 10년 했는데도 아무런 결과가 없다면 '지금 내가 하는 일이 제대로 효력이 있는지, 나에게서 나가는 말씀이 사람들의 영혼골수를 찔러 쪼갬으로 그들의 영혼을 새롭게 하고 성장시키고 변화시키는지'를 봐야한다. 그런데도 선교를 한답시고 계속 돈만 들여서 이 나라 저 나라 다니게 되면 아무 열매도 없이 오히려 병만 생긴다. 비행기만 타고 다니면서 여러 나라의 음식은 먹었지만 결과적으로 아무것도 이루어진 것이 없는 것이다. 그런 사람들은 자기의 연장이 드는지 안 드는지 상관하지 않고 무조건 도끼질만 한 것이다. 하나도 잘라진 것이 없고 깨진 것이 없다. 이런 일이 얼마든지 있을 수 있다.

"오직 지혜는 성공하기에 유익하니라". 그래서 지혜가 필요한 것이다. 그러면 지혜라는 것은 무엇인가? 뭔가를 열심히 하는 것보다도 그 이전에 '지금 하는 일이 효과가 있는 것인가, 되는 일인가'를 살펴서 먼저 필요한 부분을 예리하게 다듬고 나서 일을 하는 것이다. 어떤 사람들은 말씀은 별로 주의하지 않는다. 대충 조금 아는 것 가지고 죽도록 일하는 것이다. 성경도 많이 읽어보지 않았다. 말씀도 잘 모른다. 그런데 사역을 하러 다니며 대단히 바쁘다. 하지만 어느 날 무슨 일이 일어나면 당황한다. 사람들은 모아 놓았는데 그들도 아무것도 모른다. 자신도 모르는데 그들이 어떻게 알겠는가?

그러므로 우리는 말씀을 연구하기 힘쓴다. 그 안에서 우리가 어떻게 가야할지 정확하게 인도를 받고 깨닫고 주님의 뜻을 분별해야 한 걸음을 가더라도 제대로 갈 수 있다. 이것이 어찌 지혜가 아니겠는가? 우리는 주님의 길을 정확하게 갈 수 있는 은혜를 얻어야 한다. 어떤 분은 우리와 함께 하면서 일을 별로 안 하니까 재미가 없다고 하기도 한다. 하지만 많은 일보다도 하나님의 뜻을 분명히 이해하는 것이 더욱 필요하다. 그러므로 먼저는 말씀에 치중해야 한다. 그리고 어느 정도의 길이 보였을 때 힘을 내서 가는 것이 필요하다. 먼저 연장부터 예리하게 갈라는 것이다. 그런 다음에 다 준비되었을 때 장작도 패고 나무도 찍음으로 뭔가가 이루어지는 것이다. 대충 하는 사람은 되지 않는다.

11절, 방술을 베풀기 전에 뱀에게 물렸으면 술객은 무용하니라

머리카락이 나는 약을 파는 사람이라면 최소한 자기 머리에는 머리카락이 나 있어야 한다. 그런데 자기는 대머리이면서 발모제를 판다면 말이 되는가? 그런데 이러한 일이 오늘날 교회 안에서 사역자들 사이에도 있는 것이다. 방술을 베풀기 전에 뱀에게 물린 것이다. 뱀을 가지고 재주를 부려야 하는데 먼저 자기가 뱀에게 물린다면 그런 사람은 무용한 것이다.

12절, 지혜자의 입의 말은 은혜로우나 우매자의 입술은 자기를 삼키나니

두 가지 종류의 말이 있다. 지혜자의 말과 우매자의 말이 있다. 지혜자의 말은 사람들에게 은혜를 끼친다. 우매자의 말은 사람들에게 은혜를 끼치지 못할 뿐 아니라 자기를 삼킨다. 자기를 곤궁에 몰아넣는다. 괜히 하지 말아야 할 말을 해서 자기를 아주 어렵게 만들어버린다는 것이다. 여러분도 하루에도 몇 번씩 우매자와 지혜자를 왔다 갔다 할 것이다. 하지만 여러분은 주 안에서 지혜자가 되어야 한다. 말을 할 때 언제든지 사람들에게 은혜를 끼치는 말을 해야 한다는 것이다. 그러나 우매자의 입술은 괜히 말해놓고 엄청나게 손해를 보는 것이다. 진정한 지혜자의 말은 무엇인가? 그리스도가 우리의 지혜이다. 따라서 우리가 자신의 육체의 소리를 부인하고 주를 따라서 행하고 말할 때 진정한 지혜가 있다.

13절, 그 입의 말의 시작은 우매요 끝은 광패니라

어리석은 사람은 말을 시작할 때 그 시작이 어리석을 뿐 아니라 나중에는 계속 말할수록 화가 나고 속이 상한 나머지 광패로 끝난다는 것이다.

14절, 우매자는 말을 많이 하거니와 사람이 장래 일을 알지 못하나니 신후사를 알게 할 자가 누구이냐

"우매자는 말을 많이 하거니와". 어리석은 사람은 결국 말을 많이 하는 사람이다. 어떤 일을 말하면서 성질을 마구 내는 사람이 있다. 생각할수록 화가 나기 때문이다.

"사람이 장래 일을 알지 못하나니 신후사를 알게 할 자가 누구이냐". 말을 많이 하는 어리석은 사람은 자신이 장래 일을 다 아는 것처럼 말한다. 이것은 이렇게 될 것이고 저것은 저렇게 될 것이라고 모든 것을 다 아는 것처럼 말하는 것이다. 진짜로 지혜로운 사람은 말이 없는 사람이다. 모든 것을 다 아는 것처럼 말하는 사람은 미안하지만 우매자이다. 그러므로 사도 바울이 '청컨대 나를 용납하라 내가 여러분을 위해서 어리석은 자가 되겠다' 고 한 것도 말을 많이 하는 사람이 어리석은 사람이기 때문이다.

15절, 우매자들의 수고는 제각기 곤하게 할 뿐이라 저희는 성읍에 들어갈 줄도 알지 못함이니라

"우매자들의 수고는 제각기 곤하게 할 뿐이라". 우매자들도 말을 많이 함으로 수고를 하는 것이다. 사람들에게 뭔가를 말해줌으로써 어떻게 일을 해보려고 계속 말을 하는데, 그 우매자들의 수고라는 것은 제각기 피곤하게 만든다는 것이다. 곤하게 한다. 사람들을 힘들게 한다. 이제 그만 했으면 좋겠는데 계속 말을 하니까 안 들을 수도 없다. 이처럼 사람들에게 고통스러운 시간을 계속 주는 사람은 어리석은 사람이다.

"저희는 성읍에 들어갈 줄도 알지 못함이니라". 어리석은 사람의 특징은 자신의 집을 어디로 들어가는지도 모른다는 것이다. 사실 어리석은 사람은 어디를 제대로 못 찾아간다. 뻔한 길인데도 찾지 못하고 1시간, 2시간을 헤맨다. 하지만 지혜로운 사람은 헤매지 않는다. 한번은 미국에서 문병을 위해 어떤 병원을 찾느라고 어떤 형제의 차를 얻어 탔다. 그런데 1시간이 넘도록 찾지 못하고 왔다 갔다 하는 것이다. 결국 내가 나서서 차에서 내려서 이 사람 저 사람에게 물어보아서 금방 찾아간 적이 있다. 모르면 물어보는 것이 상책이다. 그냥 그 사람에게 맡겼다면 아마도 저녁이 될 때까지도 목적지를 찾지 못했을 것이다.

16-17절, 왕은 어리고 대신들은 아침에 연락하는 이 나라여 화가 있도다 17 왕은 귀족의 아들이요 대신들은 취하려 함이 아니라 기력을 보하려고 마땅한 때에 먹는 이 나라여 복이 있도다

이 말씀은 무슨 뜻인가? 나라면 나라, 회사면 회사, 가정이면 가정을 생각해보자. 절제가 없이 낮술을 마시는 사람이 있다. 그런 집은 잘 되지 않는다. 그런데 어떤 집이 되는가? 기력을 보하려고 마땅히 먹을 때에 먹고 안 먹을 때에 안 먹고 잘 지켜가면서 먹는 집은 된다는 것이다. 그러므로 사람이 건강을 관리하는 것을 보면 그 집이 되는지 안 되는지 알 수 있다.

어떤 나라의 관료들이 자기의 기분을 위해서 절제없이, 규칙적인 삶이 없이 마음대로 행한다면 그 나라는 이미 끝났다는 것이다.

18절, 게으른즉 석가래가 퇴락하고 손이 풀어진즉 집이 새느니라

결국은 석가래가 썩어버리고 집이 새게 되는 이유는 그 집의 사람들이, 그 나라에서 일하는 사람들이 다 게으르기 때문이다. 아침에 연락하고 놀고 취하는 것에만 신경을 쓰기 때문에 기둥 썩는 줄 모르고 집이 새는 줄을 모르는 것이다. 그러면 어떤 사람에게서 일이 되는가? 부지런해야 한다.

우리는 여러 나라에 사역을 한다. 그 나라들을 그냥 방치해 두면 나중에는 여기저기서 많은 일들이 터진다. 그러므로 우리는 기도를 많이 하고 늘 부지런하게 움직여야 한다.

19절, 잔치는 희락을 위하여 베푸는 것이요 포도주는 생명을 기쁘게 하는 것이나 돈은 범사에 응용되느니라

지금 이 시대에 이것을 모르는 사람들은 없다. 잔치는 희락을 위하여 베풀고 포도주는 생명을 기쁘게 한다. 하지만 돈이 최고라는 것이다. "돈은 범사에 응용되느니라". 이 세상에서 돈 보다 좋은 것은 없다는 것이다. 지금 솔로몬은 하나님의 계시로 말한 것이 아니라 인간의 지혜와 생각으로 최선을 다해서 살펴본 것을 말하고 있다. 전도서는 하나님의 계시가 아니다. 인간이 이 세상에 살면서 가장 고도의 지혜를 사용해서 모든 것을 살핀 결과이다. 궁구하여 살펴보니까 이렇더라는 것이다. 그러면 왜 이것이 하나님의 말씀이 되었는가? 성도들에게 이런 말씀을 알려주는 것이 유익하기 때문이다. '인간 차원에서 지혜를 아는 것은 하나의 교육이고 지혜이다. 그래서 성경에는 여러 가지 종류의 말이 있는 것이다.

잔치는 희락을 위하여 베푸는 것이니 좋은 것이다. 포도주는 기쁘게 하는 것이다. 그러나 돈은 모든 것에 응용이 되는 것이다. 돈이 있으면 잔치도 베풀 수 있고 포도주도 살 수 있다. 하지만 돈이 없으면 아무것도 하지 못한다. 솔로몬은 이런 모든 것에 대해서 정리해본 것이다.

20절, 심중에라도 왕을 저주하지 말며 침방에서라도 부자를 저주하지 말라 공중의 새가 그 소리를 전하고 날짐승이 그 일을 전파할 것임이니라

우리는 어떤 경우에 믿을 만하고 가까운 사람들에게 누군가에 대한 좋지 않은 감정을 토설하는 경우가 있다. 그것이 왕일 수도 있고 어떤 권위자일 수도 있고 사역자나 장로나 집사일 수도 있다. 믿을 수 있다고 생각해서 어떤 지체에게 교회 안의 모든 사람에 대해서 좋지 않은 견해와 판단을 다 말한다. 그런데 그렇게 하지 말라고 하는 것이다. 그것은 어리석은 것이다. 왜냐하면 이 세상에서 믿을 수 있는 사람이 없기 때문이다. 사람의 마음은 자고 나면 바뀔 수도 있는 것이다. 그래서 그가 가서 나한테 들었던 이야기를 다 전달해버리는 것이다. 하지 말라는 소리까지 다 하는 것이다. 그래서 수많은 문제가 일어난다.

침방에서도 하지 말라고 했다. 심중에서라도 그런 마음을 없애라는 것이다. 말이 없으면 편하다. 여러분은 어떤 사람들에 대해서 늘 좋은 마음을 가져야 한다. 선한 마음, 착한 심령을 가져야 안전하다. 그런데 나쁜 말을 해놓고 고민하는 것이다. '그 사람이 가서 다 말하면 안 되는데…' 하면서 마음을 졸인다. 심지어 '주여, 그 사람의 입을 지켜주소서' 라고 기도하기도 한다. 처음부터 말하지 않으면 안전한 것이다. 이것이 지혜이다. 이렇게 전도서는 지혜를 가르쳐 주는 책이다.

지혜가 있는 사람과 없는 사람은 차이가 있다. 그렇다면 여러분은 지혜가 있는 것이 좋겠는가, 없는 것이 좋겠는가? 가만히 보니까 우리는 지금까지 별로 지혜를 갖지 않고 살았다. 그러나 하나님 말씀은 우리 모든 사람에게 진정 구원에 이르는 지혜를 있게 해주신다. 여러분은 이런 말씀을 통해서 진정으로 유익을 얻으시기 바란다.

전도서 11장

1절, 너는 네 식물을 물 위에 던지라 여러 날 후에 도로 찾으리라

전도서 11장의 말씀의 주제는 구제, 곧 선을 행하는 것이다. 전도자 솔로몬이 일생을 살고나서 하나님으로부터 지혜를 얻어서 후손들에게 인생을 가장 가치 있고 값지게 살 수 있는 길이 무엇인가를 알려주는 것이 전도서이다. 여기 11장에서는 선을 행하고 가난하고 어려운 사람들에게 구제를 베푸는 것이 참으로 지혜롭고 좋은 일이라는 것을 말해준다.

"너는 네 식물을 물 위에 던지라". 여기서 '던지라' 는 말은 '인색함이 없는, 너그러운 행동' 을 가리킨다. 히브리어에서 던진다는 말은 무엇인가를 줄 때에 '너그럽게 던져준다' 는 뜻이다. 이는 하나님을 위해서 물질을 드리는 사람들의 태도를 가리킨다. 하나님을 위해서 물질을 바치는, 또는 어려운 사람들을 위해서 구제를 행하는 사람들의 합당한 태도는 바로 '던지는 것' 이다.

또한 던진다는 것은 무엇을 뜻하는가? 일단 한 번 드렸으면, 일단 한 번 주었으면 잊어버려야 한다는 것이다. 이것이 바로 던지는 것이다. 신약성경 누가복음 14장을 보자. "이와 같이 너희 중에 누구든지 자기의 모든 소유를 버리지 아니하면 능히 내 제자가 되지 못하리라"(눅

14:33). 여기서 소유를 '버리는 것' 을 이야기한다. 던지는 것과 버리는 것은 같은 것이다. 물질, 즉 자기의 귀한 소유를 '바쳐라, 드리라' 고 하는 것이 아니라 '버리라, 던져 버리라' 고 하는 것이다. 그렇게 하는 것이 지혜로운 것이라고 말하고 있다. 왜 그렇게 해야 하는가? 우리에게 귀한 것은 오직 하나님이지 물질이 아니기 때문이다. 그러므로 하나님의 귀한 것을 발견한 사람들은 물질을 던져버릴 수 있다는 말이다.

욥기 22장에서는 이렇게 말했다. "네 보배를 진토에 버리고 오빌의 금을 강 가의 돌에 버리라 그리하면 전능자가 네 보배가 되시며 네게 귀한 은이 되시리니"(24-25절). 이는 즉 '너의 보배를 버리고 너의 오빌의 금을 버리면 전능자 하나님이 너의 보배가 된다' 는 말씀이다. 이는 다른 하나님의 말씀과도 상통한다. 한 사람이 두 주인을 섬기지 못하며, 하나를 사랑하면 다른 하나를 미워하고 하나를 귀히 여기면 다른 하나를 천히 여기게 되는데 하나님과 재물이 바로 이렇다고 하셨다. 재물을 귀하게 여기는 사고(思考)를 가지고 있는 사람은 반드시 하나님을 천하게 생각하게 된다. 이 두 가지는 겸하여 귀하게 여길 수 없는 것이고 겸하여 사랑할 수 없는 것이다. 이것이 하나님과 재물에 대한 말씀이다.

또 '물 위에' 던지라고 했는데, 물 위에 던지면 어떻게 되는가? 완전히 떠내려가 버린다. 완전히 잊어버려 자취를 찾을 수 없게 된다. 땅 위에 버리면 나중에 마음이 변해서 찾아올 수 있다. 그러나 물에 버린 것은 떠내려가든지 가라앉기 때문에 도저히 찾을 길이 없는 것이다. 그래서 '물에 버린다' 는 것은 의미가 깊은 것이다. 또 '물' 이라는 것은 하나의 슬픔의 상징이기도 하다. 가난하고 슬픈 사람들을 위해서 구제하는 것을 표시하는 것이다.

"여러 날 후에 도로 찾으리라". 이렇게 던질 때에 여러 날 후에 도로 찾으리라고 말씀하신다.

2절, 일곱에게나 여덟에게 나눠줄지어다 무슨 재앙이 땅에 임할는지 네가 알지 못함이니라

구약 성경의 '일곱이나 여덟' 이라고 하는 말은 우리나라 표현으로 하자면 '너댓, 예닐곱' 등 '여러 사람' 을 뜻한다. 여러 사람에게 나누어주라는 뜻이다. 구제를 할 때는 가급적이면 더 많은 사람들에게 할 수 있으면 좋다는 의미이다.

"일곱에게나 여덟에게 나눠줄지어다 무슨 재앙이 땅에 임할는지 네가 알지 못함이니라". 즉 할 수 있는 데까지 많은 방면에 구제와 자비의 일을 실천하면 좋다는 것이다. 그 이유는 이 땅에 하나님의 심판과 재앙이 언제든지 임할 수 있기 때문이라고 했다. 솔로몬은 이 땅에 사는 사람들이 어떻게 사는 것이, 물질을 어떻게 사용하는 것이 가장 가치 있는가에 대해서 말해주고 있는데, 그것은 할 수 있는 대로 더 많은 사람들을 향해서 구제를 베풀라는 것이다. 더 많은 사람들에게, 일곱 명 혹은 여덟 명에게 나누어주라는 것이다. 더 많은 방면에서 좋은 일을 하라는 것이다. 그러한 삶이 가장 가치 있는 삶이고 이 땅의 물질을 가장 가치 있게 사용하는 것이라고 말해주고 있다. 그러면서 무슨 재앙이 이 땅에 임할는지 알지 못하기 때문이라고 했다.

중국 역사에서 문화 혁명과 모택동 군대와의 전쟁이 있었다. 그 이전에 중국에는 많은 부자들이 있었다. (나는 예전에 자주 대만을 방문했었기 때문에 대만의 그리스도인들로부터 직접 들을 기회가 있었다.) 그때에 그 곳에서 사역하던 많은 분들이 말씀하시기를, 교회에서 물질을 드릴 것을 실천할 때에 부자들은 잘 드리지 않더라는 것이다. 오히려 가난한 사람들이 물질을 드렸다. 그래서 사역하던 분들이 말했다고 한다. '여러분들이 지금 드리지 않아도 언젠가 여러분의 물질은 날아간다'. 그런데 얼마 안 되어서 공산 혁명이 시작되었고 잘 사는 사람들은 물질을 전부 다 빼앗기고 많은 수가 죽임을 당하기도 하고 숙청을 당했다. 그런 상황에서는 돈이 없는 것이 자신의 목숨을 살리는 데 좋았다는 것이다. 차라리 드릴 기회가 있을 때 주님의 역사를 위해서 아낌없이 드렸더라면 주님을 위해 드렸으니까 좋고, 자신의 목숨도 살아서 좋았을 텐데, 물질을 아끼고 귀히 여기다가 그러한 재앙을 만나게 되었다는 것이다.

그러므로 나누어 주는 사람이 지혜로운 사람이다. 주님은 땅에 보물을 쌓아두지 말고 하늘에 보물을 쌓아 두라고 하셨다. 거기에는 좀이나 동록이 해하지 못한다고 하셨다. 여러분은 지금까지 이 땅에 보물을 쌓아보았는가? 이 땅에 보물을 쌓아보니 어떤가? 그대로 차곡차곡 쌓여서 계속 남아 있는가? 그렇지 않고 어느새 사라진다. 좀이 먹고 동록이 해하며 없어진다. 그것은 저축하는 것이 아니다. 여러분이 하늘에 저축하는 한 가지 방법이 있다면 그것은 하나님의 일을 위해서 드리는 것이고 또 가난한 자들을 위해서 구제하는 것이다. 여러분의 삶에서 그러한 일이 얼마나 있었는가? 여러분이 그렇게 드린 만큼 하늘의 은행에, 하늘의 창고에 저축한 것이 된다. 이는 명백한 사실이다.

나중에 인생을 결산할 때에 여러분이 이 땅에서 아무리 돈을 많이 모으고 잘 먹고 살았어도 '나는 참 잘 먹고 잘 살았다' 는 만족은 없는 것이다. 그러나 만일 여러분의 일생을 결산할 때 이러한 말씀대로 행했다면 다르다. 일곱이나 여덟에게 준다는 것은 내가 할 수 있는 대로 최선을 다해 선행을 했다는 뜻이다. 우리의 눈에는 '하나나 둘' 은 보여도 '일곱이나 여덟' 은 보이지 않는다. '누가 내 도움이 필요한가' 를 열심히 찾는 사람이 아니면 일곱이나 여덟에게는 줄 수가 없는 것이다. 그렇게 여러분이 인생을 살았다면 그것이 바로 하나님을 만나기 위해서 준비한 것이고 그때 여러분은 주님 앞에서 보상을 받게 된다. 뿐만 아니라 여기서 전도자는 그런 사람은 '오래지 않아서 도로 찾게 된다' 고 말한다. 이 땅에서도 하나님은 그러한 사람에게 보상을 해주신다고 말한다. "여러 날 후에 도로 찾으리라"(1절). 그렇게 해서 구제를 하고 하나님께 드린 것이 당시에는 없어지는 것 같다. 그렇지만 하나님은 그러한 사람들에게 드린 만큼 보상을 해주신다는 뜻이다.

신약 성경에도 이러한 말씀은 여러 곳에 있다. 여러분이 주면 하나님께서는 누르고 흔들어서 여러분에게 다시 갚아주신다고 하셨다. 나의 체험도 동일하다. 나는 많은 교회에서 섬겼고 물질을 드리는 것도 여러 번 인도해 보았는데, 주님께 힘을 다해 드리는 사람 중에서는 빈궁한 사람이 없다. 나는 최근에도 연보를 인도하였다. 이번에는 사실 과거 젊을 때에 연보를 인도한 것에 비하면 십분의 일도 권하지 않은 것이다. 예전에는 연보를 힘 있게 할 것을 매우 권했었다. 이번에는 연보에 대해서 몇 번 이야기하지 않았다. 그러나 과거에 그렇게 드린 사람들이 더 많은 보상과 주님의 갚으심을 받는 것을 보았다. 이것은 사실이다. 그러므로 이것은 없어지는 것이 아니다. 1절에서는 '여러 날 후에 도로 찾으리라' 고 했다.

남은 양식이 보리 한 말 밖에 없을 때에, 먹을 것도 없는데 절반을 심는다고 하자. 그렇게 씨를 심을 때에 '절반이 없어졌네' 라고 생각하는 사람이 있다면 어리석은 사람이 아닌가? 그 다음 해에 거둘 때에는 훨씬 더 많은 것을 거두는 것이다. 우리가 하나님께 드리는 것은 마치 심는 것과 같다. 따라서 사실 조금 무리하게 드리더라도 괜찮은 것이다.

3절, 구름에 비가 가득하면 땅에 쏟아지며 나무가 남으로나 북으로나 쓰러지면 그 쓰러진 곳에 그냥 있으리라

구름에 비가 가득하면 비가 쏟아지는 것은 당연한 일이다. 나무가 남으로나 북으로나 쓰러지면 그 쓰러진 곳에 그대로 있다는 것도 너무 당연한 이야기이다. 왜 이런 이야기를 하는가? 이는 2절 후반부에 재앙이 이 땅에 임하는 것에 대해서 설명하는 것이다. 즉 반드시 이 땅에는 심판이 온다는 것이다.

야고보서를 보겠다. "들으라 부한 자들아 너희에게 임할 고생을 인하여 울고 통곡하라 너희 재물은 썩었고 너희 옷은 좀 먹었으며 너희 금과 은은 녹이 슬었으니 이 녹이 너희에게 증거가 되며 불 같이 너희 살을 먹으리라 너희가 말세에 재물을 쌓았도다 보라 너희 밭에 추수한 품꾼에게 주지 아니한 삯이 소리 지르며 추수한 자의 우는 소리가 만군의 주의 귀에 들렸느니라 너희가 땅에서 사치하고 연락하여 도살의 날에 너희 마음을 살찌게 하였도다 너희가 옳은 자를 정죄하였도다 또 죽였도다 그는 너희에게 대항하지 아니하였느니라 그러므로 형제들아 주의 강림하시기까지 길이 참으라 보라 농부가 땅에서 나는 귀한 열매를 바라고 길이 참아 이른 비와 늦은 비를 기다리나니"(약 5:1-7).

이 말씀을 보면 재물을 갖고 있는 사람들, 부자들에게는 임할 고생이 있다는 것이다(약 5:1). 그러므로 울고 통곡하라고 했다. 그들의 금과 은이 증거가 되는데 결국 불같이 그들의 살을 먹는다고 했다. 말세에 쌓은 재물은 결국 그 부자들에 대한 심판의 증거가 된다는 이야기이다.

이렇게 나누어주지 않는 사람들에게 재앙이 땅에 임할는지 알지 못한다고 말씀하는 것이다. 구름에 비가 가득하면 쏟아지는 것처럼 재물만 쌓는 사람들에게는 언제 재앙이 임할는지 모른다. 결국 그런 사람들은 재앙을 만나게 된다는 것이다. 여기에 극명한 대조가 있다. 하나는 선을 행하고 구제를 베풂으로 도로 받는 자들이 있는가 하면, 물질을 움켜쥐고 더 쌓다가 이러한 재앙을 만나는 자들이 있다는 것이다.

4절, 풍세를 살펴보는 자는 파종하지 아니할 것이요 구름을 바라보는 자는 거두지 아니하리라

"풍세를 살펴보는 자는 파종하지 아니할 것이요". 이는 이해하기 어려운 말씀이다. 농부들이 파종하는 것이나 거두는 일을 할 때에 너무 풍세를 살펴보다보니, 또 너무 구름을 바라보다보니 파종을 못하고 거두지도 못한다는 뜻이다. 다시 말하면, 너무 완벽한 시기를 기다리다보면 선한 일과 구제, 하나님을 위해서 선한 일, 곧 드리는 일을 하지 못한다는 의미이다. 좋은 기후와 날씨를 택해서 파종을 해야 하는 것은 맞다. 풍세는 바람을 뜻하는데, 약간 바람이 있어도 부지런하고 지혜로운 사람은 '지금 그래도 일을 해야 한다' 면서 한다. 그러나 완벽한 날 곧 바람이 한 점도 없는 정말 씨 뿌리기 좋은 날을 기다리는 사람이 있는데, 그러한 날은 오지 않는다는 것이다. 비가 올 것을 걱정하기 때문에 구름이 한 점도 없는 맑은 날에 추수를 하려다보니까 날이 다 지나가버리고 추수를 할 날이 없는 것이다.

사업으로 예를 든다면, 모든 상황이 다 맞아 돌아가야 그때 사업을 시작하는 사람이 있는데, 그런 사람은 사업을 못한다. 그런 날은 오지 않는다는 것이다. 약간 여건 조성이 덜 되었다고 하더라도 해야 하는 일이라면 해야 한다. 다른 일들에도 똑같은 원리가 적용된다. 예를 들어서 교회가 건물을 사야 한다고 했을 때, 모든 성도가 하나같이 다 아멘하고 찬성하고 모든 상황이 전부 맞아야 하는데 그 중에서 한두 가지가 안 맞는다고 하자. 그래서 그 한두 가지 때문에 못하고 그렇게 되기를 기다리다가는 영원히 예배당을 구입하지 못한다. 구름이 한 점도 없기를 기다리는데 아직도 구름이 있는 것이다. 그렇게 기다리다가는 십 년이 지나도 예배당을 구입하지 못한다. 하나님의 일을 하는 사람들은 이러한 지혜가 있어야 한다. 이는 이미 수천 년 전에 솔로몬이 말한 것이다. 그러한 솔로몬의 지혜를 배우면 얼마나 시간을 절약하겠는가? 오 년이나 십 년을 절약하게 되는 것이다.

모든 상황이 완전하게 될 때까지 기다렸가다 일을 해야 한다고 주장하는 사람들이 있다. 그런 사람들이 바로 '말꾼' 이다. 말하는 사람들은 늘 그렇게 이야기만 하고 일은 하지 않는다. 그런 사람들은 일을 할 필요가 없으니 그렇게 말을 하는 것이다. 그러나 일을 하는 사람들은 바람이 조금 있고 구름이 조금 있어도 파종을 하며 추수를 하기까지 힘써 일하는 것이다.

최근에 내가 봉천동에서 부천으로 이사를 하던 날에 비가 많이 왔다. 짐 중에는 책이 너무나 많은데 비가 오면 이사할 엄두가 나지 않는다. 그러나 당시 여러 가지 여건상 이사를 안 할 수가 없었다. 그래서 이사를 시작했는데, 처음에는 비가 약간 오더니 천막을 치고 차에 짐을 싣기 시작할 때에 비가 그쳤다. 그래서 천막을 걷고 짐을 싣고 깨끗하게 이사를 마무리하였다. 모든 여건이 맞아야 움직이는 사람은 일을 하지 못한다. 만사가 그렇게는 되지 않는다. 그렇게 완벽하게 맞아떨어지는 여건은 여간해서 오지 않는다. 정치도 마찬가지이고, 사업도 마찬가지이다. 모든 사람이 찬성하고 모든 사람이 좋아해서 우리나라의 고속도로가 놓였는가? 처음 공사를 시작할 때는 그 고속도로 건설을 극렬하게 반대하는 사람들이 많았다. 그러나 결국 고속도로는 완공되었고, 모든 사람들이 말할 수 없는 혜택을 누리게 되었다.

5절, 바람의 길이 어떠함과 아이 밴 자의 태에서 뼈가 어떻게 자라는 것을 네가 알지 못함 같이 만사를 성취하시는 하나님의 일을 네가 알지 못하느니라

"바람의 길이 어떠함과 아이 밴 자의 태에서 뼈가 어떻게 자라는 것을 네가 알지 못함 같이". 바람이 어디서 와서 어디로 가는지 그 길을 아는가? 모른다. 여자의 태에서 아이의 뼈가 어떻게 자라는지 이해를 하겠는가? 그렇지 않다. 우리가 그것을 알지 못함같이 만사를 성취하시는 하나님의 일을 알지 못한다는 것이다.

왜 어떤 사람들은 구제를 하지 못하는가? '그렇게 구제해서 무엇이 되는가? 유익이 얼마나 있는가? 그것은 돈만 버리는 것이다.' 이런 생각을 하며 연구하다가 구제를 못하는 것이다. 그것이 말하자면 4절의 풍세를 살피는 것이고 구름을 바라보는 것이다. 어떤 일이 주를 위한 것이라고 했을 때, 물질이 들어간다 하더라도 '아멘! 드립시다' 한다면 그 사람은 그러한 일을 한다. 그런데 다른 일은 쉽게 결정도 잘하고 추진도 잘 하면서 물질을 드리는 일에 있어서는 '가만히 있어봐, 그건 여러가지 면을 자세히 연구를 해봐야 해' 하면서 풍세를 살피고 구름을 바라보는 사람들은 파종도 못하고 거두지도 못한다는 것이다. 물질을 드리는 일에 대하여는 염려가 많이 생기는 것이다. '그것은 주를 위한 일이 아니야. 그것은 결과적으로 주를 위한 것으로 돌아가지 않는다니까. 그래서 그 일은 조금도 협력할 필요가 없어.' 하는 것이다. 이러한 사람들은 파종하지 않고 거두지도 않는다는 것이다.

전도자는 그러나 그들에게 묻는다. '하나님이 그분의 뜻을 어떻게 성취하는지, 만사를 성취하시는 하나님의 일을 네가 아느냐?' 그렇게 해서 하나님이 일을 하려고 하시는지 우리가 어떻게 아느냐는 것이다. 바람의 길도 모르고 여자의 태 속에서 어떻게 뼈가 생기는지도 모르면서 어떻게 만사를 경영하는 하나님이 그 일을 하셔서 어떻게 역사하실는지 아느냐는 것이다.

성경 말씀은 참으로 진리이다. 우리는 모른다. 그렇기 때문에 성경에서 가르치는 바는 (내가 평소에도 자주 말하는 것과 같은데) 주위에서 어떤 사람들이 하나님을 위한 일이라고 하면서 '도웁시다' 하는데 그것이 주를 위한 것이라면 너무 많이 연구하지 말고 드릴 것이 있다면 드리라는 것이다. 이는 내가 항상 실행하는 바이기도 하다. 젊을 때부터 나에게 '나는 이렇게 해서 주를 위해야겠다' 고 하면 그것이 내 일이 아니고 나와 관계가 없어도 나는 할 수 있는대로 도우려고 애썼다. 도울 수 있는 입장에 있다면 나는 항상 도왔다. '그건 풍세를 살피건대 주님과 관계가 없는 일이야. 주님께 돌아가지도 않고 아무 유익도 없다' 하고 이유를 대는 것은 결론적으로 도울 필요가 없다고 하는 것이다. 이렇게 분석하다 보면 세상에 하나도 도울 일이 없다. 일곱 개나 여덟 개가 나올 수 없고, 한 개 두 개도 도울 일이 생기지 않는다.

하지만 적극적으로 주님의 일을 돕는 마음을 갖는 사람에게는 도울 일이 생긴다. 하나님은 그러한 사람을 축복하신다. 신문사나 잡지사에서 내게 찾아올 때가 종종 있다. 인터뷰나 광고를 해달라고 부탁을 한다. 그러면서 그들은 자기들도 어려우니 도와달라고 한다. 그러나 나 역시 어려울 때가 많지만(오히려 신문사에서 나를 좀 도와주면 좋겠다고 생각할 만큼) 그러나 나는 힘이 닿는 대로 그들의 부탁을 들어준다. 내가 보기에는 '이렇게 한다고 해서 이 신문을 통해서 복음이 잘 전해질 것 같지도 않은데 이것이 과연 주의 일에 무슨 효과가 있을까?' 이렇게 풍세를 살펴보면 별로 될 것 같지가 않다. 주를 위한 결과가 별로 없을 것 같다. 그러나 그들은 그렇게 생각하지 않는다. 주를 위한 일이라고 생각한다.

한번은 내가 한 신문사의 이전 감사 예배에 설교하러 간 적이 있는데, 그들은 자신들의 일을 통해서 주를 위한다는 사명감으로 불타고 있었다. 월급을 받지 못하면서도 그 일을 하고 있었다. 그때 가서 나는 매우 부끄러웠다. 나는 아주 조금 밖에 도와주지 못했는데도 그것을 그들이 너무나도 고마워했기 때문이다. 그러면 그 사람들이 그렇게 해서 주를 위할 때에 주님이 그들을 사용하셔서 무언가 일을 하실지 우리가 어떻게 아는가? '저것은 아니다' 라고 말할 수 있는가? 아닌지 맞는지 여러분이 어떻게 아는가? 만사를 경영하셔서 그분의 일을 성취하시는 하나님의 길을 여러분이 어떻게 아는가? 바람이 어떤 길로 와서 어떤 길로 가는지 여러분이 아는가? 이것을 하나님이 말씀하고 계시는 것이다.

그렇기 때문에 하나님 말씀은 버리라고 하시는 것이다. '너의 물질을 버리라' 는 것이다. 버릴 마음을 갖고 있는 사람은 어디 버릴 곳만 찾으면 금세 가져다 버린다. 가진 것이 너무 귀하기 때문에 풍세를 살피고 구름을 살피는 것이지, 버릴 것이라면 그렇게 하지 않는다. (쓰레기를 잘못 버리면 사람들이 쫓아 올라와서 항의를 하는 경우가 있다. 그것이

만약 돈이라면 왜 갖다 버렸냐고 항의하지 않고 얼른 주워갈 것이다.) 여러분이 가지고 있는 소유나 물질을 '버려야 할 것'이라고 생각한다면 도울 수 있는 곳이 일곱 여덟 군데가 아니라 칠팔십 군데가 생길 것이다.

이는 근본적으로 물질에 대해서 성경적인 가치관을 가져야 하는 문제이다. 이 세상 사람들과 이방인처럼 '돈이면 최고'라는 가치관을 가지고 있는 한 선행을 할 수가 없다. 주를 위해서 정말 유용하게 쓰이도록 주님께 드릴 수가 없다. 정말 주님의 귀한 것을 안다면 우리가 주님께 드릴 수 있는 것 자체가 영광이고 감사한 것이고 긍휼이라는 것을 안다. 달라시면 이 몸까지도 드리겠다고 하는 것이 주님을 사랑하는 사람들의 이야기이다.

6절, 너는 아침에 씨를 뿌리고 저녁에도 손을 거두지 말라 이것이 잘 될는지, 저것이 잘 될는지, 혹 둘이 다 잘 될는지 알지 못함이니라

아침은 어떤 시간인가? 잘 되는 때이고 소망이 있는 시간이다. 저녁은 황혼이고 안 되는 때이다. 희망찬 아침에는 다 나가서 씨를 뿌린다. 그런데 저녁에는 일을 하자고 하면 사람들이 일을 하기 싫어한다. 저녁은 지는 때이고 무엇인가 안 되는 것 같은 때이다. 그때에도 손을 거두지 말라고 했다. '이것이 잘 될는지, 저것이 잘 될는지' 알지 못하기 때문이다. 즉 아침에 씨를 뿌린 것이 잘 될지, 저녁에 뿌린 것이 잘 될지 모른다는 것이다. '이것은 잘 될 것 같지 않아' 하면서 뿌린 것이 오히려 될 수도 있고 둘 다 잘 될 수도 있다. 그러므로 그것이 주님을 위한 것이라면 가리지 말고 아침에도 뿌리고 저녁에도 하라는 것이다. 그러면 그 중에서 하나가 잘 될 수도 있고, 두 개가 다 성공할 수도 있다는 것이다. 이것이 솔로몬이 말하는 지혜인데 여러분의 생각은 어떤가? 소위 주님이 기뻐하시는 일을 적중시키려고 하다가 하나도 드리지도 못할 수도 있다.

전도서 11장은 사람들의 물질에 대한 사랑과 애착을 완전히 부수는 말씀이다. 물질을 사랑하는 사람들에게는 이런 말씀이 하나도 들리지 않는다. 그러므로 결국 돈을 사랑하는 사람들은 지혜가 없게 된다. 하지만 전도서 11장을 이렇게 해석하지 않으면 어떻게 해석하겠는가?

7절, 빛은 실로 아름다운 것이라 눈으로 해를 보는 것이 즐거운 일이로다

7절부터는 조금 다른 이야기이다. 빛은 생명과 축복의 상징이다. 솔로몬은 사람이 인생을 살면서 빛을 보면서 사는 것, 눈으로 해를 보면서 사는 것은 복되고 즐거운 일이라고 했다.

8절, 사람이 여러 해를 살면 항상 즐거워할지로다 그러나 캄캄한 날이 많으리니 그 날을 생각할지로다 장래 일은 다 헛되도다

솔로몬이 인생에 대해서 술회하는 것이다. 여러분이 인생을 여러 해 살게 된다면 즐거워하라고 했다. 그러나 즐겁게 살지만 어두운 날들도 많게 된다고 한다. 또 장래에 너무 헛된 꿈을 많이 꾸지 말라고 한다. 왜냐하면 장래의 일도 다 헛되기 때문이다. 오래 살아보니까 인생이라는 것은 항상 '내일은 더 낫겠지, 좋은 미래가 펼쳐지겠지' 하면서 살지만 사실은 장래도 헛것이다. 인생을 오래 살아보니 미래에도 그렇게 좋은 일이 기다리고 있지 않기 때문에 기대를 별로 하지 말라는 이야기이다.

9절, 청년이여 네 어린 때를 즐거워하며 네 청년의 날을 마음에 기뻐하여 마음에 원하는 길과 네 눈이 보는 대로 좇아 행하라 그러나 하나님이

이 모든 일로 인하여 너를 심판하실 줄 알라

"청년이여 네 어린 때를 즐거워하며 네 청년의 날을 마음에 기뻐하여 마음에 원하는 길과 네 눈이 보는 대로 좇아 행하라". 청년에게 말하고 있다. 네가 젊다면 기뻐하라고 한다. 네 마음이 원하는 것과 네 눈이 보는 대로 좋아 행하라고 한다. 이는 세상의 모든 청년들이 좋아할 만한 말씀이다. 네 멋대로 살라는 것이다. '와, 성경에 이런 말씀도 있네. 나하고 딱 맞는 말씀도 있구나' 하면서 좋아할 것이다. 사실 청년들은 이렇게 말해주지 않아도 다 이렇게 산다. 자기 마음이 기뻐하는 대로, 원하는 대로, 눈에 보이는 대로 좇아 행하는 것이 바로 청년이다. 젊은 사람은 다 그렇다.

하나님을 섬기는 사람들 중에서도 젊은 일꾼들이 있다. 나에게 상담을 하러 오면 '그거 다 소용없는 일일세. 지금 하려고 하는 그것은 다 헛된 일이야' 라고 조언을 해준다. 그런데 어느새 보면 그 일을 하고 있다. 왜냐하면 자기가 그것을 꼭 하고 싶기 때문이다. 젊은 사람들의 특징은 호기심이 많고 하고 싶은 것이 많은 것이다. 내가 하지 말라고 하면 상담을 하러 온 자리이니까 내 앞에서는 '아멘, 아멘' 하지만 돌아가서는 꼭 그 일을 하고 만다. 그리고 나서 나중에 보면 내가 말한 대로 결국 아무것도 안 되고 소용없는 일이 되어버린 것을 보게 된다. 그러면 풀이 죽은 얼굴로 다시 찾아와서 다음 일을 나와 상의한다. 이런 일이 반복되다 보면 '내가 말해주어도 안 들을 텐데' 라는 생각이 들지만 나는 그래도 그의 유익을 위해서 또 그것을 안 하는 것이 좋다고 이야기를 해 준다. 그러면 이번에도 '그래요?' 하고 돌아가지만, 가만히 보면 그것을 또 하고 있다.

이것이 젊은 사람들의 특징이다. 너나 할 것이 없다. 그것이 젊다는 증거이다. 나이가 삼십, 사십, 오십이라도 청년들이 있다. 하고자 하는 것을 아직 내려놓지 못한 사람이 바로 청년이다. 그러한 사람은 자기가 하고 싶은 일을 꼭 해야 한다. 여기서 솔로몬은 그렇게 하는 것이 길이고 좋으니까 멋대로 하라는 것이 아니라, 네가 하고 싶은 대로 '어디 한 번 해보라' 는 것이다. 바로 이어지는 말씀을 보면 솔로몬의 진의를 알 수 있다. "그러나 하나님이 이 모든 일로 인하여 너를 심판하실 줄 알라". 네 멋대로 그렇게 산 결과는 하나님의 심판 밖에는 없다는 뜻이다.

10절, 그런즉 근심으로 네 마음에서 떠나게 하며 악으로 네 몸에서 물러가게 하라 어릴 때와 청년의 때가 다 헛되니라

전도서의 주제는 헛되고 헛되다는 것이다. 늙은이도 헛되고 젊은이도 헛되며 나이 먹어도 헛되고 어린 사람도 헛되고 인생이란 다 헛되다는 것이다. 솔로몬의 권면의 말은 인생은 그렇게 헛된 것이니 너무 노심초사하면서 근심하면서 살지 말라는 것이다. 마음에 근심을 채우고 악을 채우면서 살지 말라는 것이다.

왜 여러분의 마음에 근심이 있고 악이 있는지 아는가? 청년의 정욕 때문에 그런 것이다. 뭔가를 하고 싶은 것 때문이다. 하고 싶은 일 앞에서 걸림돌이 된다 싶으면 거기에다 악을 품는 것이다. 그래서 많은 악이 생기는 것이다. 근심은 왜 생기는가? 하고자 하는 것이 많은데 하지 못하게 될까봐, 성공이 좌절될까봐, 목적대로 이루어지지 않을까봐 근심이 생기는 것이다. 하고자 하는 것이 많은데 잘 안 되고, 또 안 될 것 같으니까 그것이 근심과 염려거리가 되는 것이다.

하나님이 없는 사람들의 삶, 헛된 삶에서 근심이나 악을 마음에서 떠나게 하라는 것이다. 악심과 근심을 마음에서 떠나게 하는 비결은 무엇인가? 그 답은 전도서에서는 없으며 아가서에 나온다. 결국은 주님을 사랑하는 것이, 주님 한 분을 좇아가는 것이 이 모든 인생의 헛된 것을 해결하는 열쇠라는 것이다. 그래서 전도서 다음에 아가서가 배치된 것이다. 이렇게 전도서 11장까지 읽을 때에 전도서 속에 풍성한 지혜가 있다는 것을 더욱 깨닫게 되었을 것이다. 이러한 말씀으로 많은 은혜를 얻기 바란다.

기도

"하나님 아버지, 감사합니다. 전도서 11장의 말씀을 통해서 은혜를 베풀어주시고 지혜를 주신 하나님께 감사합니다. 성경에는 구원에 이르게 하는 지혜가 있고, 우리 모든 사람들로 하여금 이 인생을 어떻게 살 것인지에 대해서 인생을 먼저 살았던 선배들이 후배들에게 주는 좋은 지혜가 들어 있는 줄을 믿습니다. 우리가 이 말씀을 통해서 지혜를 얻고, 무익하고 헛된 인생 가운데서 참된 것을 찾고, 참 지혜와 주님을 찾아서 선행을 베풀고 많은 사람들에게 구제를 베풀면서 우리에게 주신 물질을 하늘에 쌓아두는 지혜를 갖게 하여 주옵소서. 그럼으로써 주님의 다시 부어주시는 축복을 누릴 수 있도록 도와주시옵소서.

어리석은 사람들처럼 가지고 있는 것을 붙들고 손을 움크리고 있지 않게 하시고, 손을 펴서 널리 많은 사람들의 필요를 채우며 구제를 할 수 있는 저희들이 될 수 있도록 도와주시옵소서. 감사와 찬미를 드리며 예수 그리스도의 이름으로 기도드렸습니다. 아멘."

전도서 12장

1절, 너는 청년의 때 곧 곤고한 날이 이르기 전, 나는 아무 낙이 없다고 할 해가 가깝기 전에 너의 창조자를 기억하라

전도서 12장은 결론의 말씀이다. 전도자 솔로몬은 이제 청년들에게로 향한다. 인생을 다 살고 모든 것을 다 경험한 솔로몬이 결론적으로 인생을 다 살고 경험해 보니까 모든 것이 다 헛되다는 것을 느꼈다. 11장 마지막 절을 보면 어릴 때와 청년의 때가 다 헛되다고 했다. 전도서는 지혜도, 쾌락도, 지식도, 행복도, 부귀도 모든 것이 인생에서는 다 헛되다고 말하고 있다. 그러므로 이 헛된 인생을 살아갈 때 지혜가 무엇인가? 솔로몬은 이 구절에서 그 결론을 내리고 있는 것이다.

"청년의 때, 곤고한 날이 이르기 전에". 곤고한 날은 어떤 날인가? 이어서 해설을 했다. '아무 낙이 없다' 고 할 때를 말한다. 이는 노년의 때이다.

"나는 아무 낙이 없다고 할 해가 가깝기 전에 너의 창조자를 기억하라". 창조주를 기억하라고 말한다. 결국은 지혜 중의 지혜, 가장 지혜롭게 인생을 사는 지혜가 무엇인지 알려주고 있다. 하나님은 사람을 사랑하시기 때문에 우리가 어떻게 살아야 가장 가치있고 허비하지 않고 또 후회하지 않고 인생을 살 수 있는가를 알려주는 것이다. 인생은 헛되기 때문에 힘이 다 빠지기 전에, 청년 때에 창조자를 기억하라고 했다. 이는 우리를 창조한 창조주 하나님이시다.

이 세상 만물은 우연히 생긴 것이 아니다. 하나님이 창조했다는 것보다 우연히 생겼다고 하는 것이 더 믿기가 어렵다. 그렇지 않은가? 온 우주는 창조주가 있기 때문에 존재하는 것이다. 우리는 하나님의 긍휼로 창조주를 알게 되었다. 우리는 하나님이 계시다는 것을 알고 그의 아들 예수 그리스도를 믿고 그렇게 은혜를 얻었다. 그러므로 우리는 우리의 근원이 되시고 우리를 지은바 되시는 그 창조주에게로 돌아와야 한다. 우리는 그분이 없으면 존재할 수 없다. 그분이 계시기 때문에, 그분이 우리를 지었기 때문에 우리는 존재하는 것 아닌가? 그러므로 그분에게로 향하는 것, 그분을 기억하는 것은 피조물로서 가장 지당하고 합당한 일이다. 성경은 우리가 그렇게 살아가는 것이 가장 지혜롭다는 것을 알려주고 있다. 우리가 이 땅에서 할 수 있는 일은 하나님 섬기는 일이다. 하나님을 기쁘시게 하고 하나님을 섬기는 것이다. 결국 주님은 이 땅에 다시 오실 것이다. 그분이 하나님이시고 그분이 이 땅에 왕권을 가지고 임하실 것이다.

이 구절은 창조자를 경외하라고 한다. 우리에게 있어서 가장 두려운 것은 무엇인가? 여러분은 무엇이 가장 두려운가? 전쟁이 두려운가? 기근이 두려운가? 질병이 두려운가? 죽음이 두려운가? 가장 두려운 것은 하나님이다. 그 날 하나님 앞에 서는 것이다. 하나님께 버림받는 것이다. 하나님이 우리를 모른다고 하는 것이다. 사실 이보다 더 두려운 것이 있겠는가? 나는 이것이 가장 두렵다고 생각한다. 그러므로 피조물인 우리는 조물주인 하나님을 가장 기쁘게 하는 방식으로, 그분을 섬기는 방식으로 사는 것이 지혜로운 것이다. 세월을 다 놓치고 나이 들어서 낙을 잃고 아무 힘도 없게 되었을 때에 가서야 정신을 차리는 것은 지혜로운 것이 아니다.

이 자리에는 30대의 성도들도 많이 있다. 나이를 많이 먹어서 다른 소망이 없을 때 교회를 열심히 다니고 기도를 많이 하는 사람은 많다. 그러나 기력이 있는 청년들은 그렇게 하지 않는다. 우리 교회도 수요 집회에는 청년부가 많이 나오지 않는다. 이 세상이 너무 좋기 때문이다. 가고 싶은 곳도 많고 하고 싶은 것도 많기 때문이다. 이는 한 마디로 지혜가 없는 것이다. 전도서는 지혜의 사람이 인생을 다 산 다음에 인생들에게 말해주는 것이다. "곤고한 날이 이르기 전, 나는 아무 낙이 없다고 할 해가 가깝기 전에 너의 창조자를 기억하라".

2절, 빛과 달과 별들이 어둡기 전에, 비 뒤에 구름이 다시 일어나기 전에 그리하라

이 구절은 하나의 은유이다. 이 구절로부터는 노년에 대한 묘사들이 나온다. 팔레스타인의 우기는 겨울이고 우기가 지나면 구름이 많이 일어나는 구름의 시기가 계속되는데, 이때는 구름에 가려져서 해나 별이나 달이 빛을 발하지 않고 어둡게 된다. 솔로몬은 이러한 겨울 날씨를 노년을 묘사하는 것으로 사용했다.

그래서 이런 노년이 되기 전에, 어두워지기 전에 그리하라고 했다. 즉 창조주를 기억하라는 것이다.

3절, 그런 날에는 집을 지키는 자들이 떨 것이며 힘 있는 자들이 구부러질 것이며 맷돌질 하는 자들이 적으므로 그칠 것이며 창들로 내어다 보는 자가 어두워질 것이며

"집을 지키는 자들이 떨 것이며". 이는 은유적인 표현이다. 집을 지키는 자들은 누구인가? 대부분의 학자들은 이를 '손'이라고 생각한다. 나이를 먹으면 손이 떨린다는 것이다. 예를 들어 고막 재생수술 같은 섬세한 수술을 하는 의사들은 나이가 50세가 넘으면 메스를 잡지 못한다고 한다. 손이 떨리기 때문이다. 47,8세가 넘어가면 조금씩 어려워진다고 한다. 개중에는 집중력이 뛰어나서 50세나 55세까지도 수술을 하는 사람이 있다고 들었지만, 그 이상 되면 할 수가 없다. 60,70세가 넘으면 글씨를 쓸 때도 떨린다. 글씨를 쓸 때 자동적으로 떨려서 필체가 흔들리게 된다. 학자들 중에서는 이 '집을 지키는 자들'을 '갈비뼈와 허리'로 보는 사람들도 있다.

"힘 있는 자들이 구부러질 것이며". 힘 있는 자들이란 '다리'를 말한다. 나이가 먹으면 다리가 구부러져서 O자형 다리가 된다.

"맷돌질 하는 자들이 적으므로 그칠 것이며". 이는 '치아'를 말한다. 이가 빠지고 풍치가 오고 틀니를 하고 임플란트를 하게 된다.

"창들로 내어다 보는 자가 어두워질 것이며". 이는 '눈'이 어두워지는 것을 말한다.

4절, 길거리 문들이 닫혀질 것이며 맷돌 소리가 적어질 것이며 새의 소리를 인하여 일어날 것이며 음악하는 여자들은 다 쇠하여질 것이며

"길거리 문들이 닫혀질 것이며". 이는 '귀'의 둔화 현상을 말한다. 사람이 늙으면 귀도 어두워진다.

"맷돌 소리가 적어질 것이며". 이는 3절에서 말한 것처럼 '치아'가 없어서 음식을 먹기 어려운 것을 가리킨다.

"새의 소리를 인하여 일어날 것이며". 나이가 먹으면 바스락 소리만 들어도 일어나게 된다. 작은 소리만 들어도 잠을 깰 만큼 깊은 잠을 못 자는 것이다.

"음악하는 여자들은 다 쇠하여질 것이며". 음악하는 여자들은 '성대'를 말한다. 노인의 목소리는 쇠하게 된다. 나이가 먹으면 아름답고 우렁찬 소리가 허스키하게 변한다. 목소리가 크게 나지 않는다.

5절, 그런 자들은 높은 곳을 두려워할 것이며 길에서는 놀랄 것이며 살구나무가 꽃이 필 것이며 메뚜기도 짐이 될 것이며 원욕이 그치리니 이는 사람이 자기 영원한 집으로 돌아가고 조문자들이 거리로 왕래하게 됨이라

"그런 자들은 높은 곳을 두려워할 것이며 길에서는 놀랄 것이며". 나이가 먹게 되면 자연적으로 고소공포증이 생긴다. 두려움이 많아진다. 길도 용감하게 걸어 다니지 못한다. 누군가에 부딪혀서 넘어지고 뼈가 부러질까봐 조심조심 걸어 다닌다. 나이가 먹으면 뭐든지 다 두렵게 된다. 늙은 사람들은 멀고 험한 길을 다니기도 힘들고 용기가 없다.

"살구나무가 꽃이 필 것이며". 이는 노인의 '머리털'을 말한다. 살구나무가 꽃이 피면 하얗게 되듯이 머리가 희게 되는 것을 가리킨다.

"메뚜기도 짐이 될 것이며". 메뚜기처럼 팔딱거리고 다니는 가벼운 것도 무겁게 느껴진다는 것이다.

"원욕이 그치리니". 이는 '식욕'을 의미한다. 밥맛도 없어지는 것이다.

"이는 사람이 자기 영원한 집으로 돌아가고". 점점 이렇게 되다가 결국 죽는다는 것이다. 지금까지 이야기한 증상들이 다 죽음으로 가는 증상들이고 결국 영원한 집으로 돌아간다는 것이다.

"조문자들이 거리로 왕래하게 됨이라". 그리고는 문상하는 사람들이 왔다갔다 하게 된다는 것이다.

6절, 은줄이 풀리고 금 그릇이 깨어지고 항아리가 샘 곁에서 깨어지고 바퀴가 우물 위에서 깨어지고

"은줄이 풀리고 금 그릇이 깨어지고". 이는 땅 속에 들어가서 매장을 한 뒤에 썩는 과정을 묘사한 것이다. 파니 크로스비 여사가 지은 찬송가 중에도 '그날 은줄이 풀린다'는 대목이 있다. 어떤 사람은 은줄은

혀를, 금 그릇은 머리를 말한다고 했다. 또 어떤 사람은 은줄을 척추라고도 했다. 금 그릇은 대개 머리로 해석한다. 나는 은줄은 '척추'를 가리키는 것이 맞는다고 생각한다. 척추가 살았을 때는 근육과 힘줄로 붙잡혀 은줄처럼 조밀하게 놓여 있다가 땅속에서 부패하게 되면 풀어지게 되는 것이다. 금 그릇, 즉 두개골도 깨어지는 것이다.

"항아리가 샘 곁에서 깨어지고". 이 항아리를 '몸'이라고 생각하는 사람도 있고, '심장'을 가리킨다고 말하는 사람도 있다.

"바퀴가 우물 위에서 깨어지고". 학자들은 이를 '호흡기관이 마비되는 것이다', '심장이 멈추는 것이다'라고 해석하기도 한다. 이것이 무엇을 의미하는지는 분명하게 알지 못하지만 어쨌든 이 모든 것들은 다 죽음의 묘사이다.

7절, 흙은 여전히 땅으로 돌아가고 신은 그 주신 하나님께로 돌아가기 전에 기억하라

"흙은 여전히 땅으로 돌아가고". 사람의 몸은 흙으로 되어 있기에 죽으면 흙으로 돌아간다.

"신은 그 주신 하나님께로 돌아가기 전에 기억하라".

8절, 전도자가 가로되 헛되고 헛되도다 모든 것이 헛되도다

솔로몬은 자신이 살아보았을 때 인생 자체가 다 헛되다는 것을 알았다. 해 아래서 수고하는 모든 것이 헛되다. 지식을 얻어도 헛되고 부귀를 얻어도 헛되고 쾌락을 얻어도 헛되고, 모든 것이 헛되다고 했다. 그러므로 이런 날이 이르기 전에, 죽어서 땅속으로 들어가기 전에 창조주와의 관계를 잘 맺으라고 하는 것이다. 그것이 가장 지혜의 근본이라고 했다. 지혜롭게 인생을 살고 싶으면 그런 날이 이르기 전에 창조주와의 관계를 잘 가지라고 권해주는 것이다.

나는 25살 때 주님을 믿고 신앙생활을 시작했다. 단지 예배당을 다닌 것이 아니라, 전적으로 주님께 투신해서 생활한 것이 그때부터이다. 돌아보면 부끄러움도 많고 실패도 많지만 그래도 내가 혈기왕성한 대학생이었을 때 주님께 돌아왔다. 현재의 내 자녀들보다도 젊을 때였다. 나는 그때 주님을 사랑했고 주님께 내 인생을 걸어야겠다고 생각했다. 나는 만 27살 때에 결혼했는데, 결혼식장에서 내 일생을 주님께 바치겠다고 선언했었다. 결혼식장에 하객이 700여 명이 넘게 모였는데, 그들을 향해서 신랑이 손을 들고 선언을 했던 것이다. '나는 내 가정을 주님과 교회를 위해서 바치겠습니다.' 참석했던 그리스도인들은 다 '아멘' 했다. 믿지 않는 사람들은 깜짝 놀랐다. 나의 처갓집 식구들도 신랑의 돌발적인(?) 선언을 듣고 깜짝 놀랐다.

나는 주님께 감사드린다. 나의 젊은 시절을 부족할지라도 헛되게 낭비하지 않게 해주셨기 때문이다. 다른 곳에 허비하지 않고 주님 안에서 세월을 보내게 해주신 것에 대해서 진심으로 감사한다. 물론 더 잘 섬겼더라면 하는 아쉬움이 없는 것이 아니다. 그렇지만 그렇게 불러주신 것이 얼마나 감사한지 모른다. 너무나 허물 많고 죄 많고 무익하고 쓸모없는 그런 존재를 하나님이 불쌍하게 여겨주셔서 하나님을 알도록, 하나님을 찾도록, 하나님을 따르고 섬기도록 분별해 주셨다는 것이 너무나 감사하다. 나는 지금도 가장 두려운 것은 혹 하나님 마음을 상하게 해 드릴까 하는 것이다. 하나님 앞에 충성되게 섬기는 증인으로 드러나지 못할까봐 두렵다. 이것이 나의 가장 중심에 있는 두려움이다.

여러분 가운데는 이미 청년 시절을 지낸 분들이 있다. 40대도 있고 50대도 있다. 7,80대 분들도 계신다. 그런데 내가 지금까지 세월을 지나면서 볼 때에 나이가 문제도 아니었다. 지금부터라도, 하루라도 주님을 위해서 얼마나 잘 생활하는가에 달린 것 같다. 오늘 하루가 중요한 것 같다. 하루하루가 보태져서 일 년이 되고 이 년이 된다. 어제까지는 계산이 안 된다. 오늘 내가 어떻게 사느냐가 제일 중요한 것 같다.

그러므로 이 전도서의 마지막 장인 12장을 통해서 우리의 인생을 한 번 가다듬고 생각하면서 앞으로 어떻게 살 것인가를 깊이 생각해보는 기회가 되기 바란다.

9절, 전도자가 지혜로움으로 여전히 백성에게 지식을 가르쳤고 또 묵상하고 궁구하여 잠언을 많이 지었으며

솔로몬은 지혜를 얻은 사람이었다. 그래서 그는 자신이 하나님께 얻은 지혜로 이스라엘을 직접 가르쳤다고 했다. 그는 왕이지만 교사였다. 그는 왕이지만 전도자였다. 오늘날로 말하자면 목사였다. 그는 많이 가르쳤다. 많은 잠언을 지었다. 많은 것을 묵상하고 연구해서 많은 사람에게 유익을 주었다.

10절, 전도자가 힘써 아름다운 말을 구하였나니 기록한 것은 정직하여 진리의 말씀이니라

'아름다운 말'은 즐거운 말, 은혜로운 말로도 번역이 된다. 솔로몬은 아름답고 은혜로운 말을 동원하여 전도서를 쓴 것이다. 그리고 여기에 기록된 말씀들이 정직하고 성실한 말이라는 것이다. 본서가 인간의 공허와 탄식의 색채가 강할지라도 정경으로 받아들인 것은 이렇게 진실하고 정직하게 진리를 기록하였기 때문이다.

11절, 지혜자의 말씀은 찌르는 채찍 같고 회중의 스승의 말씀은 잘 박힌 못 같으니 다 한 목자의 주신 바니라

"지혜자의 말씀은 찌르는 채찍 같고". 자기가 많은 지혜를 얻어서 사람들을 가르쳐보니 모든 사람들이 다 이것을 좋아하는 것은 아님을 알게 된 것이다. 진정한 지혜는 사람들을 아프게 하기 때문에 찌르는 채찍 같다고 했다.

예전에 가축을 어거할 때 예리한 채찍을 사용했다고 한다. 지혜의 말은 사람을 한 대 때리는 것 같다는 것이다. 그렇기 때문에 정말 지혜로운 사람들의 말은 들을 때에 그렇게 달콤하게만 들리지는 않는다. 귀에 즐겁게만 들리지도 않는다. 참된 지혜, 참된 하나님의 말씀을 증거하는 사람들은 대적을 만나고 반대를 당하기도 한다. 사람들의 기분을 맞춰주는 메시지를 전하면 반대를 당하지 않지만 참 지혜를 말하면 배척을 당하는 일이 많이 있는 것이다.

"회중의 스승의 말씀은 잘 박힌 못 같으니". 이는 말씀이 잘 받아들여지는 것을 의미한다. 어떤 사람들의 말은 그렇다. '회중의 스승', 즉 하나님이 보내신 사도, 주의 종, 선지자들의 말씀은 듣고서 그냥 흘러가지 않는다. 그저 부드럽게 흘러서 지나가지 않는다. 못처럼 심중에 박히는 것이다. 한 번 박히면 마음에서 그 속에서 움직이지 않는다. 그 말씀이 권위로 사람들에게 임하게 되기 때문이다. 나는 나의 말씀의 사역이 내게 듣는 자들에게서 이렇게 되기를 간절히 사모한다.

여러분이 이전에 20년 동안 신앙생활을 했는데도 들은 말이 별로 박힌 것 같지 않을 수도 있다. 그런데 어떤 때 어떤 사람에게 듣게 되면 때로는 아프기도 하고 찔리기도 하는데 박혔다 하면 빠지지 않는 것이다. 그 말이 들어가서 마음속에서 계속 요동하고 역사하는 것이다. 고린도 후서 2장에서 바울은 이렇게 말했다. "이 사람에게는 사망으로 좇아 사망에 이르는 냄새요 저 사람에게는 생명으로 좇아 생명에 이르는 냄새라"(16절). 어떤 사람은 사도 바울의 말을 듣고 사망에 이르고 어떤 사람은 생명에 이른다. 정말 하나님의 진리의 말씀이라면 그것은 구분하는 역사가 있다. 생명이든지 사망이든지 좌우간에 구분이 된다. 생명이든지 사망이든지 해야 하는데 아무런 결과를 주는 것이 아니라면 그것은 지혜의 말씀이 아니다. 박힐 것도 없고 찌를 것도 하나도 없는 것이다. 하지만 이런 말씀은 반드시 두 가지 결과를 가져온다. 잘 박힌 못처럼 부동적이고 권위적인 것이다.

"다 한 목자의 주신 바니라". 한 목자란 하나님을 가리킨다. 하나님께서 찌르는 채찍같이 잘 박힌 못처럼 주신다는 것이다. 지혜의 말씀은 진정 그렇다는 것이다. 오늘 이 땅에 이러한 하나님의 말씀의 사역자들이 절실히 필요하다.

12절, 내 아들아 또 경계를 받으라 여러 책을 짓는 것은 끝이 없고 많이 공부하는 것은 몸을 피곤케 하느니라

"여러 책을 짓는 것은 끝이 없고". 책을 너무 많이 쓰지 말라는 것이다. 박윤선 박사는 여기서의 책은 하나님의 말씀이 아니라 세상적인 책을 가리킨다고 했다. 그런 책들은 하나님의 말씀과 달라서 아무리 많이 나와도 만족이 없고 끝이 없으며 연구자에게 피곤을 가져다 준다고 했다.

"많이 공부하는 것은 몸을 피곤케 하느니라". 청년들은 이런 말을 들으면 굉장히 좋아할 것이다. 너무 많이 공부하지 말라는 것이다. 세속적인 학문에 지나치게 몰두하지 말라는 것이다. 너무 파고들어서 건강을 해치면 그것은 몸을 학대하는 것이고 지혜롭지 못한 것이다. 자녀들에게 너무 공부하라고 압력을 넣을 필요가 없다. 다 자기에게 맞게 적절하게 하면 된다. 내 아들은 명문대 나오지 않았지만 후회가 없다. 주님을 정말 사랑하고 자기의 맡은 일을 충성스럽게 섬기며 많은 방면에서 수고하며 마음으로부터 우러나오는 봉사를 하고 있기 때문이다. 나는 이로 인해서 하나님 아버지께 진심으로 경배드린다. 이 세상에 내가 태어나서 얻은 긍휼 중에 가장 큰 긍휼이 나의 자녀들이 주 안에서 함께 한 하나님을 한 마음으로 섬기는 것이다. 나는 아이들에게 많은 공부를 시키지 않았으나 그러나 이것이 내가 얻은 큰 긍휼이기에 늘 주님께 큰 감사를 드린다.

13절, 일의 결국을 다 들었으니 하나님을 경외하고 그 명령을 지킬지어다 이것이 사람의 본분이니라

"일의 결국을 다 들었으니 하나님을 경외하고 그 명령을 지킬지어다". 이제 다 들었다. 솔로몬이 결론적으로 이야기하는 것은 하나님을 경외하라는 것이다. 경외한다는 것은 하나님을 두려워하는 것이다. 가장 두려운 일은 하나님 앞에서 서게 될 일이라고 앞에서 말한 바 있다. 그때 혹 우리가 충성되지 못한 자들로 나타날까, 부끄러운 자들로 나타날까 하는 것보다 두려운 것이 없다. 수많은 증인들 앞에서 우리가 주 예수 그리스도 앞에 설 것인데, 그때 가보니 가짜였다면 그것보다 두려운 일이 이 세상에 또 있겠는가? 10년, 20년, 30년을 그것 하나만 보고 가는데, 만일 결과가 아니라고 생각하면 등골이 오싹하며 식은땀이 난다. 이것은 심각한 일이다. 그러므로 하나님 앞에 납작 엎드려서 불쌍히 여겨달라고 간구하면서 '주님 뜻에 맞게 가게 해주십시오' 라는 기도가 우리 입에서 끊이지 않는 것이다.

"그 명령을 지킬지어다". 그리고 명령을 지키라고 했다. 나는 며칠 동안 '항상 기뻐하라 쉬지 말고 기도하라 범사에 감사하라' 는 주님의 한 가지 계명을 지키려고 했다. 요즘 무슨 일이 있어서 감사가 별로 안 나오고 기쁨이 별로 없었다. 주님께 기도했다. '항상 기뻐하라고 하셨는데 요즘 기쁨이 없었습니다. 범사에 감사하라고 했는데 감사하지 못했습니다.' 어쨌든 감사를 해야 하는데 감사가 잘 안 나와도 '무조건 감사합니다' 라고 했다. 속에서 기쁨이 별로 없지만 '다른 것은 모르지만 주님의 명령이니 기뻐합니다' 라고 고백했다. 이렇게 명령을 지키는 것이다. 기쁠 것이 별로 없지만 그렇게 하는 것이다. 개인적인 건강의 문제도 있고 교회의 재정 문제나 이런 저런 일들로 마음을 쓰다 보니 힘든 시간들을 보내고 있다. 하지만 나는 주님의 말씀을 지키고 말씀대로 살려는 마음이 가득하다. 그렇게 되지 못할까봐 두렵다.

"이것이 사람의 본분이니라". 본분이라는 말은 히브리어로는 '전부'라는 뜻이다. 이것이 사람의 전부이다. 이것만 하면 다 하는 것이다. 하나님 경외하면 다 하는 것이다. 하나님 명령 지키면 다 하는 것이다. 하나님 뜻대로 하면 다 하는 것이다. 하나님 뜻대로 사는 것이 가장 좋다. 그럴 때에 더 우리에게 활력이 있고 기쁘고 좋은 것이다.

14절, 하나님은 모든 행위와 모든 은밀한 일을 선악간에 심판하시리라

전도서의 마지막 구절은 하나님을 경외해야 할 이유를 말하고 있다. 그 명령을 지켜야 하는 이유를 말하는 것이다. 하나님은 여러분의 모든 행위, 은밀한 모든 일까지도 선악간에 심판하시는 분이시기 때문에 심판을 앞에 두고 사는 여러분에게는 그분을 경외하면서 사는 것이 인생에 가장 지혜로운 삶이라는 결론을 전도자는 맺고 있다.

우리가 행위를 조심해야 하는 이유가 여기 있다. 이 심판은 오늘날의 심판만이 아니라 그날, 즉 주님 앞에 서는 날에 당할 심판을 말한다. 그날에는 우리 속에 있던 은밀했던 모든 일까지 다 드러나서 심판받게 되기 때문에 여러분은 오늘 이 땅에서 생활하는 동안 하나님 앞에서 모든 것을 빛 가운데서 행해야 한다. 하나님을 기쁘시게 하지 않으면 우리는 정말 이 땅에서 후회하는 인생을 살게 된다. 그러므로 여러분은 항상 말씀을 사랑하고 주님을 사랑하며 하나님 뜻대로 살아가는 것이 가장 지혜로운 삶임을 잊지 말기 바란다.

전도서 말씀을 통해서 볼 때 결론적으로 하나님은 우리를 사랑하신다는 것을 느끼게 된다. 어떻게 살아야 인생을 가장 가치 있게 사는 것인지를 우리에게 어떻게든 알려주시려는 하나님의 심정을 느끼게 되는 것이다. 여러분이 만일 20년만 일찍 이런 것을 배웠다면 얼마나 좋았겠는가? 그런데 살구나무에 꽃이 필 나이에 듣게 되었더라도 지금부터라도 정신을 차리고 긍휼을 얻기를 바란다.

주님이 여러분을 크게 축복하시기 바란다. 이런 말씀을 통해서 여러분의 인생의 좌표가 설정되고 주님 앞에 어떻게 살 것인지를 다시금 깊이 결단하는 기회를 갖기 바란다.

기도

"하나님 아버지, 감사드립니다. 우리는 전도서의 말씀을 다 배웠습니다. 우리가 하나님 앞에서 배우듯이 배웠습니다. 하나님께서 전도자 솔로몬을 일으켜서 인생의 온갖 부귀영화를 누리고 지혜를 얻게 하신 후에 기록하게 하신 말씀으로 귀하게 배웠습니다. 모든 것을 다 해본 사람이 살아보지 않은 젊은이들에게, 또 거기까지는 미처 체험하지 못한 우리들에게 지혜를 얻으라고 하나님이 가르쳐주시는 말씀으로 배웠습니다.

그럼에도 우리가 듣고도 듣지 못한 사람처럼 미련하게 인생을 낭비하지 않도록 이 말씀을 들은 모든 영혼을 축복해주시고 이 말씀으로 유익을 얻을 수 있도록 도와주시기를 기도합니다. 이 말씀들이 이 땅의 젊은이들, 많은 영혼들에게 전파되어서 구원의 말씀이 되도록 축복해주시옵소서. 감사와 찬미 드리며 예수 그리스도의 이름으로 기도했습니다. 아멘."

아가서
Song of Songs

서문

성경에서 아가서보다 성도들의 영적 체험을 잘 그려주고 있는 책은 없다. 성장을 추구하는 그리스도인치고 아가서를 주목하지 않을 사람이 없다. 잔느 귀용, C.A 코트, 허드슨 테일러, J.N. 다비, 워치만 니 등 주님을 사랑하는 사람들이 이 책을 읽고 믿는이들의 영적 성장의 체험의 단계들을 설명했다. 우리는 이들의 책들로부터 도움을 받았다.

이 책은 본인이 96년도 인천에서 한 무리의 성도들 앞에 강해한 내용이며 조금 시간이 지난 것이지만 당시에 자신도 말씀을 전하면서 주님의 기름부음과 새롭게 됨을 누렸던 집회이다.

이 작은 책자를 통해 같은 믿음의 길을 가는 성도들과 그리스도를 체험하면서 얻은 생명과 사랑의 참된 교통이 있을 수 있기를 바란다. 다만 성도들이 이런 영적 체험을 다루는 책을 읽으면서 자신의 영적 체험의 단계에 대하여 지나친 비교나 점검을 주의하라고 권하고 싶다. 주님이 성도들에게 원하시는 것은 그분의 인도하심을 단순하게 한 발씩 따르는 것이다. 자신의 영적인 상태를 지나치게 분석하는 것은 영적으로 건강하지 않은 표시이다. 자신을 너무 높은 단계에 두고 대조하는 것은 유익하지 않을 것이다(롬 12:3). 체험이 따르지 못한다 하여 낙심하는 일도 불필요한 것이다(고전 12:22-24). 주님을 사랑하고 단순하게 따르며 전진하는 성도는 자연히 주님과의 달콤한 체험을 경험하게 될 것이다. 이 책을 잘 읽는다면 주님을 따르는 길에서 용기와 격려를 많이 얻을 것으로 믿는다. 또한 생명 성장으로 말미암은 선한 소망과 도전도 얻을 수 있을 것이다. 아무쪼록 주님이 이 책을 읽는 많은 이들에게 은혜와 축복을 주시기를 바란다.

2000. 5.
2008. 9.
저자 유 동 근

아가서 1장

성경은 하나님과 사람의 사랑 이야기이다. 아가서는 솔로몬 왕이 쓴 것으로 왕과 어떤 여자, 솔로몬 왕과 술람미 여인의 사랑의 이야기를 다룬 것이다. 솔로몬의 여성형이 술람미이고 술람미의 남성형이 솔로몬이다. 솔로몬 왕은 예수 그리스도의 예표이고 술람미 여인은 우리 믿는이들의 예표이다. 이 아가서에서 우리는 믿는이와 그리스도의 관계가 어떠한지를 보게 된다.

1절, 솔로몬의 아가라

이 구절은 "노래들 중의 노래는 솔로몬의 노래라"로 번역할 수 있다. 이것은 솔로몬이 지은 1005개의 노래 중 이 노래가 가장 뛰어난 것이라는 뜻이다. 그러므로 '노래들 중의 노래'(The song of songs)라고 말할 수 있다. 아가서 앞에 있는 전도서도 솔로몬이 썼다. 그 주된 내용은 모든 것이 공허하고 헛되다는 것이다. 그는 부귀영화를 누렸고 지혜가 뛰어났지만 모든 것이 바람을 잡는 것 같고 해 아래 모든 것이 헛되다고 하였다. 그러나 아가서에서 그는 '만족하다, 기쁘다'라고 한다. 전도서는 사람이 부나 영예, 지혜와 지식으로 만족을 얻지 못함을 말하고, 아가서는 사람이 사랑으로 만족을 얻을 수 있음을 말한다. 온 우주 가운데 우리의 영원한 연인이 한 분 있는데, 그가 바로 예수 그리스도이시다. 이 예수 그리스도를 사랑하고 그를 좇아갈 때만이 만족과 기쁨이 있다. 우리는 그분과 약혼하고 더 나아가 결혼까지 하기를 바란다.

2절, 내게 입 맞추기를 원하니 네 사랑이 포도주보다 나음이로구나

사랑하는 자의 사모함

이 구절은 영문 성경에서 "let him kiss me"(그로 내게 입 맞추게 하십시오)이다. 여기서 이 여인은 사랑하는 사람의 이름을 말하지 않고 다만 '그'(He)라고 했다. 굳이 이름을 말하지 않아도 남도 알고 나도 아는 유일한 사랑하는 이가 있다는 뜻이다. 언제 어디서 무엇을 해도 내 마음을 주장하고 움직이는 그 사람, '그이'가 내게 입을 맞추게 해 달라는 것이다.

여기 '그이'란 매우 의미 깊은 호칭이다. 이것은 한 여인이 그녀가 사랑하는 유일한 사람에게만 사용할 수 있는 칭호이다. 이것은 신자가 주님과 더욱 깊은 개인적인 관계를 갖기 원하는 표시이다. '입맞춤'은 사랑의 개인적인 관계성이요 그 사랑을 확인하는 행위이다. 이것은 신자가 처음 주님을 만났을 때 갖는 체험 같지는 않는다. 처음 믿었을 때에는 그럭저럭 믿다가 어느 날 주님의 귀함과 아름다움을 발견하고서 갖게 된 체험 같다. 그래서 그러한 신자가 주님을 '그이'라고 부르는 것은 가능한 일이다.

많은 신자들이 주님을 믿었지만 어떤 신자에게는 아직 주님이 '그이'가 되지 않았을 수 있다. 신자는 주님이 자신에게 '그이'가 될 만큼 사랑하는 데까지 나아가야 한다. 이렇게 사랑하다 보면 주님의 사랑이 포도주보다 나음을 알 수 있다. 이 세상에서 가장 달콤한 것이 포도주이다. 그렇지만 이 세상의 포도주는 주님의 사랑을 누리는 것만 못하다. 사람들이 인생의 만족을 위해 이것저것을 해보지만 이 세상에서 얻는 포도주는 온전한 만족을 주지 못하다. 좀 누림이 있다 해도 조만간 바닥이 난다. 그러나 주님이 주신 포도주는 결코 고갈되지 않는다. 영원히 목마름을 해결해준다. 주님을 믿고 주님과 교제함으로 얻는 포도주! 그 포도주야말로 우리를 시원케 하고 기쁘게 하고 열광하게 한다. 이 세상의 어떤 즐거움도 주 예수님이 주신 포도주만 못하다. 생명의 술! 성령의 술! 물이 변하여 된 그 포도주를 맛본 사람은 세상의 술이 얼마나 헛된 것인지를 안다.

입맞춤이란 가장 친근하고 다정한 방식으로 그리고 주관적으로 관계를 맺고 싶다는 것이다. 여기의 입맞춤(kisses)은 복수인데, 이것은 아침, 점심, 저녁 언제든지 주님과 달콤한 입맞춤을 하기 원하는 것이다. 즉 주님과 가장 개인적이고도 친밀한 관계를 원하는 것이다. 이것은 전진하고자 하는 그리스도인에게 필수적인 것이다.

중국 내지 선교회의 창시자 허드슨 테일러는 특히 아가서를 사랑하였고 그 말씀의 내용을 체험했다고 간증하였다. 그는 주님과 결혼한 자처럼 살았다고 하였다. 그는 또 "하나님의 임재는 우리의 감각으로 느끼게 되어 있고 누구든지 일단 이 체험을 가지면 전에 즐기던 이 세상 쾌락들이 다시 생각나지 않는다"고 하였다. 시편 4편 7절에서 다윗도 "주께서 내 마음에 두신 기쁨은 저희의 곡식과 새 포도주의 풍성할 때보다 더하니이다"라고 고백하였다. 그리스도인이 주님을 깊이 체험할 때 갖는 기쁨은 참으로 큰 것이다.

3절, 네 기름이 향기로워 아름답고 네 이름이 쏟은 향기름 같으므로 처녀들이 너를 사랑하는구나

주 예수님은 기름으로 충만하신 분이다. 출애굽기 30장을 보면 감람기름에 귀한 향품인 몰약, 육계, 창포, 계피가 더해져 관유가 되는데,

이 관유는 곧 성령을 예표하며 그리스도는 바로 이 관유로 기름부음 받은 분이다. 하나님께서는 그리스도께 하나님의 계획을 성취하도록 위임하셨다. 이 여인이 주님을 사랑하는 것은 그분의 역사나 일보다 그분의 기름, 그분 자신 때문이다. 그분의 이름 예수, 그리스도, 임마누엘이 좋기 때문이다. 예수는 '자기 백성을 저희 죄에서 구원할 자' (마 1:21) 이시며, 그리스도란 바로 '기름부음 받은 자' 라는 뜻이다. 하나님의 모든 계획을 성취하도록 위임을 받은 분이다. 그리고 임마누엘이란 '하나님이 우리(사람)와 함께 계시다' (마 1:23)라는 뜻이다. 이 세상에 이처럼 귀한 이름은 없다. 또한 그분은 이름의 실제를 가지고 계신다. 그 이름이 공허하지 않다는 말이다.

오늘날 이름이 좋은 사람은 많지만 그 이름의 실제를 지니고 있는가는 별개의 일이다. 그러나 주 예수님은 그 이름에 합한 실제를 지닌 분이시다. 구원자, 기름부음 받은 자, 사람과 함께하시는 하나님, 이 모두가 그분의 실제이다. 여기서 이 여인, 이 믿는이가 사랑하는 분은 예수 그리스도이신데, 이는 그 이름이 아름답기 때문이다. 이름의 성경적인 개념은 단순한 칭호가 아닌 그 인격과 실체를 가리킨다. 성경에서 이름은 언제든지 그 소유자의 본질을 내포한다(G. 겔레만).

4절, 왕이 나를 침궁으로 이끌어들이시니 너는 나를 인도하라 우리가 너를 따라 달려 가리라 우리가 너를 인하여 기뻐하며 즐거워하니 네 사랑이 포도주에서 지남이라 처녀들이 너를 사랑함이 마땅하니라

주님과의 비밀한 교통

여기서 여인은 1절의 그를 왕이라고 말한다. 주님을 접촉하는 초기에 믿는이는 신랑이나 사랑하는 분으로 아는 친근함보다는 주인과 왕으로, 우리를 다스리는 분으로 알게 된다. 후에 여인은 그분을 사랑하는 분이라고 더욱 친밀하게 부른다(2:3). '침궁'은 '은밀한 곳'(시 91:1)으로 잠자는 방을 말한다. 누구든지 가장 사랑하는 사람이 아니라면 자기의 침실로 이끌어들이지 않을 것이다. 여기서 왕이 그 여인을 침궁으로 이끌어들였다는 것은 믿는이가 비로소 주님과 개인적이고도 주관적인 관계를 갖기 시작했다는 것을 뜻한다. 이때부터 믿는이는 주님과의 직접적이고도 친밀한 교통을 갖게 된다. 전에 보지 못하던 주님을 알게 되고 깨닫지 못하던 진리를 보게 된다. 영적 진보는 여기서 시작된다. 오늘날 어떤 그리스도인들이 신앙생활을 한다고 하면서 사람들과 관계를 맺고 봉사할 뿐 주님과 직접적이고도 친밀한 관계를 맺지 않는다면 아무리 세월이 흘러도 영적 성장은 없게 된다.

주님과의 주관적인 교제가 이루어지면서 믿는이는 주님께서 자신의 미래를 인도해 주실 것을 소망하게 된다. 그것이 이 말씀에서 '당신은 나를 인도해 주십시오'(Draw me after you)라는 뜻이다. 그녀의 이전 생활은 주님의 인도를 따른 것이 아니었다. 자신의 원함과 뜻에 따라서 범사를 행한 것이다. 그러나 이제 주님의 깊은 사랑을 만지고 나니 새로운 소원이 생긴 것이다. 그것이 곧 '당신이 나를 인도해 주셔야 한다'라는 말이다. 그녀는 이후부터 스스로 사는 것을 원치 않는다. 범사를 주님께서 인도해 주시기 원하고 있다. 왕의 침궁의 교통을 누리고 개인적으로 주님을 따르고자 하는 갈망이 생겨났을 때 자연히 그녀는 여러 사람과 함께 왕을 따르고자 한다. 그래서 그녀는 여기서 '우리가'로 대명사를 바꿔 사용했다.

처음에는 개인적으로 주님과의 깊은 교제를 누렸다. 그러나 시간이 지나면서 몇몇 사람이 함께 주님을 추구하게 된 것이다. 한 사람이 주님 안에 깊이 이끌릴 때 자연히 주위에 있는 몇몇 사람들이 함께 주님 안에 이끌리게 된다. 그러므로 여기서 '나'라는 개인의 신자가 '우리'라는 몇몇 사람의 단체로 바뀌게 된 것이다. 따라서 주님을 함께 누리게 된 몇몇 사람들은 함께 주님을 인하여 기뻐하고 즐거워하게 된다.

그래서 그녀는 말한다. '우리가 당신을 인하여 기뻐하고 즐거워합니다.'

그들이 기뻐하며 즐거워하는 원인은 그분의 사랑을 맛보았기 때문이다. 그들은 고백한다. '당신의 사랑은 포도주보다 승합니다.' 영문성경을 참고한다면 '우리는 포도주보다 더한 당신의 사랑을 높일 것입니다' 라고 한다. 이들은 분명 주관적이고 체험적으로 그리스도의 사랑을 체험한 믿는이들을 대표한다. 한 사람이 주님께 이끌릴 때 주위에 있는 몇몇 사람이 함께 주님의 사랑을 체험하게 되는 것은 매우 자연스러운 일이다. 이렇게 주님의 말씀과 생명은 번식하고 증가하는 특징이 있다.

"처녀들이 너를 사랑함이 마땅하니라". 이 마지막 부분의 말씀은 그녀의 고백이기도 하고 간증이기도 하다. 이 말씀은 원문으로 '그녀들이 정직함 안에서 당신을 사랑한다' 라고 되어 있다. 디모데 전서 1장 5절은 선한 양심과 거짓이 없는 믿음에서 나는 사랑을 말한다. 그리스도인이 주님을 사랑한다고 할 때 참되게 주님과의 개인적인 교제가 없이도 주님을 사랑하는 감정이 일어나기도 하고 그런 표시가 있기도 하다. 사명감으로나 단체적인 군중심리 속에서 일어나는 감정의 충동으로도 어떤 헌신의 마음이 생겨날 수 있고 감동적인 설교자의 메세지의 감화로도 주님을 사랑한다는 고백과 헌신의 행동이 나타날 수 있다. 그러나 이런 것들은 시간이 지날 때 참된 것으로 증명되지 않는다. 가장 중요한 것은 믿는이가 개인적으로 또 주관적으로 주님을 만나고 체험하는 것이다. 이것은 우리가 어떤 감동적인 설교 말씀이 필요없다는 말이 아니다. 그런 감동적이고 귀한 말씀들은 결국 성도들을 이끌어 주님과의 친밀한 교제 안으로 넣어주는 것이 될 때 진정 유익하다는 말이다. 우리가 청결한 양심과 거짓없는 믿음에서 나오는 사랑을 가지려면 우리 자신이 주님과 더 깊고 친밀한 교제를 가져야만 한다.

여기서 여인은 주위의 사람들이 주님을 정직함 안에서 사랑하는 것을 감상하고 있다. 그것은 물론 그녀 자신이 정직하게 주님을 사랑하고 있다는 것을 증명하는 것이기도 하다. 자신이 그렇게 참되게 주님을 사랑하는 고로 다른 사람들이 주님을 양심 안에서 깨끗한 사랑으로 사랑하는 것을 잘 알 수 있고 또 그것을 좋아하는 것이다.

5절, 예루살렘 여자들아 내가 비록 검으나 아름다우니 게달의 장막 같을지라도 솔로몬의 휘장과도 같구나

"예루살렘 여자들아 내가 비록 검으나 아름다우니". 이제 침궁에서 주님과 비밀한 교제를 나누면서 첫째로 깨닫게 되는 것은 자신이 '검다'는 것이다. 주님과 깊은 교제를 나눈 사람, 주님의 빛 가운데 이끌린 사람의 특징은 자기의 타락한 상태를 발견한다는 것이다. 그러면서 동시에 자신이 아름답다는 것을 안다. 이것은 매우 모순된 것 같으나 사실이다. 자신이 아름다운 것은 주님 안에 열납되고 사랑받는 자가 된 것임을 알기 때문이다. 민수기의 발람의 시에서 우리는 하나님이 허물 많은 야곱의 패역을 보지 않으시고 허물도 보지 않으신다고 하셨다. "야곱이여 네 장막이, 이스라엘이여 네 거처가 어찌 그리 아름다운고" (민 24:5). 하나님의 택함받고 열납받은 자들은 하나님 안에서 아름답다. 자신이 죄인임을 고백할수록 더욱 주님이 친밀하게 느껴지며 또 주님 안에 있는 아름다운 자신을 발견한다.

"게달의 장막 같을지라도 솔로몬의 휘장과도 같구나". '게달'은 암실(暗室), 즉 어둡고 침침한 곳이다. 그러나 솔로몬의 휘장은 아름다운 것이다. 주님을 사랑하는 여인은 이렇게 양면을 가지고 있다. 우리가 주님과 교제하면 할수록 우리는 자신이 어둡고 침침하다는 것을 알게 된다. 그러나 또 다른 면에서 주님이 우리의 죄를 사하시고 우리를 보혈로 정결케 하시고 의롭다 하시고 성령으로 인치신 것을 생각할 때 우리는 하나님 앞에서 매우 아름답다. 솔로몬의 휘장같이 아름답다.

정상적인 교회생활 안으로 들어가는 길을 지시받음

6절, 내가 일광에 쬐어서 거무스름할지라도 흘겨보지 말 것은 내 어미의 아들들이 나를 노하여 포도원지기를 삼았음이라 나의 포도원은 내가 지키지 못하였구나

초기에 믿는이들은 자기의 검은 부분이 드러나는 것을 부끄러워한다. 성령의 처리를 받은 부분이 거의 없기 때문이다. 그래서 자기의 거무스름한 것을 흘겨보지 말라고 하는 것이다. 그러나 장성한 믿는이들은 자신의 약점을 부끄러워하지 않는다. 사도 바울은 자기의 약함을 자랑한다고 했다(고후 12:9-10).

"내 어미의 아들들이 나를 노하여 포도원지기를 삼았음이라 나의 포도원(단수)은 내가 지키지 못하였구나"(6b절). 여기의 '내 어미의 아들들'이란 교회의 일꾼들, 특히 교리적이고 일에는 치중하면서 생명의 체험과 사랑은 부족한 그런 사람들일 것이다. 그들은 특히 기질이 강하고 사람들 가운데 인도력도 있고 권위도 있는 자들이다. 이런 사람들은 침궁 안의 사랑의 교통에 들어간 믿는이의 상태를 이해하지 못하고 따라서 인간이 만들어 놓은 포도원들의 일을 하도록 밀어대는 이들이다. 그들은 신자의 영적인 상태나 은사나 직분은 알지 못한 채 그저 봉사만 하도록 강요하고 통제한다. 그것이 바로 "내 어미의 아들들이 나를 노하여 포도원지기를 삼았음이라"의 뜻이다. 그녀는 주님이 자기에게 위임하신 일에 매여 있는 것이 아니라 사람들이 자신들의 목적을 성취하기 위해 붙잡아 시키는 일에 매여 있다. 그 결과 정작 주님이 '자신'에게 꼭 하도록 위임하고 할당하신 포도원은 지키지 못하는 것이다.

나는 여기서 인간들이 만들어 놓은 포도원과 주님이 맡겨주신 자신의 포도원을 조금 설명해보겠다. 인간들이 만든 조직이라고 해서 진리를 말하지 않는다거나 주님을 사랑하는 자들이 없다는 뜻이 아니다. 다만 그러한 곳은 하나님의 뜻이나 진리보다는 조직이 우위에 있는 것이다. 진리와 조직이 충돌될 때 인간조직의 단체는 조직을 우선으로 사고하고 행동한다. 때에 따라서 조직을 위해서는 진리도 희생한다. 그러한 단체에는 한 영혼의 생사보다는 전체조직의 보존과 유지가 더 중요하게 여겨진다. 모든 사람의 일이 결국은 조직을 유지하고 발전하기 위해 초점이 맞추어져 있는 것이다. 그러한 곳에서 많은 성도들은 주님을 위해 일하는 것같이 생각이 되나 실제로는 인간적인 목표를 가진 한 단체에 종속되어 조직의 일원으로 그 단체의 목적을 위해 일하고 마는 것이다.

그러나 주님의 포도원은 주님이 인도하시고 주님만이 그 일의 온전한 소유와 주권을 가지신 곳이며 섬기는 자와 주님 간에 계산이 분명한 곳이다. 그때부터 성도는 어떤 사람이나 단체를 위해 일한다는 느낌보다는 주님 자신을 위해 섬긴다는 느낌이 충만한 것이다. 그곳에서는 어떤 단체의 이념이나 사명감으로 인하여 섬기는 것이 아니다. 오직 주님을 사랑함으로 그분이 맡겨주신 일을 수행하는 것이며(딤후 1:12) 주님과 나, 나와 주님 사이에 교계(交契)가 있는 것이다.

7절, 내 마음에 사랑하는 자야 너의 양떼 먹이는 곳과 오정에 쉬게 하는 곳을 내게 고하라 내가 네 동무 양떼 곁에서 어찌 얼굴을 가리운 자같이 되랴

어미의 아들들이 자신들의 의도에 따라 만들어 놓은 일을 할 뿐 정작 자기에게 맡겨진 어떤 일을 하지 못하고 바쁘게 움직이다 보면 피곤하고 지치게 된다. 아무 보람도 효과도 없이 다만 지치고 피곤하다. 그래서 "내 마음에 사랑하는 자야 너의 양떼 먹이는 곳과 오정에 쉬게 하는 곳을 내게 고하라"고 부르짖는 것이다. 이는 '내 마음에 사랑하는 자가 과연 어디에서 자기 양떼를 풍족히 먹이고 쉬게 하실까' 하면서 피곤하고 지친 성도가 참되게 주님의 돌봄을 받는 양떼가 과연 어디에 있는지를 찾는 부르짖음이다. 주 안에서의 참된 만족과 안식을 갈구하고 있는 것이다.

시편 23편은 "여호와는 나의 목자시니 내가 부족함이 없으리로다 그가 나를 푸른 초장에 누이시며 쉴 만한 물가으로 인도하시는도다"(1-2절)라고 말한다. 그리스도인들이 배고프고 굶주리고 피곤한 것은 정상이 아니다. 그러므로 잘못된 일 가운데 종사하고 있다고 느낄 때 주님께 부르짖고 기도한다면 주님이 알려 주실 것이다. 그럴 때 주님이 친히 먹이시는 곳과 충족한 양육을 받는 곳을 발견하게 될 것이다.

"내가 네 동무 양떼 곁에서 어찌 얼굴을 가리운 자같이 되랴". 여기의 동무 양떼는 앞에 나오는 주님의(너의) 양떼가 아니다. 주님의 동무의 양떼이다. 그녀는 주님의 직접적인 돌봄을 갈구하고 있다. 그녀는 지금 주님의 동무라고 하는 사람들에게 묶여 탄식하면서 '주님의 양떼는 과연 어디에 있는가? 어디서 주님이 그들을 쉬게 하시는가? 주님은 그분의 양떼를 쉴 만한 물가로 인도한다고 하셨는데 왜 나는 여기서 이렇게 안식이 없이 방황하고 있는가?' 라고 말하는 것이다.

8절, 여인 중에 어여쁜 자야 네가 알지 못하겠거든 양떼의 발자취를 따라 목자들의 장막 곁에서 너의 염소 새끼를 먹일지니라

여기에는 왕의 대답, 즉 믿는이의 탄식과 질문에 대한 주님의 답변이 있다. 약간의 책망이 섞여 있는 듯하다. "네가 알지 못하겠거든 양떼의 발자취를 따라 목자들의 장막 곁에서 너의 염소 새끼를 먹일지니라". 양떼의 발자취란 앞서간 믿음의 선진들을 가리킨다. 그들은 그리스도를 믿음으로 합당하게 그리스도를 섬기고 사랑하는 것이 어떤 것인가에 대한 발자취를 남겨 주었다. 그것을 안다면 우리가 어떻게 걸어가야 할지를 알게 된다. 그럴 때 쉽게 이단에 빠지지 않고 엉뚱한 곳에 있지 않게 된다. 그러므로 성도들은 교회 역사에 대해서도 잘 알 필요가 있다. 당신이 현재 있는 곳을 생각해보라. 풍족한 양식이 있는가? 쉴 만한 푸른 초장이 있는가? 앞선 믿음의 선진들의 발자취를 따르고 있는가?

우리가 혹시 안식과 풍족한 양식이 없이 방황하고 있지는 않은지, 우리가 있는 곳이 주님의 동무 양떼 곁이 아닌지, 어미의 아들들이 만들어 놓은 인위적인 일터에서 헛되이 봉사하고 있지 않은지 살펴보고 주님께 간구해야 한다. 간구할 때 주님이 알려 주신다. 그리고 믿는이들은 목자의 장막 곁에서(주님이 친히 먹이시는 양떼 가운데서) 아무리 어리더라도 '너의 염소 새끼' 를 먹이는 생활을 해야 한다. 주님이 돌보시는 양떼의 발자취를 따라갈 때 자신의 영혼이 양육을 받고 쉼을 얻게 되지만 반드시 몇몇 염소 새끼를 먹여야 한다. 자신보다 어린 몇몇 사람들을 양육해야 한다는 뜻이다.

'양떼의 발자취를 따르는 것' 에 대해 많은 성경 해설가들이 하나님께서 교회를 위해 주신 모든 계시와 진실한 성도들의 삶의 발자취를 따라가는 것이라고 말한다. 히브리서 13장 7절에서도 "하나님의 말씀을 너희에게 이르고 너희를 인도하던 자들을 생각하며 저희 행실의 종말을 주의하여 보고 저희 믿음을 본받으라"고 했다. 초기 교회로부터 주님에게는 그분이 직접 양육하시는 양떼들이 있었다. 주님은 어떤 지역이나 단체를 불문하고 주님을 진정으로 찾는 사람들과 함께하시는 것이다. 우리는 오늘 그러한 선진들의 유산을 갖고 있다. 많은 앞선 양떼의 발자취를 담은 전기들과 기록들이 남겨져 있다. 그리고 그것들은 후세의 사람들에게 진실하게 나사렛 예수를 따르는 길을 알려주고 있다. 그들의 발자취는 우리를 격려하고 있다.

우리는 히브리서 11장에서 믿음의 선진들의 발자취를 볼 수 있다. 우리의 발걸음은 본질상 그들과 같아야 한다. 충성과 헌신, 섬김과 순종, 믿음과 봉사, 사랑과 복음 등 많은 면에서 그들과 같아야 한다. 그렇지 않다면 양떼의 발자취를 따르는 것이 아니라 아마도 동무 양떼 곁에 있을 것이다. 주님이 직접 먹이시는 양떼가 아니라는 말이다.

또한 진실하게 양 무리의 발자취를 따르려면 염소새끼를 먹여야 한다. 여기서 이 여인은 비록 검게 탄 얼굴이지만 주님이 양으로 취급하신다. 또한 양이면서 작은 목자의 일을 할 수 있다고 하신다. 그녀는 그래도 주님과 침실에서의 비밀한 교제를 가질 만큼 성장한 것이다. 주님의 아름다우심과 인자하심을 맛보아 알고 있다. 주님의 은혜와 임재를 누릴 수 있다. 그런 상태라면 그녀는 최소한 몇몇 어린 염소를 먹일 수 있다. 그 어린 사람들은 아직 양떼의 반열에 끼지 못할 수도 있다. 아직 세상 냄새가 풀풀 난다. 그들은 갓 주님을 믿었든지 혹 거듭난 체험이 아직 분명하지 않을 수도 있다. 그러한 복음 친구 몇 사람을 '목자들의 장막 곁'에서 관심하고 먹이는 것이다. 소생되고 하나님의 집을 발견한 믿는이는 새 사람을 양육하되 주님의 위임을 받은 목자들의 장막에서 멀리 떨어지지 말아야 한다.

이처럼 믿는이들은 염소새끼를 먹이면서 따라야 양떼의 발자취를 잘 따를 수 있다. 몇몇 사람을 양육하고 관심하면서 양떼의 발자취를 따를 때 가다가 병들지 않고 잘 따를 수 있고 잘 배울 수 있다. 진정한 만족도 누릴 수 있다. 새로 나오는 몇몇 성도들을 돌보는 마음은 여간 기쁜 게 아니다. 이러한 상태에 이르면서 믿는이는 점점 변하기 시작한다.

합당한 양떼의 발자취를 따름으로 변화됨

9절, 내 사랑아 내가 너를 바로의 병거의 준마에 비하였구나

이 단계에서 믿는이는 진정한 봉사를 하게 되는데, 그럼에도 그의 육신적인 기질이 그대로 남아 있어서 사람들에게 어려움도 되고 곤란한 사람도 된다. 주님을 뜨겁게 사랑하지만 강하고 속도가 빠르다. 무엇이든지 속전속결로 하려고 한다. 빨리 달리려고 한다. 속도가 빠른 것이 준마의 특징이다. 또 고집이 세고 강하다. 바로는 애굽 왕인데, 애굽은 세상을 의미하므로 그녀가 바로의 병거의 준마라는 것은 그녀가 주님을 사랑하지만 여전히 세상에 속한 원래의 기질을 그대로 가지고 있는 것을 의미한다.

우리는 여기서 바로의 병거의 준마에 대하여 좀 더 생각해보겠다. 많은 그리스도인들이 자신의 영적 단계는 바로의 병거의 준마의 단계를 지났다고 쉽게 단언한다. 그러나 사실은 이 바로의 준마의 기질이 매우 오래 간다는 것을 알아야 한다. 말의 특징은 빠르고 힘이 있는 것이다(시 147:10). 그녀는 변화되지 않은 천연적인 능력으로 힘 있고 속도가 빠르다. 오늘날도 많은 사람이 영적으로 성숙하지 못하는 이유는 대부분 그들의 빠른 것에 있다. 조금 더 기다리면 주님의 음성을 듣고 십자가를 체험할 텐데 너무 빨리 반응하고 빨리 대처하는 바람에 주님의 역사를 놓쳐버린다. 그의 기질이 빠르기 때문이다.

또 한면으로 그가 원래 능력이 있고 역량이 있기 때문에 빠른 것이다. 다른 사람보다 깨닫고 파악하는 능력이 빠르고 기회를 포착하고 상황을 읽는 능력이 탁월하다. 그렇기 때문에 그런 신자는 비록 침궁의 계시가 있고 주님과의 은밀한 교통이 있으며 주님을 깊이 체험하는 부분이 있다 하더라도 타고난 빠름과 능력이 먼저 발동하게 된다. 그러한 사람은 스스로는 일을 잘한다고 생각하지만 다른 사람들은 견디기 힘들어하고 어려워한다. 그러한 단계의 사람들은 강한 능력과 빠른 속도로 주님에 관한 일을 효과적으로 수행하기도 하지만 다른 사람들을 어렵게 하고 자신의 성장도 해친다. 그러나 자신은 그것을 모르고 잘 전진하는 줄로 착각한다. 다른 사람보다 빠르게 자라고 있다고 생각한다. 이러한 사람의 타고난 기질이 완전히 파쇄되는 데에는 수년 내지는 수십 년이 걸리기도 하다. 질풍노도와 같은 환경들을 거친 후에야 그러한 사람의 기질이 파쇄된다.

여기서 하나님은 그녀를 아름답다고 하시는데 그것은 다만 천연적인 능력 안에서 섬기는 상태의 아름다움이다. 이러한 기질의 파쇄는 많은 환경의 타격, 육신의 질병 등을 통해서 이루어진다. 그러한 연후에 그녀는 진실로 변화된 인성을 가지고 하나님을 섬기게 된다. 아직 그녀의 아름다움은 타고난 아름다움이며 장래 많은 다루심을 통해 하나님의 변화시키시는 역사로 생겨난 아름다움만이 완전하고 참된 아름다움이다.

10절, 네 두 뺨은 땋은 머리털로, 네 목은 구슬꿰미로 아름답구나

뺨은 여인의 얼굴에서 미(美)를 나타내는 부분이다. 아직 변화되지는 않았지만 주님 보시기에 이렇게 따르고자 하는 신자의 모습은 아름답다. 뺨은 여인에게서 사랑하는 모습이 가장 선명하게 표현되는 곳이다. 어떤 여인이 사랑하는 감정을 가졌는가는 그녀의 뺨에서 잘 나타난다. 그런데 그 뺨이 머리털로 내려져 있고 살짝 감추어져 있으므로 주님이 아니면 잘 알지 못하다. 머리털은 헌신으로 말미암은 능력을 상징한다. 능력을 상징하되 땋은 머리털이므로 가지런히 정리된 능력이다. 그녀는 주님을 사랑하되 가지런하게 정리된 능력으로 주님을 사랑한다. 사랑하되 함부로 하지 않고 거칠지 않고 조심스럽다. 이렇게 조심스럽게 정리된 힘으로 사랑하는 것이 진정한 사랑의 모습이다. 나는 처음 주님께 헌신된 사람들이 이러한 모습으로 사랑하는 것을 보고 싶다.

또한 목은 순종을 의미한다. 성경에서 순종치 않는 사람들을 말할 때 목이 곧다고 말한다. 그런데 여기서의 목은 아름다운 목이니 순종하는 목임에 틀림없다. 아름다운 것은 그 목에 구슬꿰미가 있기 때문이다. 만일 그 목에 구슬꿰미가 없었다면 그 목은 곧은 것이다. 그녀의 목에 구슬꿰미가 있다는 것은 천연적이나마 그 믿는이가 순종하는 자임을 말해준다. 그녀에게는 타고난 사랑의 능력과 순종심이 있다.

성도가 초기의 그리스도인으로서 잘 자라려면 이러한 점이 있어야 한다. 적어도 주님을 사랑하는 것과 주님께 순종하고자 하는 미덕이 있어야 길이 있다는 것이다. 우리도 오늘 이러한 과정에 있다. 우리가 영적 생명이 어리고 고집이 세더라도 주님을 사랑하고 순종해야 한다. 그렇지 않으면 길이 없다. 주님과의 진정한 교제가 시작되어 소생된 믿는 이가 만일 사랑하는 마음과 순종하는 마음을 잃는다면 결코 변화와 진보의 과정 안에 있을 수 없다.

11절, 우리가 너를 위하여 금사슬을 은을 박아 만들리라

주님은 삼위일체 하나님이시다. 그러므로 주님은 '우리'라고 하신다. 삼위 하나님께서 금사슬을 은을 박아 만드시는 것은 그녀의 구슬꿰미를 전제로 하여 이루시는 것이다. 순종하는 마음이 없다면 그러한 변화의 역사는 이루어지지 않는다. '우리가 너를 위하여' 금사슬을 은을 박아 만들겠다고 하신다. 금사슬은 정교하여 그것을 만드는 데 시간이 많이 걸리지만 주님이 친히 만들어 주신다. 은은 그리스도의 구속을 말하고 금은 하나님의 거룩한 성품을 말하는데, 그러한 요소로 믿는이를 변화시켜 주시겠다는 말씀이다. 사실 변화란 우리가 이루어내는 것이 아니라 삼위일체 하나님께서 우리에게 이루어지게 하시는 것이다. 합당한 양떼의 발자취를 따를 때 하나님께서는 우리를 변화시키는 역사를 하신다. 이로 보건대 우리가 성장하고 변화되고 영적인 사람이 되는 것은 순전히 우리 주님의 긍휼의 역사에 달려 있다.

로마서 9장 16절에서, "그런즉 원하는 자로 말미암음도 아니요 달음박질하는 자로 말미암음도 아니요 오직 긍휼히 여기시는 하나님으로 말미암음이니라"고 했다. 긍휼의 하나님! 주님은 꾀가 많은 야곱을 위해 많은 환경을 예비하셨다. 에서와 같은 형, 라반과 같은 외삼촌을 예비하셨다. 그는 라헬을 사랑했지만 그의 뜻과 상관 없이 아내가 넷이 되는 바람에 그 복잡한 상황 속에서 많은 어려움을 겪었다. 이 모든 환경을 누가 예비했는가? 야곱의 변화를 위해 하나님께서 예비하신 것이다. 결국 야곱은 얍복 강 나루에서 밤새도록 하나님과 씨름한 후에 환도뼈가 부러지고서 그 이름이 '이스라엘'로 바뀌었다. 이스라엘은 '하나님의 왕자'라는 뜻이며 하나님께서 그를 이렇게 만드셨다. 결국 야곱은 애굽 왕 바로를 축복하는 사람이 되었다. 노년의 야곱은 변화된 사람이었다. 야곱은 일생 다리를 절었다. 물론 환도뼈가 위골된 후에도 여전히 꾀를 쓰긴 했지만 하나님은 계속 그에게 역사하셨다. 그의 임종이 가까웠을 때에야 성경은 그를 이스라엘이라고 칭한다. 이 모든 역사를 하나님이 하셨다. 그것은 그분의 긍휼과 은혜이다.

우리의 체험도 이것을 증명한다. 우리가 여기까지 이른 것은 성삼위 하나님의 역사이시다. 그분이 우리에게 많은 환경과 일을 주시어 변화되도록 도와주신 것이다. 그러므로 우리는 변화의 역사의 범위인 양떼의 발자취 안에 있어야 한다. 어미의 아들들은 우리의 영적 상태를 모르고 우리의 진정한 필요를 모른다. 그런 곳에서는 세월을 낭비할 뿐이다. 그러므로 양떼의 발자취를 따르는 목자들의 장막 곁에 있어야 한다. 그럴 때 하나님은 금사슬을 은을 박아 만들어 주시겠다고 약속하신다.

12절, 왕이 상에 앉았을 때에 나의 나도 기름이 향기를 토하였구나

왕은 주님이시다. 왕이 상에 앉았다는 것은 신자가 주님의 풍성하심에 참여하고 있다는 것이다(계 3:20). 신자는 이제야 내적으로 주님의 풍성함을 맛보기 시작했다. 이는 2장 4절의 잔칫상과는 차이가 있다. 이 구절의 왕의 상도 풍성한 잔칫상이겠지만 이 상은 믿는이가 비로소 마음을 열 때 주님이 들어오셔서 주님과 함께 먹고 마시는 내적인 교통을 의미한다. 그 상에는 다양하고 많은 음식이 있다. 진정한 주님과의 내적인 교통으로 말미암은 주님과의 누림은 왕의 식탁에서 먹는 것처럼 풍성한 것이다. 거기서 나도 기름이 향기를 토하고 있다.

13절, 나의 사랑하는 자는 내 품 가운데 몰약 향낭이요

'몰약' 은 고난받음과 십자가를 의미한다. 이런 상태에서 신자는 주님을 마음 속에 감추인 귀한 향품으로 누린다. 12절에 이어 여기서의 '내 품 가운데' 란 믿는이가 내적으로 그리스도를 누리기 시작했다는 것을 뜻한다. 믿는이는 개인적으로 주님을 체험하는 것이 중요하다. 주님과의 개인적인 관계가 없이는 영적 성장을 이룰 길이 없다. 개인적으로 주님과 함께 있는 시간, 묵상, 기도들은 매우 소중한 믿는이의 체험이다. 그럴 때 주님은 몰약 향낭같이 향기롭고 귀한 분으로 느껴진다.

13절부터 여인은 주님을 귀히 여기면서 개인적으로 체험하는 단계에 이르렀다. 주님의 풍성한 상에 앉아 누리고 그녀의 속에서는 향기가 터져 나오며 그녀의 품속에는 몰약 향낭이 있다. 다시 말하지만 몰약은 주님의 죽음과 관계된다.

영어 성경에는 13절에 '밤' 이라는 말이 있다(he shall lie all night). 주님이 계시지 않는 이 시대는 밤으로 묘사된다. 밤 동안에 우리 주님은 우리 안에 계신다. 내 품 속에 계신다. 십자가에서 죽으신 주님! 이 밤 시대에 주님은 우리에게 귀한 몰약 향낭이시다. 우리로 그리스도의 십자가의 죽으심과 고난을 체험하게 하신다.

14절, 나의 사랑하는 자는 내게 엔게디 포도원의 고벨화 송이로구나

'고벨화' 는 유대 지방에서 어린아이들이 손톱에 물들이는 데에 사용했던 꽃인데, 우리의 장식과 표현을 뜻한다. 우리의 사랑하는 그리스도가 언제나 우리 마음속에 살아 계시며 또 한 면으로는 우리의 아름다운 장식이 되고 표현이 되신다. 우리의 아름다운 미덕은 그리스도이시다. 참다운 그리스도인은 아름답다. '엔게디'는 다윗이 피신했던 광야인데, 그리스도는 광야 같은 세상에서 한송이 고벨화처럼 그 아름다움을 나타내신다.

믿기 전에나 아직 영적으로 어릴 때에는 자신의 타고난 매력이나 장점을 아름다움으로 여겼을 것이다. 그러나 이 단계의 성도는 주님을 자신의 장식으로, 아름다움으로 취했다. 우리나라에서도 어린 소녀들이 봉숭아 꽃으로 손톱을 물들여 예쁘게 한다. 고벨화는 봉숭아와 비슷한 꽃이다. 밤과 같이 어두운 이 땅에서 나그네 되어 외롭게 좁은 길을 가는 성도에게 주님은 내적으로 몰약 향낭이요 외적으로는 아름다운 고벨화 송이이시다.

15절, 내 사랑아 너는 어여쁘고 어여쁘다 네 눈이 비둘기 같구나

왕의 첫번째 칭찬은 여인의 눈에 대한 것이다. 그리스도인이 영적으로 진보하기 시작할 때 두드러지는 것이 영적인 통찰력이다. 육신적이고 세상적인 그리스도인들이 보지 못하는 그 무엇을 볼 줄 아는 것이다. 이렇게 주님에 대한 인식이 있을 때 주님은 그 눈을 아름답고 귀하다고 하신다. 실상은 그녀가 주님에 대한 갈망과 사모함이 있기에 그러한 눈을 갖게 된 것이다. 찾지 않는 사람의 눈에는 주님이 잘 보이지 않는다. 여기 이 믿는이는 주님의 귀함을 본 후에 그분을 찾기에 갈급했으며 결국 그녀의 눈은 주님께 속한 것이 무엇인지를 알아보기 시작했다. 진정으로 주님을 찾는 자들은 이렇게 영적인 눈이 열려지는 것이다.

16-17절, 나의 사랑하는 자야 너는 어여쁘고 화창하다 우리의 침상은 푸르고 17 우리 집은 백향목 들보, 잣나무 석가래로구나

이 부분은 왕에게 하는 여인의 대답이다. 여인이 '우리의 침상은 푸르다'고 한 것은 그녀가 찾았던 안식과 만족에 도달했음을 말한다. 이제 침상도 있고 집도 있다. 여인은 주님과 함께함으로 안식과 만족을 얻었다.

"우리 집은 백향목 들보, 잣나무 석가래로구나". 우리 주님이 계시고 하나님의 자녀들이 사는 집의 백향목은 주님의 거룩한 인성을 나타내고 잣나무는 주님의 십자가의 죽으심을 나타낸다. 이것이 우리 집인 교회의 특징이다. 참 교회에는 사람의 야심이나 육신적인 활동이 있는 것이 아니라 주님의 거룩한 인성과 십자가의 죽으심이 있다. 여인은 그러한 집으로 인도된 것이다. 이렇게 인도되기까지 여인은 매우 힘든 과정을 거쳤을 것이다. 큰 대가를 지불하기도 하고 사랑하던 자들을 떠나는 이별의 아픔도 체험했을 것이다. 그녀는 어미의 아들들을 떠났을 것이며 주님의 동무들을 떠났을 것이다. 그리고 주님이 친히 먹이시는 양무리에게로 와서 주님의 위임을 받은 목자들과 함께하고 있다. 그러한 합당한 양떼의 특징은 그곳에 변화되고 든든한 그리스도의 인성(백향목 들보)이 있으며 예수 그리스도의 십자가의 죽으심이 있다는 것이다. 진정으로 주님을 추구하는 성도는 그러한 곳에서만 참 만족을 얻게 된다.

1장의 영적 체험의 중심

1장에 영적 체험의 중점이 있다. 그것은 믿는이의 영적 체험이 주님을 사랑하는 것에서부터 시작된다는 것이다. 입 맞춰 달라는 고백이 그것이다. 개인적이고 주관적인 주님과의 만남이 있을 때 비로소 주님과의 역사가 시작된다. 누구든지 주님과의 개인적인 관계를 맺어야만 참된 영적 체험을 갖게 된다. 만일 어떤 사람이 거듭났다면 생명의 시작이 있지만 주님을 진정으로 따르고자 하는 마음이 일어나는 것은 주님을 직접 개인적으로 만난 후이다. 간단히 말해서 영적 체험의 시작은 주님과의 개인적인 접촉(입맞춤)으로부터 시작된다는 것이다.

우리는 오늘날 많은 그리스도인들이 왜 이름뿐인 그리스도인, 혹은 주일에만 겨우 예배에 참석하는 상태를 면치 못하는가 하고 이상히 생각할 것이다. 그것은 다름 아니라 그들이 주님과의 진정한 만남을 갖지 못했기 때문이다. 또 한 면으로 우리는 앞선 귀한 성도들의 전기를 읽고 그들의 간증을 들으면서 마치 이 세상에 다른 종류의 그리스도인들이 존재하는 듯한 인상을 받는데, 이는 교리적으로는 있을 수 없는 일이지만 체험적으로는 사실이다. 죽을 운명에서 주 예수님을 만나 온 인생에서 예수님을 가장 귀한 분으로 소유한 사람들은 마치 다른 일반적인 그리스도인들이 믿는 예수와는 다른 예수를 믿는 것같이 그 믿음이 절대적이고 철저하다. 오, 우리는 이러한 일이 모든 사람에게 일어나기를 얼마나 바라는지!

둘째로, 그렇게 주님을 개인적으로 추구하는 자들에게는 인위적인 조직이나 일에서 벗어나는 역사가 일어나게 된다. 그것은 어미의 아들들의 포도원지기로 피곤하게 일하고 동무의 양떼 가운데 얼굴을 가리운 자 같은 상태로 있다가 주님이 친히 양육하시는 양떼 가운데로 인도되어 평안과 안식을 누리게 된다는 것을 의미하는 것이다. 여기에 주님을 사모하는 믿는이가 먼저 주님과의 은밀하고도 깊은 개인적인 교통을 가진 다음 참된 믿는이들과의 교제 안으로, 참된 섬김(염소 새끼를 먹임)안으로 이끌림을 받는 것이 있다. 그리고 영혼의 참된 안식과 만족을 얻는 것이 있다. 그렇지만 그런 상태에 이른 성도라 할지라도 아직 그의 원래의 기질과 습관에서 벗어나지 못한 면이 많다. 이것이 바로의 준마가 의미하는 바이다. 그렇지만 주님 보시기에 그는 매우 아름답고, 주님은 그러한 성도에게 변화의 역사를 시작하시어 새로운 인격을 갖게 하신다.

아가서 2장

1장에서는 이 술람미 여인이 아직 만족과 안식이 없는 상황에 있었으나 양떼의 발자취를 따라갈 때 결국 집으로 인도되었다. 그곳에서 그는 푸른 침상을 누리고 상에 차려진 풍성한 음식을 맛보게 되었다. 1장은 방황과 배고픔이 끝나고 이제 집에서 만족하고 안식하는 것을 보여준다.

17절 마지막에 '우리 집'이 있는데, 어떤 사람이든지 집을 찾으면 모든 어려움이 해결된다. 집은 무엇인가? 교회이다. 그러나 많은 사람들이 여전히 집이 아닌 곳에서 방황하고 있다. 그러면 어떤 곳이 집인지 아닌지를 무엇으로 알 수 있는가? 요한복음 10장에서 양은 목자의 음성을 안다고 하였다. 가르쳐 주지 않아도 그곳에 목자가 있고 목자의 음성이 있으며 편안함을 느끼게 되므로 집이라는 것을 안다. 집의 느낌이 있다. 그래서 굳이 연구하지 않아도 집이 어딘지 알 수 있는 것이다. 여기 이 여인은 집을 찾았다. 교회가 바로 '우리 집'이다. "나의 사랑하는 자야 너는 어여쁘고 화창하다 우리의 침상은 푸르고 우리 집은 백향목 들보, 잣나무 석가래로구나"(아 1:16-17). 집에 와서 푸른 침상을 노래하고 백향목 들보, 잣나무 석가래로 되어 있는 집을 노래한다. 이것이 이 여인의 고백이다.

교회생활(우리 집) 안에서 변화됨

1절, 나는 사론의 수선화요 골짜기의 백합화로구나

1. 수선화

이것 또한 이 여인의 고백이다. 사론은 평범한 들판이다. 수선화는 그리 특출하지 않은 일반적인 꽃이다. 영문 성경에는 장미로 되어 있다. 장미든 수선화든 그저 일반적인 꽃에 불과하다. 주님께서 "내 사랑아 내가 너를 바로의 병거의 준마에 비하였구나"(1:9), "내 사랑아 너는 어여쁘고 어여쁘다 네 눈이 비둘기 같구나"(15절)라고 칭찬해 주시자 이 여인은 자기 자신에 대해 '나는 그저 들판에 피어 있는 수선화에 불과하다. 많은 들꽃들 가운데 하나일 뿐이다' 라고 말한다.

믿는이가 바로의 준마의 단계에 있을 때에는 자신을 결코 평범한 존재라고 생각지 않는다. 자신보다 더 주님을 사랑하는 사람은 없다고 생각한다. 즉 자신을 모르고 남을 모르는 것이다. 그러나 조금 진보할 때 그들은 자신을 알게 된다. 믿는이들이 조금 자라게 되면 자신이 그렇게 특별한 존재가 아니라는 것을 안다. 처음에는 자신을 아주 뛰어난 존재로 여기지만 자신보다 더 주님을 사랑하고 따르는 많은 성도들이 있다는 것을 알게 된다. 실제로 이 땅에는 주님을 사랑하고 찾는 사람들이 많이 있다. 그녀는 양떼의 발자취를 따르면서 이것을 알게 된다. 믿는이는 자신을 모르는 상태에 너무 오래 있지 말아야 한다.

2. 백합화

그리고 이 여인은 자신을 골짜기의 백합화라고 했다. 백합화는 믿음으로 사는 존재를 의미한다. 골짜기의 백합화는 누가 기르는가? 하나님이 기르신다. 마태복음 6장에서 주님은 "들의 백합화가 어떻게 자라는가 생각하여 보라 수고도 아니하고 길쌈도 아니하느니라" (6:28)고 하셨다. 여기서 여인은 '나는 평범한 믿는이에 불과하지만 하나님께서 나를 길러주심을 믿음으로 살고 있는 존재이다' 라고 고백하는 것이다. 믿는이가 처음으로 주님을 따를 때 배우는 것이 믿음으로 사는 것이다. 우리는 어떤 성도가 믿음으로 사는 것을 체험하지 못했다면 그는 아직 기본적인 영적 공과를 배우지 못한 것이라고 말한다. 그것은 이러한 삶이 믿음생활의 기초이기 때문이다. 우리는 우리의 모든 생활의 필요와 공급에 관하여 온전히 주님을 의뢰해야 한다. 어떤 성도가 그러한 삶에 이르지 못했다면 그의 믿음은 견고하지 못하다. 주님을 매일의 삶을 책임지시는 분으로 체험할 때 그녀는 비로소 백합이 되는 것이다. 그러자 우리 주님이 즉시 화답하셨다.

2절, 여자들 중에 내 사랑은 가시나무 가운데 백합화 같구나

성경에서 가시나무는 저주의 상징이다. 창세기에서 땅이 저주를 받았을 때 가시와 엉겅퀴를 내었으며, 주님께서 가시 면류관을 쓰신 것은 우리가 받아야 할 저주를 주님께서 대신 받으셨다는 뜻이다. 가시나무는 누가 씨를 뿌려 자라게 하지 않는다. 저절로 생겨난다. 그것은 타락한 원래 그대로의 사람을 의미한다. 이 여인은 저주받은 인생, 타락한 인간들 가운데 믿음으로 사는 아주 귀엽고 귀한 존재라는 뜻이다. 그녀는 이만큼 세상과 분별되었다. 전에는 그녀 역시 가시나무 종류였으나 그녀의 믿음과 순종은 이제 그녀를 가시나무와 다른 종류, 즉 백합화로 만든 것이다. 이 여인이 자신을 백합화라고 말했고 주님도 그녀를 백합화라고 말씀하셨다. 주님이 그녀의 믿음을 인정해주신 것이다. 여기서 우리는 우리가 주님을 믿을 때 주님 또한 우리의 믿음을 인정해주신다는 것을 알 수 있다.

여인이 만족을 얻음

3절에서 즉시 여인이 화답한다.

3절, 남자들 중에 나의 사랑하는 자는 수풀 가운데 사과나무 같구나 내가 그 그늘에 앉아서 심히 기뻐하였고 그 실과는 내 입에 달았구나

1. 사과나무 열매가 풍성하고 쉴만한 그늘이 있음

창세기에서 사람이 타락한 후에 하나님께서 여자에게 "너는 남편을 사모하고"(창 3:16b)라 하셨듯이, 남자는 여자의 사모하는 대상, 의지하는 대상이다. 남자들 중에 나의 사랑하는 자는 의지하고 사모할 만한 많은 것들 중에서 '수풀 가운데 사과나무 같다'는 것이다. 수풀은 푸르고 잎사귀가 무성하지만 먹을 것이 없는 것을 의미한다. 그런데 그 가운데 사과나무 한 그루가 있다면 아주 귀하고 돋보일 것이다. 거기에는 붉고 탐스럽고 먹음직한 열매가 열려 있기 때문이다. 이 세상에 사모할 만한 것들 중에 우리 주님은 아주 풍성하고 공급력 있는 가장 사모할 만한 분이란 뜻이다.

주님을 이렇게 인식한다는 것은 이제 이 여인이 주님을 세상에 있는 아름다운 것들, 멋있는 것들, 사모할 만한 것들보다 더욱 뛰어난 존재로 인식한 것이다. 즉 이 세상에 주님만이 우리가 의지할 만한 유일한 분이라는 것을 안 것이다. 이 세상에 울창해 보이는 수풀은 많지만 열매는 없다. 우리는 그분에게서만 모든 실제의 것들을 얻을 수 있다. 우리를 시원케 하고 맛을 주는 실과를 얻는다. 그분이 없으면 우리는 아무것도 얻을 수 없다. 우리 주님은 모든 것의 모든 것이시다. 우리가 사모할 만하고 의지할 만하며 우리의 모든 필요를 채우시는 분이다.

"내가 그 그늘에 앉아서 심히 기뻐하였고 그 실과는 내 입에 달았구나". 1장에서는 '일광에 쬐어' 안식이 없는 상태를 말하고 2장에서는 일광이 있지만 그리스도께서 우리의 그늘이 되심을 말한다. 이사야서를 보면 그분은 낮의 뜨거운 일광을 가리는 우리의 덮개(shelter from the heat by day)이시다(사 4:5). 사과나무는 잎사귀가 푸르고 무성하여 뜨거운 일광에서 우리를 가려준다. 그 그늘에서 우리가 안식하는 것이다.

"그 실과는 내 입에 달았구나". 과거에는 예수를 믿는다고 했지만 예수를 맛보지 못했다. 그런데 이제 집에 와서 안식하다 보니 예수님께서 많은 사람 가운데 뛰어난 분이심을 알게 되었고 그분이 그늘이요 나를 쉬게 하는 분일 뿐 아니라 우리를 소생시키고 양육하는 실과라는 것을 알게 되었다. 주 예수님은 이렇게 체험할 수 있는 분이시다. 우리는 사과를 먹어보고 그 맛을 알듯이 그리스도를 맛볼 수 있는 데까지 진보해야 한다(벧전 2:3).

4절, 그가 나를 인도하여 잔칫집에 들어갔으니 그 사랑이 내 위에 기로구나

2. 잔칫집—교회생활

"그가 나를 인도하여 잔칫집에 들어갔으니". 주님이 나를 교회생활로 인도하셨다는 것이다. 이 '잔칫집'은 원문에서 '포도주의 집'이라는 뜻이 있다. 우리가 교회생활 가운데로 이끌릴 때, 하나님의 집으로 인도될 때 한 면으로 잔칫집 같은 느낌이 있다. 잔칫집에서 사람들로 더불어 풍성한 음식과 포도주를 먹고 마시다 보면 우리 마음이 너무나 유쾌하고 기쁨이 넘치게 된다. 그것이 바로 잔칫집이다. 우리는 잔칫집과 같은 교회생활을 가져야 한다.

"그 사랑이 내 위에 기로구나". 그 잔칫집에 깃발을 내걸었는데 거기에 '사랑' 이라고 씌어 있다. 깃발은 '주제' (banner)라고도 할 수 있다. 우리의 잔칫집의 주제는 사랑이다. 우리는 무엇을 하든지 다 사랑으로 해야 한다. 우리의 교회생활의 주제를 한 마디로 하면 '사랑' 이다. 성도와 교제하는 것도 사랑이요, 성도를 구제하는 것도 사랑이요, 심방하는 것도 사랑이다. 모든 것이 사랑이다. 사랑이 없는 어떤 일도 이 잔칫집에 어울리지 않는다. 우리 모두는 사랑을 가지고 와야 한다. 사랑이 없으면 이 집의 분위기에 맞지 않는다. 이 잔칫집에 오는 사람마다 사랑을 가지고 와야 한다. 교회는 사랑의 깃발이 걸려 있는 집이다. 이름을 '사랑의 집' 이라 한다고 되는 것이 아니라 진실로 각 사람의 마음속에 사랑이 있어야 한다. 모든 성도에게 거짓 없는 사랑이 있어야 하고 모든 일마다 사랑이 지배해야 한다. 이것이 바로 "그 사랑이 내 위에 깃발이로구나" 라는 말씀의 뜻이다.

신약의 교회는 그 내용이 사랑이다. 주님이 가장 칭찬하신 교회는 형제사랑의 교회이다. 구약에서 하나님과 사람의 관계성을 확립하는 근거는 율법이다. 그러나 신약은 사랑이다. 사랑은 온 율법의 완성이기 때문이다. 신약의 교회 안에 사랑이 없다면 이는 교회로 교회 되게 하는 근거가 없는 것과 같다. 사랑은 성도들을 하나 되게 하고 온전하게 매는 띠이기도 하다(골 3:14). 구약에서 율법을 어길 때 하나님을 거역하고 떠나게 되는 것처럼 신약의 성도들은 사랑을 버리면 모든 것을 버리는 것이다. 성도들은 사랑을 깨는 것이 교회의 생명선을 깨는 것임을 알아야 한다.

나는 종종 성도들이 율법 하나를 어기는 것은 중한 죄로 여기는 반면 사랑하던 형제나 자매를 미워하거나 소홀히 하는 것은 그리 대단치 않은 일로 여기는 것을 보게 된다. 요한 서신에서는 형제를 미워하는 자는 어둠에 있는 자라고 했다. 또한 형제를 사랑하지 않는 자는 사망에 거한다고 했다. 더욱이 심각한 것은 형제를 미워하는 자마다 살인하는 자라는 것이다(요일 3:14-15). 베드로 후서 1장의 영적 성장의 발전 단계에서 마지막은 형제사랑(필라델피아)과 사랑(아가페)이다(5-7절). 우리 안에 사랑이 이루어지는 것이 온전케 되는 길이다(요일 2:5).

5절, 너희는 건포도로 내 힘을 돕고 사과로 나를 시원케 하라 내가 사랑하므로 병이 났음이니라

3. 건포도 떡과 사과

여기서 건포도는 포도 떡(grape-cakes)을 의미한다(삼하 6:19, 대상 16:3). 여기서 여인이 너희는 건포도로 내 힘을 돕고 사과로 나를 시원케 해달라고 했는데, 이는 힘을 주는 말씀과 시원케 하는 공급을 갈망함을 나타낸다. 사과는 우리를 신선케 하는 그리스도이다. 그녀가 건포도와 사과를 원한 것은 주님을 사랑하므로 병이 났기 때문이라는 것이다. 사랑하므로 병이 났다는 것은 주님을 누리는 정도가 자신이 감당할 수 있는 역량을 초과했다는 뜻이다. 무디(D.L. Moody)는 한때 너무 주님에 대한 누림으로 기쁨이 충만하여 이제 그만 그치게 해 달라고 간구한 적이 있다고 한다. 성도가 주님에 대하여 본 것이 많고 성령의 누림이 많을 때 감당할 수 있는 역량이 부족할 수 있다. 그럴 때 주님이 누릴 수 있는 분량과 힘을 주셔야 감당할 수 있다. 그것은 결국 주님이 주신 진리의 말씀과 성령의 도우심으로 가능한 것이다.

얼굴이 햇빛에 그을른 채 남의 포도원지기를 하며 피곤한 삶을 살던 시골 처녀가 떠돌아다니며 고생을 많이 하다가 잔칫집 같은 교회생활에 들어오자 사랑의 병이 난 것이다. 여인은 넘쳐나는 주님의 사랑을 감당하기 어려워서 주님이 도와주셔야 감당할 수 있다고 했다. 아가서는 오늘날의 믿는이들의 영적 생활을 그린 책이다. 우리가 주님을 뜨겁게 사랑하고 전진하다 보면 주님께서 말씀의 능력으로 힘을 주어 도와

주시고 사과와 같이 신선한 성령으로 시원케 해주시지 않으면 안 될 정도로 사랑의 병이 나는 상태가 있다. 이 책의 주제는 만족 중의 만족, 노래 중의 노래이다. 여기의 믿는이는 이 지점에서 병이 날 정도로 만족했다.

여인이 안식하는 것을 돌보심

6절, 그가 왼손으로 내 머리에 베개하고 오른손으로 나를 안는구나

우리 주님은 믿는이들을 안아 주신다. 왼손으로는 베개하고 오른손으로는 편안하게 안아 주신다. 주님께서 사랑으로 병이 난 성도를 편안하게 안아 주신다는 뜻이다. 그러면서 주님은 예루살렘 여자들에게 부탁하셨다.

7절, 예루살렘 여자들아 내가 노루와 들 사슴으로 너희에게 부탁한다 내 사랑이 원하기 전에는 흔들지 말고 깨우지 말지니라

이 시점에 있는 성도가 영적 체험에서 부족함이 있는지 없는지를 말하자면 부족함이 많다. 많이 부족한 상태에서 오랫동안 방황과 안식이 없는 가운데 일만 열심히 하다 지쳤다. 제대로 양육을 받지 못하다가 잔칫집에 들어와서 풍성함을 맛보며 기쁨을 누리고 있다. 그리고 그 사랑으로 인해 병이 났다. 주님이 안아 주셨지만 예루살렘 여자들, 일반적인 믿는이들은 그런 사람의 상태를 모르기 때문에 툭툭 건드릴 수 있다. 그래서 우리 주님은 섬세하게 노루와 들 사슴으로 부탁하신다. 살짝만 건드려도 놀라 일어나는 것이 노루와 들 사슴이다.

영적으로 전진하다 보면 어떤 원하는 상태에 이르렀을 때 만족하게 되고 좀 쉬고 싶은 마음이 있다. '이 상태에 머물러 있었으면 좋겠다'

하는 마음이 있다. 그것이 마지막 정거장에 도달한 것이 아닌데도 말이다. 영적인 노정은 계속 전진하는 것이다. 그러나 믿는이들은 자기가 그토록 갈망하던 것을 얻고 만족과 기쁨을 얻었기 때문에 거기서 전진할 마음이 없다. '주여, 여기가 좋사오니…' 라는 마음을 갖게 된다. 그럴 때 주님은 '안 된다. 너는 아직 멀었다' 고 하시지 않고 당분간 거기 있게 두라고 하신다.

주님은 정말 자상하게 우리를 이끄신다. 우리는 주님의 이런 배려를 느낀다. 때로 우리가 너무 어려운 환경을 거치면서 깊은 영적 체험을 하고 나면 한 동안 주님이 놔두신다. 우리가 뭔가를 얻었다고 만족하고 기뻐하면서 그러한 성취감에 취해 있을 때 우리 주님은 곧바로 흔들면서 다시 가자고 하지 않으시고 '그래, 좀 쉬거라.' 하시면서 인자하고 자비롭게 우리를 이끄시는 것을 체험한다. 이것은 앞선 인도자나 사역자들도 참고해야 한다. 어떤 성도가 쉬고자 한다면 잠시 쉬도록 해주어야 한다. 쉬는 사람을 흔들어 깨워서 전에 하던 일을 더욱더 하라고 밀어대서는 안 된다. 여기서 쉰다는 것은 근본적으로 믿음을 저버린 것을 의미하는 것이 아니다. 왕성한 영적 진보와 활동을 잠시 쉬는 것을 의미한다.

여인이 다시 일어나 떠나도록 힘을 주심

8절, 나의 사랑하는 자의 목소리로구나 보라 그가 산에서 달리고 작은 산을 빨리 넘어 오는구나

이제 한동안 쉬었다. 여기에 간격이 있지 않은가? 한동안 쉬게 되면 믿는이들 속에 새로운 도전과 갈급함이 생겨난다. '이것만은 아닌데' 라는 생각이 든다. 아주 적절한 때에 왕이 목소리를 내시면 여인이 다시 듣게 된다. 그가 산에서 달리고 언덕을 뛰어넘는다는 것은 어려움과 장애를 극복하는 그분의 능력을 말한다. 그분은 부활 능력으로 모든 어려움과 장애를 이기시고 여인에게 말씀하신다.

9절, 나의 사랑하는 자는 노루와도 같고 어린 사슴과도 같아서 우리 벽 뒤에 서서 창으로 들여다보며 창살 틈으로 엿보는구나

노루와 어린 사슴은 누구인가? 주님이시다. 노루는 영문 성경에서 어린 영양으로 되어 있다. 시편 22편을 보면 부활하신 주님이 묘사되어 있다. 아얠렛샤할에 맞춘 노래인데 아얠렛샤할이란 부활하신 그리스도를 의미한다. 산에서 달리고 언덕을 뛰어넘는 것은 그리스도께서 부활 능력 안에서 움직이심을 나타낸다. 이 부활하신 주님이 지금 여인에게 그분의 목소리를 들려주고 있는 것이다.

여기서 문제는 이 주님이 우리의 벽 뒤에 서서 창으로 들여다보며 창살 틈으로 엿보고 계신다는 것이다. 사랑하는 여인과 주님 사이에 벽이 있고 주님은 벽 뒤에 서 계신다. 벽에는 창이 하나 있는데, 주님은 이 여인을 창으로 들여다보고 계신다. 이 창을 영어로 'lattice'라고 했는데, 즉 격자창이다. 창으로 들여다보면서 격자창 창살 틈으로 힐끗 쳐다본다는 뜻이다.

이 여인은 현재 어떤 상태에 있는가? 주님과의 사이에 벽이 있다. 이 벽은 자아의 벽이다. 이 여인은 주님에게서 만족과 기쁨을 얻었는데 그 만족과 기쁨은 어디까지나 자신을 위한 것이기에 여전히 주님과 거리가 있고 그 사이에 벽이 있다. 그런데 이 여인은 주님이 만족하시는지 안 하시는지를 잘 모른다. 나도 과거에 '너무 방황을 많이 해서 피곤하기 때문에 이제는 좀 쉬어야겠다' 하면서 스스로 만족을 누리곤 했다. 잔칫집에 들어와서 풍성을 누리고 그늘에 앉아서 편히 쉬었다. 푸른 침상에 와서 즐겁고 화창하고 매우 기뻤다. 그럴 때 그 모든 즐거움과 만족과 안식에서 누가 중심인가? 자신이다. 그런 상태에 있기 때문에 우리 주님과의 사이에 여전히 간격이 있고 벽이 있는 것이다. 그는 자신의 누림을 주의하고 귀히 여겼다. 그런데 그녀와 주님 사이에 있는 벽은 완전히 꽉 막혀 있지 않고(꽉 막힌 벽이라면 그것은 주님과 아무 상관이 없는 불신자의 상태일 것이다.) 창이 하나 있다. 우리 주님은 이 격자창으로 계속 들여다보시는 것이 아니라 한 번 흘깃 쳐다보신 것이다. 우리 주님은 이렇게 목소리를 들려주시고 창으로 한 번 흘깃 들여다보심으로 자아 만족에 도취되어 있는 이 여인을 부르고 계신다. 부드러운 방식으로 이 여인을 움직이기 시작하신 것이다. 왜 이런 일을 하실까?

부활의 넘치는 풍성으로 격려함

이제 주님은 그녀를 더 깊은 체험 안으로 부르기 원하신다.

10-11절, 나의 사랑하는 자가 내게 말하여 이르기를 나의 사랑, 나의 어여쁜 자야 일어나서 함께 가자 11 겨울도 지나고 비도 그쳤고

1. 겨울도 지나고 비도 그침—모든 어려움과 시련이 지남

만족과 기쁨에 취해 있는 믿는이에게 주님은 '일어나서 함께 가자'고 하시면서 '겨울도 지나고 비도 그쳤다'고 하신다. 여기서 겨울은 시련을 상징한다. 비도 마찬가지이다. 우리 주님의 인생은 겨울과 같은 인생이었다. 십자가의 죽으심—혹독한 겨울—이 지나간 것은 모든 시련과 어려움이 지나간 것을 의미한다. 겨울이 지나고 비가 그쳤다는 것은 주님이 고난의 인생을 사시고 십자가에 죽으시고 이제 부활하신 것을 뜻한다.

12절, 지면에는 꽃이 피고 새의 노래할 때가 이르렀는데 반구의 소리가 우리 땅에 들리는구나

2. 꽃이 피고 새가 노래함—그리스도의 부활의 넘치는 풍성

반구의 소리는 사랑의 노래이다. "반구의 소리가 우리 땅에 들리는구나". 이제 고통과 슬픔의 때는 다 지나가고 즐거운 소리가 들린다. 겨울이 지나고 봄이 온 것이다.

13절, 무화과나무에는 푸른 열매가 익었고 포도나무는 꽃이 피어 향기를 토하는구나 나의 사랑, 나의 어여쁜 자야 일어나서 함께 가자

무화과나무는 겨울을 거치면서 익는 열매이다. 그리고 포도나무 꽃은 잘 보이지 않는다. 포도나무에 꽃이 피었다는 것은 반드시 포도가 열린다는 뜻이다. 다른 꽃은 피어도 열매가 열리지 않을 수 있지만 포도나무 꽃은 반드시 열매를 맺게 된다. 그것은 결실한다는 약속이요 결실에 대한 자신감의 표현이다. 이와 같이 주님의 십자가의 죽으심 후에는 반드시 부활이 있다. 성도들이 진실로 십자가를 체험했다면 부활의 열매가 없을까 하여 염려하지 않아도 된다.

"포도나무는 꽃이 피어 향기를 토하는구나 나의 사랑 나의 어여쁜 자야 일어나서 함께 가자". 여기서 첫째는 그리스도의 부활 능력이다. 둘째는 그리스도의 부활의 풍성이다. 부활의 능력은 "그가 산에서 달리고 작은 산을 빨리 넘어오는구나"(8절)라는 말씀에서 알 수 있다. 새가 노래하고 꽃이 피고 반구의 소리가 들리고 무화과나무가 푸른 열매를 맺고 포도나무가 꽃을 피우는 이 모든 것은 부활의 풍성을 보여주는 것이다. 이렇게 주님은 부활의 능력과 풍성을 보여 주시면서 믿는이에게 가자고 하신다. "일어나서 함께 가자!"

14절, 바위 틈 낭떠러지 은밀한 곳에 있는 나의 비둘기야 나로 네 얼굴을 보게 하라 네 소리를 듣게 하라 네 소리는 부드럽고 네 얼굴은 아름답구나

결국 주님은 믿는이를 바위 틈 낭떠러지 은밀한 곳으로 부르신다. 바위 틈 낭떠러지 은밀한 곳은 주님의 십자가를 가리킨다. 출애굽기에서 모세가 바위를 쳤을 때 갈라진 반석에서 생수가 흘러나왔는데, 그것은 십자가에서 죽으신 주님의 옆구리에서 피와 물이 흘러나온 것을 예표한다. 사실 누구도 바위 틈 낭떠러지에는 가지 않으려고 한다. 힘들고 위험하기 때문이다. 그러기 때문에 주님이 믿는이를 바위 틈 낭떠러지 은밀한 곳으로 부르시려면 뭔가 좋은 것을 보여주셔야 한다. 겨울이 지나고 봄이 올 때 있을 이러한 부활의 풍성을 보여주시는 것이다.

아가서 1장에서는 믿는이(여인)가 방황하다가 집에 들어와서 만족과 풍성함을 누리는 것을 말한다. 그리고 2장에서는 그러한 만족과 안식이 끝이 아니라 이제 십자가로 더 깊이 들어가야 한다고 말해준다. 주님은 주로 우리를 환경 가운데서 십자가의 자리로 부르신다. 주님이 날마다 십자가를 지고 그분을 따르라고 하셨으므로(눅 9:23) 주님은 날마다 우리가 져야 할 십자가의 환경을 마련해주실 것이다. 우리는 그러한 십자가로 부르심을 받을 때 그것이 주님의 사랑의 부르심이라는 것을 이해할 필요가 있다.

십자가 안으로 부르심

1. 먼저 그리스도의 부활 능력을 앎

2장에서 주님은 이 여인에게 풍성한 그리스도의 부활 능력을 보여주신 다음 그녀를 더 깊은 십자가 안으로 인도하시기 위해 음성을 발하신다. "바위 틈 낭떠러지 은밀한 곳에 있는 나의 비둘기야". 어떤 사람이든지 그냥 십자가로 가라고 하면 가기가 어렵다. 그래서 그리스도의 부활 능력과 부활의 풍성의 아름다움을 보여주면서 십자가로 부르셔야 한다. 빌립보서 3장 10절에서 사도 바울은, "내가 그리스도와 그 부활의 권능과 그 고난에 참예함을 알려 하여"라고 말한 다음 "그리스도의 죽으심을 본받아"라고 했다. 먼저 그리스도의 부활 능력을 알고 그런 다음에 그리스도의 죽으심을 본받을 수 있는 것이다.

찬송가 중에 '부활 능력 아는 사람 십자가를 사랑해' 라는 가사가 있다. 부활 능력을 아는 사람만이 십자가를 사랑할 수 있다. 왜냐하면 죽음 후에 부활 생명이 있기 때문이다. 죽을 때만이 부활의 능력과 그 풍성을 얻을 수 있다. 시련과 고난과 십자가의 환경 후에는 반드시 부활의 축복이 있다는 것을 알기에 우리는 십자가로 나아갈 용기를 얻는 것이다. 이렇게 해서 얻은 그리스도가 우리가 다른 성도들을 공급하고 사역할 수 있는 자본이다.

2. 생명이 성장하는 비결

우리가 먼저 알아야 할 것은 부활에 대한 지식이다. 어떤 사람이 씨를 심을 때 싹이 난다는 지식과 확신이 없다면 그것을 땅에 심겠는가? 한 알의 밀을 심으면 많은 결실을 할 수 있다는 확신이 있기 때문에 아직 보지는 않았어도 황금 들판에 대한 꿈이 있다. 풍성한 수확에 대한 기대가 있기 때문에 밀알을 심는 것이다. 어떤 농부가 당장 먹을 것도 없는데 밀알들을 땅에다 뿌리겠는가? 더 많은 수확에 대한 기대, 부활에 대한 기대가 있기 때문에 뿌리는 것이다. 오늘 우리 그리스도인들이 알아야 할 것은 '부활의 능력, 부활의 풍성이 있다' 는 것이다.

그러므로 우리는 기꺼이 바위 틈 낭떠러지 은밀한 곳으로 갈 수 있다. 은밀한 곳이란 외롭다는 의미도 포함한다. 십자가를 체험하는 사람들에게는 반드시 외롭고 은밀한 곳이 필요하다. 그렇지 않으면 십자가를 체험할 길이 없다. 영적으로 성장하기 원한다면 반드시 외로운 십자가의 길을 가야 한다. 생명이 성장하는 길은 오직 깊은 죽음뿐이다. 십자가의 죽음 없이 생명이 자란다는 것은 불가능하다. 그리고 십자가의 죽음을 죽을 수 있으려면, 십자가로 갈 수 있으려면 부활의 능력과 부활의 풍성을 알아야 한다.

이 십자가는 환경 가운데서 많은 어려운 일, 억울한 일 등으로 우리에게 닥쳐온다. 고난과 역경과 환난들을 통해 오는 것이다. 그럴 때 십자가를 지는 사람은 바위 틈 낭떠러지 은밀한 곳으로 말없이 간다. '내가 이렇게 죽어야 풍성한 부활 생명을 얻을 수 있다' 는 소망이 있기 때문이다. 그런 사람은 밀알을 심듯이 자기를 죽음에 넘기우는 것이다. 이러한 지식과 체험이 없는 사람은 그렇게 하지 않으려 한다. '왜 억울하게 내가 죽는가? 이런 상황에서 왜 가만히 있는가? 나의 결백을 증명하기 위해서 길을 찾아보아야겠다. 그리고 이 사람 저 사람한테 말해서 내 억울한 심정을 토로하고 결백을 주장해야지.' 그러나 죽지 않으려고 발버둥치고 힘을 다하는 사람에게는 생명의 성장이 없다. 믿는이들의 생명이 성장할 수 있는 비결은 일어나서 십자가로, 바위 틈 낭떠러지 은밀한 곳으로 가는 것이다. 십자가를 지는 은밀한 곳의 삶이 있어야 하는 것이다.

이때 믿는이는 어두움에 처하기도 하는데 낙심과 좌절감이 있고 실망감이 있기 때문이다. 어려움과 핍박의 힘든 환경은 우리를 좌절시키고 침몰시키려고 뒤흔드는 파도와 같다. 그럴 때 우리는 잠잠하고 은밀하게 주님과 함께 해야 한다. 결코 많은 말을 하지 말아야 한다. 그리고 길을 찾지 말아야 한다. 대개 변화되지 않은 천연적인 사람은 어둡고 답답할 때 길을 찾으려 한다. 이제까지 하던 교회생활과 사람들과의 관계, 많은 현존하는 질서를 깨버리고 새로운 길을 모색하고자 한다. 이것이 대다수의 육체적인 사람들이 하는 일이다. 그러나 이러한 어둠 가운데서 내린 판단은 다 잘못된 것이다. 이때는 대개 형제를 미워하게 되고 모든 것에 대하여 낙심이 되기 때문에 영적으로 침침하고 어둡게 된다. 어둠이 눈을 멀게 하였기 때문에 결코 갈 길을 알지 못하다. 그러나 사람은 답답하고 길을 알지 못하고 길이 안 보이면 더 길을 찾으려 하고 갈 길을 정하려고 한다. 그러나 그러한 때는 길을 찾고 결단할 때가 아니라 조용히 문을 닫고 기다리며 하나님께로부터 임하는 빛을 기다릴 때이다. 빛이 오면 주님은 빛 가운데서 갈 길을 알려 주신다. 어두울 때에는 매우 조심해야 하고 많은 말을 하지 말아야 한다. 그래야 실수와 죄를 적게 범하게 된다.

3. 문을 닫는 외로운 길

열왕기 하 4장 1-7절까지를 읽어 보면 선지자 생도의 가정이 빚을 졌는데 선지자 생도는 죽었고 채주는 돈을 못 받게 되자 그의 두 아들을 잡아 종을 삼으려고 하였다. 과부가 된 그 아내가 엘리사에게 왔다. '저희를 좀 살려 주십시오.' '너에게 무엇이 있느냐?' '우리 집에 기름 한 병이 있습니다.' '그러면 이웃에게 빈 그릇을 빌리라.' 두 아들과 그 어머니가 빈 그릇을 가져오는 대로 기름이 가득가득 채워졌다.

성경에서 기름은 성령을 의미한다. 가지고 온 그릇들에 기름이 다 찼을 때 기름이 곧 그쳤다. 우리 마음을 비울 때 성령으로 채우시는 것이다. 그런데 여기 단서가 있다. 문을 닫아야 한다. 4절에 '문을 닫고' 라는 말이 있으며, 5절에도 '문을 닫은 후에' 라는 말이 있다. 성령으로 채워지려면 문을 닫아야 한다. 어렵고 답답한 환경을 만날 때 속에 할 말이 많아지고 그러면 문을 열어 여러 말을 하게 된다. 이 사람 저 사람 찾아가 말하고 또 말하다 보면 그릇을 비워 기름을 채울 기회를 완전히 놓쳐 버린다. 우리는 바로 그때가 비우고 채워야 할 때라는 것을 알고 문을 닫아야 한다. 그렇기 때문에 외로운 길이다.

4. 인내가 있어야 함

생명이 성장하기 위해서는 씨가 길가에 뿌려져서도 안 되고 돌밭에 뿌려져서도 안 되며 좋은 땅에 뿌려져야 한다. 좋은 땅은 어떤 땅인가? 누가복음 8장 15절에서 주님은 "좋은 땅에 있다는 것은 착하고 좋은 마음으로 말씀을 듣고 지키어 인내로 결실하는 자니라"고 했다. 씨가 뿌려질 때 잘 자라서 결실하려면 거기에 인내가 있어야 한다. 문을 닫고 은밀한 곳에서 외로이 그릇을 비우고 성령이 채워지기를 기다려야 한다. 성령이 채워지기를 원하는 사람은 인내가 있어야 한다.

생명 성장과 인내는 어떤 관계인가? 십자가로 가는 사람은 인내가 있는 사람이다. 인내가 있는 것과 은밀한 곳에 있는 것은 관계가 있다. 그럴 때 생명이 자란다. 인내가 없는 사람은 말씀을 받을 때에는 즉시 기쁨으로 받으나 환난과 핍박이 일어날 때 즉시 넘어지는 자이다. 원망하고 성질내고 자기 하고 싶은 것 다하면 어떻게 되는가? 싹이 나오나 즉시 타버리게 된다. 이것이 하나님의 말씀이다. 생명이 성장하기를 바라는 그리스도인은 착하고 좋은 마음으로 말씀을 받아서 지키고 인내함으로 바위 틈 은밀한 곳에 머물러야 한다. 그러므로 사도는 우리가 여러 가지 시험을 만나거든 온전히 기쁘게 여기라고 말한다. 시험은 인내를, 인내는 연단을 이루기 때문이다. 인내가 온전해야 온전히 구비되어 부족함이 없게 된다(약 1:2-3).

5. 비둘기로 변화됨

그런 다음 "나의 비둘기야 나로 네 얼굴을 보게 하라"(14절)고 했다. 1장에서는 여인을 바로의 병거의 준마로 비유했는데 여기에서는 비둘기라고 표현했다. 영적인 면에서 비둘기가 준마보다 낫다. 비둘기는 성령의 임하심을 묘사할 때 쓰인 말이다. "하나님의 성령이 비둘기같이 내려 자기 위에 임하심을 보시더니”(마 3:16b). 그러나 준마와 성령을 관련지어 말한 성경 구절은 찾아볼 수 없다. 말은 그저 거침없이 달릴 뿐이다. 여기서 여인을 비둘기로 표현한 것은 이 여인이 변화되었음을 시사한다. 바로의 병거의 준마가 비둘기 눈을 갖게 되었고 백합화가 되었다. 그리고 포도주의 집에서 많이 누리고 과정을 거친 후에는 이제 비둘기로 변화되었다. 비둘기는 말보다 연약하다. 어떤 사람들이 강한가? 주님을 믿은 지 얼마 안 된 사람들이 강하다. 자기가 하고 싶은 대로 말하고 행한 뒤에 ‘나 이제 교회 안 가. 다시는 아무 일도 하지 않을 거야’라고 하면 누구도 막을 수가 없다. 그러나 경험 있고 주 안에서 오랜 세월을 보낸 사람들은 그의 타고난 힘이 점점 약해진다.

15절, 우리를 위하여 여우 곧 포도원을 허는 작은 여우를 잡으라 우리의 포도원에 꽃이 피었음이니라

무엇이 작은 여우인가? 죄가 아니더라도 옛 생명의 작은 표현이나 습관 혹은 취향 등일 것이다. 주관적으로 주님을 따르는 첫 발걸음을 방해하여 포도나무로 열매 맺을 수 없게 하는 것이 바로 작은 여우이다. 이 작은 여우를 처리하는 것은 여인 혼자 할 수 없고 왕과 협력해야만 한다. 믿는이들에게는 대개 자신의 영적 생명을 자라지 못하게 하는 한두 가지 나쁜 습성들이 있다. 그들은 그것을 알면서도 버리지 못한다.

영적 성장의 과정에 있는 성도에게는 반드시 치료받아야 할 질병이 한두 가지 있다. 어떤 사람은 쉽게 화를 내는 것이고 어떤 사람은 남들과 비교하고 시기하는 것이며 어떤 성도는 쉽게 마음이 상하는 것이다. 그러한 사람은 거의 모든 삶이 감정의 지배를 받다. 감정이 상하면 어떤 것도 하려 하지 않는다. 심지어 주님이 원하시는 것도 싫게 느껴진다. 감정 때문이다. 감정이 상할 경우 성도들과의 관계나 섬김도 쉽게 포기한다. 그러한 성도에게는 쉽게 만져지는 감정이 포도원을 허는 작은 여우이다. 막 생명이 자라려 할 때 그것을 헐어버리는 것이다. 어떤 성도에게 여우는 좋지 않은 습관이다. 더러운 것을 보고 즐기는 것, 악한 정욕, 무절제 등이 작은 여우가 된다. 게으름조차도 작은 여우가 될 수 있다. 이러한 것은 우리의 생활을 크게 지배하는 요소는 아니지만 작은 습관으로서 일단 거기에 걸리면 넘어지고 영적 하늘에 즉시 어둠이 깔리게 되는 것들이다. 지속적으로 생명이 성장하려면 이런 작은 여우를 잡아야 한다. 그리스도의 부활 생명은 능력의 생명이며 원하는 자에게 역사하여 작은 여우를 처리하도록 도와주신다.

여인의 상태–자아 중심적임

16절, 나의 사랑하는 자는 내게 속하였고 나는 그에게 속하였구나 그가 백합화 가운데서 양떼를 먹이는구나

여기서 여인은 "나의 사랑하는 자는 내게 속하였고"라고 말한다. 아직 이 여인은 자신을 위한, 자신의 느낌에 따라 주님 안에 머물고 있다. 주님을 위한 내가 아니라 나를 위한 주님이다. 또한 자기 자신을 백합화로 여긴다. 이것 또한 자신을 중심 삼는 것이며 주님이 중심이심을 모르는 것이다. 나를 먹이시는 주님, 나를 양육하시는 주님이라고 한다. 백합화 가운데서 양떼를 먹이시는 주님, 공급하시는 주님이 나에게 속했다고 말한다.

어떤 성도는 자신이 진리에서 조금도 어긋남이 없이 길을 걸어가는 것을 자랑한다. 그러한 사람 속에는 그가 다른 사람들보다 참된 길을 간다는 것에 대한 자만심이 감춰어 있다. 그는 자신만이 말씀대로 살고 조금의 오차도 없이 말씀을 지키고 있다고 생각한다. 그러한 사람들의 신앙은 본질상 바리새인들과 맥락을 같이 한다. 그들은 자신들이 어떻게 말씀을 지키며 말씀대로 사는가를 매우 주의한다. 물론 성경에는 주님을 사랑하는 자들이 주님의 말씀을 지키는 것의 중요성이 있다. 그러나 주님은 또한 말씀을 지키는 것이 결국 주님을 사랑하고 이웃을 사랑하는 것임을 말씀해주셨다. 이는 말씀을 지키려다가 자아에 빠질 수도 있음을 알려주시는 것이다. 주님은 이 땅에 오셨을 때 그분이 말씀을 지키고 거룩하게 사시는 것조차도 우리를 위한 것임을 말씀하셨다. "또 저희를 위하여 내가 나를 거룩케 하오니"(요 17:19). 주님의 모든 삶은 다른 이들을 위한 것이었다. "나의 사랑하는 자는 내게 속하였고"라는 자기 중심적인 신앙은 아직 영적으로 어린 것임을 아는 것이 필요하다.

17절, 나의 사랑하는 자야 날이 기울고 그림자가 갈 때에 돌아와서 베데르 산에서의 노루와 어린 사슴 같아여라

아직 자신에게 날이 기울고 그림자가 있다고 말하는 것은 여인이 자신의 상태를 시인한 것이다. 주님과의 연합이 충분히 깊지 않다는 것을 아는 것이다. 여기 베데르 산은 '분리'를 뜻한다. 분리란 우리 주님과 믿는이들 사이에 간격이 있다는 뜻이다. 아직 그림자가 있다는 것이다. 그런데 그림자가 갈 때에 돌아와 달라는 것은 주님과의 사이에 약간 간격이 있어도 별 느낌이 없는 상태이다. '언젠가는 나의 이 그림자가 다 지나갈 것이 아닌가? 그때 돌아오시면 노루와 사슴같이 주님과 함께 뛰고 움직일 수 있지 않겠는가?'라는 뜻이다. 이것은 아직 자아 중심적인 그리스도인의 상태이다.

성장한 그리스도인에게는 그리스도가 그의 중심이 되신다. 그러나 자아 중심적인 그리스도인은 '내가 만족한가, 내가 주님을 잘 누리고 있는가, 내게 기쁨이 있는가, 내가 양육을 잘 받고 있는가, 내가 잘 자라고 있는가'를 관심한다. 심지어 '내가 말씀을 잘 지키고 있는가, 내가 승리하는 그리스도인인가, 이기는 자가 될 것인가' 하는 것조차도 모두가 자기 중심적인 신앙이다. 그러나 영적으로 성장할 때 자신을 중심 삼지 않고 우리 주님을 중심 삼다. 또한 다른 사람의 유익을 중심 삼다. 주님이 기뻐하시는지, 주님이 만족하시는지를 관심한다. 모든 것의 중심이 그리스도이시다. 나의 득실(得失)이 어떻다 하더라도 주님이 하시는 일에만 마음을 쏟는다. 이러한 그리스도인이 성장한 그리스도인이다. 그러나 여기의 단계는 자신을 중심 삼는 것이다. 이러한 여인은 주님과 간격이 있다. 이러한 여인에게 주님은 십자가로 오라고 권하시며 자아에서 나오라고 부르신다.

자아에서 벗어나는 유일한 길은 십자가이다. 자아를 중심 삼는 성도는 그리스도께서 그의 안에 사시도록 할 수 없다. 자아를 벗어나서 이제 그리스도께서 내 안에 사실 수 있도록 우리는 전진해야 한다.

2장의 영적 체험의 중심

2장의 상태에 이끌린 성도는 주님을 체험해가면서 매우 기뻐한다. 그는 주님의 양무리 가운데로 이끌리어 잔칫집의 누림을 갖는다. 여기서 추구하는 자는 주님으로 인하여 사랑의 병이 날 정도로 주님과의 관계가 좋다. 주님으로 인하여 큰 누림과 기쁨을 갖다. 다만 주님과의 달콤한 교제로 인하여 다른 아무것도 원치 않는 상태에 이른다. 그러나 주님은 이런 성도에게 부활의 풍성과 능력을 알려주시면서 십자가를 체험하도록 부르신다. 이것이 바위 틈 은밀한 곳이 의미하는 바이다. 주님은 그곳에서 성도의 얼굴을 보고 싶어 하신다. 이는 대체적으로 주님이 안배하시는 환경의 십자가를 의미할 것이다. 주님만을 사랑하고 따르다보니 외로운 비둘기가 되어 바위 틈에 있게 되는데, 주님은 그러한 곳에서 외롭게 주님을 따르는 믿는이의 얼굴을 보고 싶어 하시는 듯하다.

그렇지만 그때 이 성도는 아직 많은 면에서 자아 중심적이다. 자신을 온전히 버리지 못한 것이다. 성숙한 상태에 이르기까지는 먼 길이 남아 있다. 주님은 이러한 성도를 창 살 틈으로 엿보고 계신다. 주님과 성도 사이에는 자아의 벽, 분리의 벽이 아직 존재한다. 그렇지만 주님은 그러한 성도를 매우 사랑하시고 아름답다고 하신다. 그러한 성도가 이 단계에서 주의할 것은 포도원을 허는 작은 여우이다. 생명의 성장을 가로막고 얻은 생명을 소실되게 하는 좋지 않은 옛 사람의 습관이나 기질을 처리하는 것이다. 이렇게 하는 것은 생명의 성장에 있어서 매우 긴요한 일이다.

아가서 3장

이 여인은 3장에 와서도 아직 자기 중심적인 데에서 완전히 벗어나지 못했다. 2장의 부르심은 자신의 누림과 만족으로부터 그리스도의 십자가로 부르는 부르심이다. 성도가 주님이 주시는 만족과 기쁨으로 인하여 즐거워하고 있지만 아직 주님의 기뻐하심은 주의하지 않는 상태에 있을 때 주님은 그로 하여금 자아에서 벗어나서 주님을 중심 삼도록 십자가의 죽음 안으로 부르신다. 그러나 이 여인은 아직 자신의 만족을 위해 주님의 임재를 누리는 그러한 상태에서 벗어나지 못하는 것이다.

사랑하는 자의 실패와 회복

1. 마음에 사랑하는 자를 찾아다님

1절, 내가 밤에 침상에서 마음에 사랑하는 자를 찾았구나 찾아도 발견치 못하였구나

2장에서 주님은 사슴처럼, 노루처럼 산을 달리고 언덕을 뛰어넘으면서 이 여인에게 함께 가자고 부르셨다. 그런데 여인이 따라 나서지 못하는 것을 발견한다. 3장에서 아직 이 여인은 침상에서 움직이지 않고 있다. 그러나 주님은 이 여인이 침상에서 일어나서 부활의 능력을 체험함으로 주님과 함께 달리기를 원하신다.

초기 단계에서는 성도들이 아무것도 하지 않아도 그저 기쁘고 또 주님의 임재가 있다. 오히려 분주하게 뭔가를 하면 주님의 임재를 잃어버린다. 이것이 침상에서 주님을 찾는 것의 의미이다. 성도들이 이와 같이 주님을 찾는 것은 영적 체험에서 매우 중요한 단계이다. 주님은 찾는 자에게 자신을 나타내시기 때문이다. 시편 27편 8절, "너희는 내 얼굴을 찾으라 하실 때에 내 마음이 주께 말하되 여호와여 내가 주의 얼굴을 찾으리이다 하였나이다". 스바냐 1장 6절, "여호와를 배반하고 좇지 아니한 자와 여호와를 찾지도 아니하며 구하지도 아니한 자를 멸절하리라". 주님은 그분의 얼굴을 찾는 자를 기뻐하신다.

이 단계에서 여인은 아직 주님과 함께 움직일 수 없고 다만 느낌 안에서 주님을 찾고 있지만 내적인 임재 안에서 주님의 얼굴을 찾는 것은 신자의 영적 성장을 위하여 매우 중요하다. 어쨌든 그것은 그녀가 내적인 체험 안에서 주님을 만나고자 열망하는 것이기에 가치가 있다. 이러한 체험을 갖는 가운데 성도의 주님에 대한 인식은 자라게 된다. 이러한 한계 안에 있을 때 성도는 분명 좁은 세계에 갇혀 있다. 더 이상의 영적 세계가 있다는 것을 생각하지 못하다. 그는 자기가 알고 체험한 영적 세계가 전부인 줄 알지만 주님은 그러한 성도에게서 지난날의 만족감을 빼앗아 버리신다. 그럴 때 그는 거기서 일어나게 된다. 이것이 주님이 성도를 이끄시는 방법이다. 이렇게 이끄시지 않으면 성도들이 잘 자랄 수 없다. 이런 종류의 '일어남'이 많은 성도들에게 있다. 그 결과 그들은 더 깊은 영적 체험 안으로 이끌리게 된다.

여기에 나오는 '밤'은 많은 시간을 의미한다. 이 밤(night after night)은 복수(plural)이다. 이는 분명치 않은 가운데 많은 밤을 지나면서 잃어버린 주님을 찾고 있었다는 의미가 된다. 친근한 주님의 임재, 주님에 대한 누림이 사라졌기 때문에 많은 밤 동안 침상에서 마음에 사랑하는 자를 찾았으나 찾아도 발견하지 못한 것이다.

2절, 이에 내가 일어나서 성중으로 돌아다니며 마음에 사랑하는 자를 거리에서나 큰 길에서나 찾으리라 하고 찾으나 만나지 못하였구나

"이제 내가 일어나서 성중으로 돌아다니며". 이제 믿는이는 자리에서 일어났다. 주님과 함께 있으면서 만족과 안식을 누렸는데 갑자기 자신에게 주님이 없는 듯하니 공허하게 느껴져 일어난 것이다. 예루살렘이란 일종의 종교적인 중심지를 말하는데 그녀는 성중으로 돌아다니면서 주님을 찾았다. 복음서를 보면 죄인들을 찾아다닐 때에는 골목을 돌아다닌다. 그런데 영적인 활동을 할 때는 큰 길에서 한다. 그녀는 혹 거기서 주님을 찾을까 하고 돌아다닌 것이다. 기도원에도 가보고 부흥회에도 참석하고 하면서 자복하고 눈물을 흘리면 주님의 임재를 회복할 수 있지 않을까 하는 것이다. 이것이 아마 거리나 큰 길의 의미일 것이다. 이 모두가 자신 안에서 주님으로 인한 만족감과 기쁨을 회복하고자 하는 몸부림이다. 이것은 신앙생활의 초기 단계에 느낌과 감정 안에서 주님의 임재를 갖고자 하는 것을 의미한다.

3절, 성중의 행순하는 자들을 만나서 묻기를 내 마음에 사랑하는 자를 너희가 보았느냐 하고

그녀가 주님을 찾는 데에는 몇 가지 방법이 있는데, 먼저는 침상에서 뒹굴면서 찾는 것이고, 두 번째는 일어나서 여기저기 돌아다니면서 찾는 것이고, 그런 다음에는 성중의 행순하는 자들을 만나서 물어보는 것이다. 이것은 성에서 야경(夜警-밤 사이에 도둑, 화재 등이 없도록 마을을 살피고 지키는 일)을 하는 사람, 즉 무언가 책임을 맡은 사람, 훌륭한 사람, 주님에 대해서 잘 아는 사람, 종교 지도자와 같은 사람을 찾아가서 물어보는 것이다. 그녀는 성중의 행순하는 자들을 만나서 "내 마음에 사랑하는 자를 너희가 보았느냐?"고 물었는데 그들은 대답이 없다. 여길 가 봐도 찾을 수 없고 저길 가 봐도 찾을 수 없다. 실망만 하고 다닌다. 이런 성도는 비록 어리지만 만나보면 즉시 아닌 것을 안다. '아, 이 사람에게서는 답을 얻을 수 없구나!' 하고 아는 것이다. 그래서 그녀는 그들을 보자마자 떠났는데 이것은 그 모든 찾는 행동들이 효과가 없었다는 것이다.

2. 사랑하는 자를 만나 그를 붙잡음

4절, 그들을 떠나자마자 마음에 사랑하는 자를 만나서 그를 붙잡고 내 어미 집으로, 나를 잉태한 자의 방으로 가기까지 놓지 아니하였노라

그런데 이 여인은 그들을 떠나자마자 왕을 만났다. 때로는 신자들이 그러한 소위 선생들, 영적으로 도움을 줄만한 사람들을 떠날 때 주님을 만나게 된다. 이것이 비밀이다. 당신은 모든 것을 떠나서 직접 주님을 만나야 한다. 이 말씀에 의하면 '떠나자마자 마음에 사랑하는 자를 만났다' 고 했다. 침상에서 몇날 밤을 그분을 찾았는데 만나지 못했고 예루살렘 성, 큰 길에서 찾아도 만나지 못했다. 이런 집회, 저런 집회, 이런 부흥회, 저런 부흥회를 가보고 또 신앙의 지도자들을 만나보아도 소용이 없었다. '주여, 나는 반드시 당신을 만나서 예전의 기쁨과 만족감을 회복해야 하는데 이제는 더 가볼 데도 없습니다.' 이제 모든 방법이 끝나고 실망하여 길이 없다고 생각했을 때 주님이 살며시 그녀를 찾아오셨다. 그녀는 홀연히 주님을 만나게 되었다. 어떻게 해서 주님을 만났는지 모르지만 주님을 찾은 것이다.

이 여인은 주님을 만나자마자 그분을 붙잡았다. 그리고 "내 어미 집으로, 나를 잉태한 자의 방으로 가기까지 놓지 아니하였노라"고 말한다. '이제는 절대로 주님을 놓치지 않겠다'는 마음을 가진 것이다. 여기서 '어미 집'이란 무엇인가? 믿는이가 처음 주님의 은혜를 얻은 곳이다. 또 '나를 잉태한 자의 방'이란 무엇인가? 하나님의 사랑과 은혜로 거듭난 자리이다. 처음 주님이 나를 낳으신 그때의 첫사랑의 상태로 돌아가서 그 상태를 지속하겠다는 결연한 마음을 가지고 주님을 놓지 않았다.

3. 주님은 그분을 붙잡는 자를 인격적으로 대하심

5절, 예루살렘 여자들아 내가 노루와 들사슴으로 너희에게 부탁한다 사랑하는 자가 원하기 전에는 흔들지 말고 깨우지 말지니라

2장에서 그녀가 포도주의 잔치를 누리고 너무 기뻐서 사랑의 병이 났을 때 주님은 그녀를 깨우지 말라고 하셨다. 여기서 그녀가 다시 한 번 주님을 찾았을 때에도 주님은 그녀가 원하기 전에는 깨우지 말라고 하셨다. 다시 또 그 상태에 들어간 것이다. 많은 성도들이 이렇게 주님을 붙잡았다가 놓치고 또 붙잡았다가 놓치곤 한다. 붙잡고서 계속 끝까지 있지 못한다.

왜 주님은 그렇게 붙잡은 상태를 계속 허락지 않으시는가? 주님도 인격이 있는 분이시다. 어느 정도까지는 붙잡힌 채 계시겠지만 계속 붙잡혀 계시지는 않는다. 그래서 그녀는 다시 그분의 임재와 누림을 잃어버리고서 또 찾는 것이다. 많은 성도들이 이것을 반복했을 것이다. 그러한 체험을 통해서 이 여인은 그렇게 찾고 애써 붙잡는 노력이 별 것이 아니라는 것을 깨닫게 되었을 것이다. 그럴 때 한 단계 진보가 있게 된다. 영적인 체험의 진보는 이전의 상태에서 다른 상태로 변화되는 것이다. 그것이 진보이다. 과거와 똑같으면 진보가 아니다. 이 여인은 아마 여기에서 몇 번 더 이런 체험을 반복했을 것이다. 그리고 우리 주님은 인격 있는 분이시라는 것을 알았을 것이다. 주님도 인격이 있으시고 우리도 인격이 있다. 그분도 좋아하시는 것과 싫어하시는 것, 가고 싶으신 곳과 가기 싫어하시는 곳, 원하시는 것과 원치 않으시는 것이 있다. 그런데 어렸을 때는 그러한 주님을 자기 방식대로 붙들고 놓지 않는다. 그러면서 이 믿는이는 하나님의 사랑과 은혜를 더 많이 경험했을 것이다. 그리고 자신의 분투하는 것이 헛되다는 것도 많이 느꼈을 것이다. 이렇게 하면서 많은 시간이 흐르게 된다.

사랑하는 자의 영적 진보

6절, 연기 기둥과도 같고 몰약과 유향과 장사의 여러 가지 향품으로 향기롭게도 하고 거친 들에서 오는 자가 누구인고

이 말은 왕이 한 말도, 여인이 한 말도 아니다. 제 삼자의 말이다. 어쩌면 예루살렘 여자들의 말일 수도 있다. 그들은 이 여인에 대해서 연기 기둥과도 같다고 하였다. 그리고 그녀가 몰약과 유향과 장사의 여러 가지 향품으로 향기롭게 했다고 했다.

1. 연기 기둥

이 여인을 1장에서는 바로의 병거로, 2장에서는 비둘기로, 3장에서는 연기 기둥으로 비유했다. 연기는 어디에서 나오는 것인가? 불이 탄 후에 나오는 것이다. 연기 기둥이 되려면 어떤 재료가 다 연소되어야 한다. 다 탈 때 연기가 나온다. 우리가 영적인 사람이 되는 데에는 비결이 있다. 그것은 주님께서 많은 환경을 통해서 우리를 태우시는 것이다. 불을 통과하게 하시는 것이다.

오늘날 불을 통과하기를 좋아하는 사람은 많지 않다. 그러나 영적인 사람은 되고 싶어한다. 불을 통과할 때에만 연기가 된다. 연기는 어떤 형체가 없이 자유자재로 움직이는데 여기에서 이 연기 기둥은 형체가 없이 자유자재로 움직이는 그러한 것이 아니다. 비록 연기지만 그 형체가 기둥 모양으로 된 '연기 기둥' 이다.

2. 몰약과 유향과 여러 향품으로 향기롭게 함

또한 그녀는 몰약과 유향과 장사의 여러 가지 향품으로 향기롭게 되었다. 몰약은 십자가, 즉 주님의 죽으심과 관계 있다. 주님이 돌아가셨을 때 니고데모는 몰약과 침향을 가지고 왔다. 몰약은 주님의 죽으심에 대한 주관적인 체험을 의미한다. 이 여인은 주님의 죽으심을 주관적으로 체험한 사람이다. 또 유향은 그 향기가 뛰어난데, 이것은 그리스도의 부활을 의미한다. 그녀는 그리스도의 죽음과 부활로 자신을 향기롭게 한 것이다. 또한 장사란 곧 상인이다. 이 장사가 단수인 것으로 보아서 유일한 장사이신 우리 주님을 가리킬 것이다.

마태복음 13장에서는 주님이 장사로 나온다. 향품으로 향기롭게 하려면 향품 장사에게서 사야 한다. 우리가 자신을 향품으로 향기롭게 하기 위해서는 대가를 지불해야 한다. 주님은 우리가 대가를 지불하는 것을 보시고 향품으로 향기롭게 해주시는 장사이시다. 더 많은 대가를 지불할수록 더 많은 향기를 주신다. 우리가 향기를 들이마셔서 우리 속에 향기가 배어야만 향기가 우리 몸을 통해 풍겨난다. 그러므로 먼저 생활 가운데서 대가를 지불하여 그리스도의 죽음과 그리스도의 부활, 그리고 여러 가지 그리스도의 어떠하심의 항목들을 체험할 때 우리를 통해서 그리스도의 향기가 나타나게 되는 것이다. 그것이 향품으로 향기롭게 한다는 뜻이다.

이 지점에서 이 여자는 아주 향기로운 여자가 되었다. 많이 변화된 성도의 상태이다.

3. 거친 광야(애굽, 세상)에서 올라옴

이 상태의 그녀는 거친 들에서 올라오는데, 거친 들은 광야이다. 광야에서 올라온다는 것은 애굽의 많은 세상적인 것들을 떨쳐버리고 가나안 땅으로, 하나님이 우리에게 주신 약속의 땅으로 올라오는 것이다.

4. 준마에서 비둘기로, 비둘기에서 연기 기둥으로

믿는이들은 먼저 바로의 병거의 준마의 시절을 거친다. 바로의 병거의 준마는 천연적인 기질 그대로이다. 기질이 강하고 고집도 세다. 빨리 달리고 싶어하며 주님을 붙잡고 놓지 않으려 한다. 이러한 바로의 병거의 준마가 이제 주님의 많은 다루심을 거친 다음 약해져서 비둘기가 되었다. 비둘기의 눈도 있고 백합화도 있다. 비둘기가 되었을 때의 상태는 더 이상 강하지 않는다. 만약 교회 안에 많은 준마들만 있으면 교회생활이 어렵다. 이 사람이 밀어붙이고 저 사람이 밀어붙이면 견딜 수가 없다. 서로 상처를 주고받게 된다.

그러나 참된 교회생활 안에는 변화가 있다. 준마 같은 성도들이 시간이 지나다보면 비둘기같이 변한다. 처음에는 누구도 건드릴 수 없었는데 생명으로 충만케 되고 성령의 임재를 누리면서 약해졌다. 이제는 십자가도 알고 자기를 부인할 줄도 알며 바위 틈 낭떠러지 은밀한 곳에 거할 줄도 아는 비둘기가 되었다. 비둘기가 된 상태는 영적이다. 약해졌기 때문에 그러한 상태에서는 자신이 아무것도 할 수 없다는 것을 깨닫는다. '나는 참 무능한 사람이다. 나는 아무것도 할 수 없다. 나는 다투는 데에 가고 싶지 않고 싸우는 사람만 보면 싫다. 험악한 분위기에는 있고 싶지 않다. 나는 조용히 주님의 임재를 누리고 싶다' 라고 생각한다. 그러다가 어떤 강한 압력이 오고 시련이 닥치면 비둘기는 외로이 주님 앞에서 눈물을 흘리며 운다. '주님, 저는 정말 약합니다. 저는 너무나 슬픕니다. 제 마음의 아픔을 주님이 아십니다.' 이런 비둘기 상태에 있는 믿는이들은 아주 귀엽다. 십자가를 알고 자기를 부인할 줄을 알며 '내가 손해 보고 말지' 라는 심정을 갖고 있다.

바로의 병거의 준마에는 강한 인격이 있다. 길들이기가 아주 어렵다. 그 다음 비둘기는 약하지만 그래도 인격이 있다. '더 이상 못 살겠다. 뉴질랜드로 가야지. 시골로 가야지. 직장에서 괴롭히더니 교회에서도 괴롭히네. 주여, 저는 더 이상 못살겠습니다' 하면서 도망갈 생각, 피할 생각만 한다. 그리고 어디로 갈까를 생각해놓고 나서는 그때부터 숨을 좀 쉰다. 적어도 비둘기에게는 서러워서 우는 인격이 있다. 이러한 믿는이는 약하지만 매우 사랑스럽다. 이러한 믿는이는 주님을 사랑하며 어떤 환경이 닥칠 때 바위 틈 낭떠러지 은밀한 곳에서 한 달, 일 년도 있을 수 있다. 그런데 이러한 상태에 있는 믿는이가 이상적인가? 과연 주님이 쓰실 수 있는 믿는이인가? 아름답고 귀하지만 아직은 그렇게 유용하지 않는다. 비둘기의 연약한 자아, 인격조차도 완전히 끝나야 한다. 이것이 처리되어야 하기 때문에 힘이 드는 것이다. 그러면 연기 기둥은 어떤가? 인격이 없다. 연기는 밀어도, 찔러도 문제가 없다. 욕하고 때려도 아무 느낌이 없고 문제가 없다. 이 정도가 되기 위해서는 많은 불을 통과해야 한다. 불을 통과하지 않으면 연기가 되지 않는다.

연기 기둥은 또한 견고하다. 연기이지만 또 기둥이다. 영적으로 이런 상태에 이를 때에야 하나님께서 쓰실 수 있다. 연기 기둥의 한 끝은 땅에 있고 다른 한 끝은 하늘에 있다. 하늘과 땅을 이을 수 있다. 하나님께서 그에게 무언가를 맡길 수 있는 이 연기 기둥의 단계에 이를 때 비로소 하나님의 경륜을 수행할 수 있다. 하나님의 뜻을 짊어질 수 있다. 비둘기는 너무 약하다. 인간의 자아와 육체는 이 단계에서 무너진다. 그러나 주님의 많은 연단과 불시험을 통과한 뒤에 연기 기둥으로 나온 사람은 무너지지 않는다. 이러한 수준에 이를 때에야 하나님은 이 땅에서 한 사람을 얻으시게 된다.

비둘기의 상태에 이르러서 '나는 이제 영적인 사람이 되었어' 라고 만족하는 사람이 있다면 더 전진할 필요가 있다는 것을 알아야 한다. 어떻게 전진하는가? 부활 안에서 강하게 되어야 한다. 그분의 힘의 능력으로 강하게 되는 것을 배워야 한다. "종말로 너희가 주 안에서와 그 힘의 능력으로 강건하여지고"(엡 6:10). 영적으로 강건하여져야 한다. 그럴 때 기둥같이 된다. 기둥은 무언가 안전하고 견고하다. 기둥이 있어야 집이 안전하다.

영적인 성장은 이렇게 한 단계씩 진보하는 것이다. 결코 하루아침에 영적인 사람으로 나타나는 법이 없다. 그런데 이 사람은 연기 기둥과도 같고 또 향기롭기도 한 아주 매력 있는 사람이다. 그리스도인이 잘 성장한다면 이 세상에서 가장 매력이 있는 사람이 될 것이다.

사랑하는 자와 왕의 연합

1. 솔로몬의 침상

7a절, 이는 솔로몬의 연이라

1) 믿는이와 그리스도의 연합

향기로운 몰약과 유향과 여러 가지 향품으로 향기롭게 하고 거친 들에서 올라오는 사람, 불을 통과해서 나온 사람, 세상의 모든 것들을 벗어버리고 광야에서 나온 사람은 누구인가? 여기의 답변은 "이는 솔로몬의 연이라"는 것이다.

9절에서도 11절에서도 솔로몬 왕이 나온다. 예루살렘 여자들이 이 여인이 도대체 누구냐고 물었는데 그 답변은 다 솔로몬을 이야기하고 있다. 이때 이 여자는 왕과 하나 되었다. 믿는이가 그리스도와 연합되었다는 것이다. 나눌 수 없는 존재가 되었다. 2장에서는 벽이 있어 창 뒤에서 들여다보고 있었는데 이제 많은 광야의 체험과 불의 연단을 통해서 우리가 주님과 하나가 된 것이다.

여기서 '연'(輦, couch)이란 침상을 말한다. 이 침상에 솔로몬이 타고 있다. 그런데 그 연, 침상은 여인 곧 믿는이이다. 연에서 안식하고 있는 분은 누구인가? 솔로몬, 곧 우리 주님이시다. 갈라디아서 2장 20절 상반절에서는 "내가 그리스도와 함께 십자가에 못박혔나니 그런즉 이제는 내가 산 것이 아니요 오직 내 안에 그리스도께서 사신 것이라"고 말씀하신다. 이 지점에 이르러야 그리스도께서 내 안에 사신다는 이야기를 할 수 있다.

1장에서는 그리스도께서 믿는이 안에 계시지만 실상은 바로의 준마로 살았다. 2장에서는 때때로 그리스도가 그 안에 사시지만 또 쉽게 서운해 하고 슬퍼하는 비둘기가 살고 있다. 비둘기의 인격이 있는 것이다. 그러나 이 모든 옛 사람의 인격, 자아가 처리되었을 때 이제는 그리스도께서 사신다. 참 솔로몬이 그 안에 계시는 것이다. 이제는 솔로몬과 연이 완전히 연합되었다. 2장에는 '분리'라는 뜻의 베데르 산이 있었으나 여기서는 더 이상 분리가 없다. 그 여자가 또한 솔로몬이다. 이것은 그 여인과 솔로몬이 온전히 연합되었음을 말한다.

7b-8절, 이스라엘 용사 중 육십 인이 옹위하였는데 다 8 칼을 잡고 싸움에 익숙한 사람들이라 밤의 두려움을 인하여 각기 허리에 칼을 찼느니라

2) 그리스도께서 안식하실 수 있도록 육십 용사가 옹위함

그런데 이 침상은 아주 특이하다. 이스라엘 용사 육십 명이 옹위하고 있는데 다 칼을 차고 있으며 싸움에 익숙한 사람들이라고 했다. 영적인 사람들은 우리 안에 계시는 주님이 계속 잘 주무시도록, 안식하시도록

해야 한다. 여러 가지 사건이 일어날 때 영적 훈련이 없는 사람들은 한동안은 주님을 잘 모시고 안식하시게 하다가 어떤 일이 일어나면 대책이 없어 한 번 성질을 내거나 침상을 둘러엎어 주님이 안식하시지 못하게 만든다. 그러나 침상 주위에 싸움에 익숙한 육십 명의 용사가 있으면 어떤 대적이 와도 능수능란(能手能爛)하게 처리할 수 있기 때문에 문제가 없다. 그래서 솔로몬 왕은 침상에서 주무시면서 깰 필요가 없는 것이다. 주님께서 안식하시는 것을 우리도 느낄 수 있다. 왜냐하면 우리 영이 평안하기 때문이다. 주님이 기뻐하시면 우리도 기쁘다.

그런데 사람마다 부딪히면 안식이 없이 뒤흔들리는 어떤 상황이 있는데, 특히 중 · 고등 학생을 둔 부모는 자식 문제로 인해, 또 어떤 남편은 돈을 낭비하는 아내로 인해, 어떤 사람은 육신의 정욕으로 인해 뒤흔들리게 된다. 또 어떤 사람은 쉽게 격해져서 화를 잘 낸다. 어떤 사람은 다른 사람들에게서 악한 말을 듣고 비평을 들을 때 민감하게 반응한다. 이런 일들이 일어나 뒤흔들면 혼비백산한다. 이런 상태는 아직 육십 인의 용사가 칼을 잡고 옹위하는 상태가 아니다. 많은 불의 시험을 통과해서 연기 기둥의 상태에 이르지 않으면 이러한 '솔로몬의 침상이라!' 는 감탄을 들을 수 없다.

각기 허리에 칼을 찼다고 하였는데 이 칼은 무엇인가? 에베소서 6장 17절에서 "성령의 검 곧 하나님의 말씀을 가지라"고 했다. 말씀을 허리에 찼다는 말이다. 모든 상황에서 이길 수 있게 하는 것은 그리스도 안에서 배운 말씀과 체험이다. 이것이 주님으로 하여금 우리 안에서 안식하시고 쉬시게 할 수 있는 비결이다. 이러한 사람이 되려면 많은 과정을 거쳐야 한다.

2. 솔로몬의 연

9절, 솔로몬 왕이 레바논 나무로 자기의 연을 만들었는데

여기의 '연' (palanquin)은 낮에 움직이기 위한 일인용 가마이다. 이 연은 7절의 연과 다르다. 원문에서 7절의 연은 침상이고 9절의 연은 가마이다. 흠정역 한글판은 7절에서는 침상으로, 9절에서는 수레로 번역했다.

10절, 그 기둥은 은이요 바닥은 금이요 자리는 자색담이라 그 안에는 예루살렘 여자들의 사랑이 입혔구나

이 여인에 대한 답변이다. 이 광야, 거친 들에서 나온 여자는 첫째는 솔로몬의 침상 같고, 두번째는 솔로몬의 가마와 같다고 하였다. 그런데 이것을 누가 만들었는가? 솔로몬이 만들었다. 실상 가마는 우리 자신이다. 주님은 우리를 그분의 가마로 삼고 움직이기 원하신다. 누가 우리를 가마로 만들어 가고 있는가? 주님이시다.

1) 주님의 거룩한 인성을 상징하는 레바논 나무로

솔로몬의 연은 레바논 나무로 만들었는데 이것은 주님의 고귀하고 거룩한 인성을 나타낸다. 신약 복음서에서 주님의 인생을 보면 주님은 아름답고 사랑스러우며 온유하고 자비롭고 용서가 많고 사람들에게 친근한 아름다운 인성을 가지셨다. 주님을 믿고 따르면서 주님을 체험하다 보면 우리는 그분의 인성을 본받게 된다. 주님같이 아름답고 주님같이 인자하고 자비하고 온유한 사람이 된다. 주님을 믿고 따른다고 하면서 갈수록 강팍해진다면 그것은 잘못된 것이다. 우리는 주님이 우리 모두를 주님과 같이 만드신다는 것을 믿어야 한다. 사람을 사랑하고 용서

할 수 있는 사람, 원수도 사랑할 수 있는 사람으로 만들어 주신다. 이것이 레바논 나무이다. 주님의 고귀한 인성이다.

2) 그리스도의 구속을 상징하는 은 기둥으로

기둥은 은이라고 했다. 은은 그리스도의 구속을 의미한다. 그리스도께서는 우리의 각 부분을 구속하시고 타락으로 인한 모든 것들을 제하시며 그리스도로 대치되게 하신다.

3) 하나님의 거룩한 본성을 상징하는 금 바닥으로

바닥은 금이다. 금은 하나님의 거룩한 본성이다. 하나님의 속성이 바로 금이다. 금은 영구히 변치 않는 것이기 때문에 하나님의 거룩한 본성을 가리킨다. 새 예루살렘의 바닥이 정금으로 되어 있다. 우리 믿는 이들의 바탕은 하나님의 거룩한 본성이다.

4) 왕권을 상징하는 자색 자리로

자리는 자색으로서 왕권을 의미한다. 왕의 자리는 자색이다. 이것은 그리스도의 권위와 왕권을 우리에게 입혀 주시는 것을 나타낸다.

5) 예루살렘 여자들의 사랑으로 입혀짐

그리고 그 안은 예루살렘 여자들의 사랑으로 입혔는데, 그것은 믿는 이들의 사랑으로 입혀진 것이다. 이러한 것으로 만들어진 일인승 가마, 주님은 우리로 이러한 사람이 되게 하신다. 레바논 나무로 되어 있고 은으로 된 기둥과 금으로 된 바닥과 자색 자리가 있으며 많은 믿는이들의 사랑이 있는 곳에 그분이 타신다. 그분은 사랑하는 자들 가운데 자리를 좌정하신다. 요한복음에서도 "나를 사랑하는 자에게 가서 우리가 거처를 저와 함께하리라"(14:23 참조)고 하셨다. 주님은 지식을 얻고자 하는 자들이나 일하는 자들이 아닌 주님을 진정으로 사랑하는 자들에게 오셔서 좌정하신다.

6) 이 땅에서 하나님과 함께 움직이는 연이 됨

우리는 그분을 태우는 연이다. 주님은 우리 안에 사시면서 이 땅에서 우리와 함께 움직이기를 기뻐하신다. 이것의 예표가 구약의 언약궤이다. 언약궤는 주님 자신을 예표한다. 그러면 누가 언약궤를 메는가? 이스라엘 백성의 레위인들, 즉 제사장들이다. 신약 시대에는 우리가 제사장들이다. 언약궤이신 주님은 그분의 백성들과 함께 행하기를 기뻐하신다. 주님은 그분 혼자 움직이기를 기뻐하지 않으시고 그분이 창조하시고 택하신 그분의 사랑하는 백성과 하나로 움직이기를 기뻐하신다. 하나님은 우리를 필요로 하신다. 그분이 움직이고 역사하시기 위해서는 우리가 필요하며 우리 또한 그분이 필요하다. 우리와 그분은 서로 필요한 존재이다. 하나님은 이렇게 해서 이 땅에서 그분의 목적을 이루기 원하신다.

마태복음에서 주님은 제자들에게 이렇게 기도하라고 하셨다. "하늘에 계신 우리 아버지여 이름이 거룩히 여김을 받으시오며 나라이 임하옵시며 뜻이 하늘에서 이룬 것같이 땅에서도 이루어지이다"(마 6:9-10). 주님의 뜻이 이루어지기 위해서는 이 땅에 우리가 있어야 한다. 왜냐하면 주님은 우리와 함께 움직이기를 원하시기 때문이다. 주님에게는 그분을 태울 연이 필요하다. 그분은 이 땅에서 그분의 거룩한 인성으로, 레바논 나무로 된 연을 가지셔야 한다. 금으로 된 바닥, 은으로 된 기둥, 자색 자리, 우리의 사랑이 가득 담긴 연을 가지셔야 한다. 그럴 때 그리스도는 기꺼이 우리를 타시고 이 땅에서 움직이시고 운행하신다.

이 여인은 밤에는 주님의 침상이 되어 드리고 낮에는 그분을 위한 연이 되어 드리는 그러한 존재로 변했다. 주님과 완전히 연합해서 하나로 움직이는 존재가 되었다. 실상 여기서 침상이 개인적인 것이라면(갈

2:20) 가마는 교회를 말한다. 주님은 우리 가운데 거하시면서 운행하시고 움직이신다(고후 6:16). 교회는 이 시대에 그분을 태우고 움직이는 수레이다. 주님은 그분의 영원한 목적을 이루시기 위하여 교회를 수레로 삼아 움직이시고 역사하신다.

3. 솔로몬의 면류관

11절, 시온의 여자들아 나와서 솔로몬 왕을 보라 혼인날 마음이 기쁠 때에 그 모친의 씌운 면류관이 그 머리에 있구나

이 여인은 이제 '면류관'(crown)이 되었다. 누구의 면류관인가? 솔로몬의 머리에 쓰인 면류관이다. 여기서 성령님은 사람들에게 솔로몬 왕을 주목하라고 하신다. 즉 하나님은 솔로몬 왕을 자랑하고 싶어하신다. 무엇 때문인가? 면류관 때문이다. 솔로몬이 혼인날 기쁠 때 면류관을 쓰고 있다. 그것을 씌워준 이는 어머니이다. 믿는 이가 자신을 부인하고 그리스도와 완전히 연합할 때 그는 진정으로 그리스도의 면류관이 된다. 그리고 주님은 그러한 자들이 나타날 때 혼인날과 같이 기뻐하시고 머리에 면류관을 쓰시게 된다. 우리 믿는이가 자랄 때 그러한 면류관이 되는 것이다.

믿는이가 연기 기둥과 같이 향품으로 향기롭게 하고 주님과 하나로 연합되어 침상이 되고 수레가 되는 단계까지 이를 때 우리는 또한 그분의 면류관이 된다. 이것은 성도들이 건축되어 교회로서 그분을 운반하고 그분과 함께 움직이는 지점에 이른 것을 말한다. 그럴 때 성도들은 그분의 면류관이 되고 기쁨이 된다(살전 2:19-20). 이것은 사실이다. 그러면 이러한 모든 영적인 진보의 비결, 주님을 기쁘시게 하는 단계까지 진보할 수 있는 비결은 무엇인가? 오직 주님을 사랑하는 것이다. 주님을 사랑할 때 주님이 우리를 이렇게 이끄신다. 우리가 어쩌다 한 번 주님을 기쁘시게 하는 것이 아니라 우리 존재 자체가 주님의 기뻐하심이 되는 것이다. '나는 너를 내 신부로 삼고 싶다. 너는 나에게 면류관과 같은 존재이다' 라고 하시기까지 우리는 전진하고 변화되어야 한다. 이를 위해서 우리는 앞에 말한 많은 환경을 통해 훈련과 연단을 거쳐 변화되어 우리 안에 영광스러운 그리스도께서 항상 사시게 해야 하고 주님과 동역해야 한다.

4. 교회는 합당한 양떼의 발자취임

이러한 사람들이 모인 곳이 교회이다. 교회는 어떤 인간 조직이 아니라 세상에서 예수를 믿고 분별되어 나온 자들이다. 교회란 헬라어로 '에클레시아' 로서 세상에서 부르심받아 나온 무리라는 뜻이다. 세상에서 교회는 유일하다. 교회는 분열이 없고 나누일 필요가 없다. 일단 그리스도 안에 들어왔으면 그것으로 끝이다. 온 땅에는 오직 한 종류의 그리스도인만 있는 것이다. 아버지도 하나이고 주도 하나이고 성령도 하나이고 몸도 하나이다. 한 분 주 예수를 믿고 한 피 받아서 한 몸을 이룬 것이 그리스도인이다. 이렇게 정상적인 교회의 위치에 서서 전진하는 사람들을 주님은 기뻐하신다.

3장의 영적 체험의 중심

3장에 올 때 믿는이는 한동안의 침상의 생활(잣나무 들보, 백향목 석가래)에서 벗어나게 된다. 침상의 생활의 몇 가지 특징이 있다면 먼저는 제한적인 분위기이다. 또 느낌에서 주님을 누리는 것이다. 이 믿는이는 방황하다가 집을 찾았으므로 매우 만족해 하면서 그 생활에서 안식하고 있다. 오랫동안 침상에 머물렀다. 그런데 어느 날 공허함이 밀려온 것이다. 그렇게 좋던 주님이 사라졌다. 그래서 이제 사랑하는 주님을 찾아나선다.

이 단계의 믿는이는 거리나 큰 길에서 주님을 찾으며 성중의 행순하는 자들에게 물어본다. 길을 바꿔보기도 한다. 영적인 사람들이나 영적인 서적에서 도움을 구하려고도 한다. 그러나 그것도 통하지 않는다. 결국 그들을 떠나자마자(4절) 주님을 다시 만나게 된다.

나는 이때가 성도들에게 가장 위험한 때라고 생각한다. 가장 방황하는 시기라고 할 수 있다. 이제까지 교제해오던 사랑하는 성도들과도 소원해지면서 갈등이 생긴다. 그리고 새로운 기대로 이 사람 저 사람을 찾아다닌다. 그 결과는 실망이다. 이것은 하나의 큰 전환기이다. 위험하고 불안정한 영적 상태이다. 자신의 느낌 안에서 좋았던 예전의 주님에 대한 누림을 회복하려 하기 때문에 그렇다. 그러나 성중에나 큰 길에나 그러한 상태의 믿는이를 만족시킬 만한 사람은 없다. 그럼에도 이러한 방황은 하나의 과정과도 같다. 그런 연후에야 주님이 다른 곳이 아닌 바로 나와 함께 계신다는 것을 확인하게 되며 앞으로 주님을 뵐 때까지 확실하게 길을 가게 되기 때문이다. 또 이때가 자신의 정체성을 확립하는 시기이기도 할 것이다. 과연 주님이 자기에게 가라고 하시는 길이 무엇인지를 확인하게 되는 것이다.

이때가 느낌의 생활에서 믿음의 생활로 크게 전환하는 시기이다. 많은 시행착오를 거쳐 다시 찾은 주님이 더욱 소중하게 여겨진다. 5절에서 주님을 붙잡고 놓지 않은 것이 바로 이 때문이다. 주님은 그러한 성도에게 시간이 좀 필요하다고 하신다. 그것이 6절의 "흔들고 깨우지 말라"는 말씀이다. 교회의 인도하는 자들은 그러한 성도에게 시간을 주어야 한다. 여기저기 다녀보고 방황하는 것도 하나의 영적 체험의 과정이라고 볼 수 있기 때문이다. 다만 그들을 위해 기도해주고 기다려주는 것이 필요하다.

이렇게 해서 믿음의 생활로 돌아선 믿는이는 느낌 속에 제한되었던 영적 생활에서 벗어나게 된다. 우리 느낌 속에 기쁨이 없고 주님의 임재가 없는 듯하더라도 믿음으로 주님과 함께하기를 배우는 것이다. 과거에는 주님이 기뻐하신다는 느낌이 있을 때에는 좋았고 자신이 옳게 가고 있다고 생각했다. 그러한 많은 과정을 거치고 난 후에는 내게 기쁨이 없을지라도 주님을 편하게 해드리고 주님께 자유를 드린다. 다만 주님을 신뢰함으로 생활하는 것이다. 느낌이 아닌 믿음으로 주님과 주님에 관한 모든 것을 붙잡고 안식 안에서 생활한다. 이것이 이 단계에서의 커다란 변화이다.

6절부터 11절까지는 광야(거친 들, wilderness)에서 올라온 자에 대한 묘사이다. 이 지점에서 성도는 방황하는 혼적인 영역에서 나오게 된다. 광야는 이스라엘 백성이 40년 동안 방황하던 곳이다. 그곳은 안식의 땅 가나안과 다르다. 아직 느낌에 의존하고 온전히 믿음의 생활로 접어들지 않은 성도라면 광야에서 나오지 않은 것이다. 그러나 이 단계에서 성도는 비로소 광야에서 나오게 된다. 방황이 끝난 것이다. 어떤 사람은 자신이 1장에 나오는 집에 왔기 때문에 방황이 끝났다고 선포하기도 하지만 그것은 안식의 서곡에 불과하다. 진정한 영적 안식은 느낌의 영역에서 벗어나 믿음의 생활로 들어갈 때 이루어진다. 그러한 성도는 이제 주님으로 안식하시고 쉬시게 하는 침상이요 가마이다. 그리스도의 면류관이 되는 경지에 들어선 것이다. 주님은 그러한 성도를 자랑스러워하신다.

아가서 4장

새 창조인 사랑하는 자

1. 눈—그녀의 단일함과 통찰력

1절, 내 사랑 너는 어여쁘고도 어여쁘다 너울 속에 있는 네 눈이 비둘기 같고 네 머리털은 길르앗 산 기슭에 누운 무리 염소 같구나

여인의 아름다움에 대한 칭찬이다. 첫째 이야기하는 것은 눈이다. 영적으로 진보한 사람의 첫 번째 특징은 눈이다. 사람이 영적으로 진보하려면 눈이 밝아야 한다. 그러므로 바울은 영적인 분별력을 말했다. "모든 신령한 지혜와 총명에 하나님의 뜻을 아는 것으로 채우게 하시고"(골 1:9). 이는 하나님의 뜻을 아는 지혜, 영으로 하나님을 아는 지혜를 말한다. 총명이란 이해력을 의미한다. 그녀에게는 영적인 것들을 볼 수 있는 통찰력이 있다.

요한 일서에서 사도 요한도 "너희는 주께 받은바 기름 부음이 너희 안에 거하나니 아무도 너희를 가르칠 필요가 없고 오직 그의 기름 부음이 모든 것을 너희에게 가르치며 또 참되고 거짓이 없으니 너희를 가르치신 그대로 주 안에 거하라"(2:27)고 했다. 당시 많은 이단들이 일어났다. 요한 일서, 이서, 삼서는 주로 이단들에 대항하기 위해 쓴 책이다. 영지주의, 세린티안, 도세티즘 등의 이단들이다. 그때 요한은 주 안의 어린 자녀들에게 이렇게 말했다. '아무도 너희를 가르칠 필요가 없고 오직 너희 속에 있는 기름부음이 너희에게 모든 것을 가르친다', '그는 참되고 거짓이 없으니 그 안에 거하라'.

마태복음 2장에서 동방박사들은 별을 보고 찾아가다가 예루살렘에 이르러서는 '여기에 성경박사들이 있으니 예수님이 어디서 태어났는지를 잘 알겠지' 하고서 더 이상 별을 따라가지 않고 그들에게 물어보러 갔다. 그러자 헤롯 왕이 '나도 그것을 알 필요가 있다' 하면서 박사들을 불러 예수께서 어디서 태어나실 것인지를 물었다. 그때 성경을 아주 잘 아는 서기관들이 "가로되 유대 베들레헴이오니 이는 선지자로 이렇게 기록된바 또 유대 땅 베들레헴아 너는 유대 고을 중에 가장 작지 아니하도다 네게서 한 다스리는 자가 나와서 내 백성 이스라엘의 목자가 되리라 하였음이니이다"(마 2:5-6)라고 일러주었다.

그런데 그렇게 성경을 많이 알고 신학에 능통하면 무슨 소용이 있는가? 베들레헴이 바로 옆에 있는데도 그들은 예수님께 가지 않았고 결국 그들의 지식은 헤롯에게 이용당했을 뿐이다. 예수를 죽이려고 한 사람에게 이용당할 뿐 자신이 주님을 찾아가는 데에는 도움이 되지 않았던 것이다. 그 일 때문에 수많은 어린아이들이 죽었다. 그런 지식이 무슨 필요가 있는가? 우리 안에서 주님이 알려 주시는 별빛 같은 계시를 따라가야 한다.

박사들이 거기서 나와 길을 가는데 문득 별이 다시 나타났다. 성경에서는 박사들이 별을 보고 가장 크게 기뻐하고 기뻐했다고 말한다. 그들은 아기가 있는 집에 이르러서 황금과 유향과 몰약을 드리고 아기 예수께 경배했다. 누구든지 예수를 만나려면 우리 마음 속에 있는 샛별과 같은 그 별을 따라가야 한다. 이러한 별빛을 볼 수 있는 눈이 보배로운 것이다. 그러한 별을 보고 별빛을 분별할 수 있는 눈은 사람을 그리스도께로 인도한다.

어쨌든 여기서 새 창조인 여인에 대해 첫 번째로 그 눈을 감상했다 "너울 속에 있는 네 눈이 비둘기 같고". 비둘기의 눈은 성령으로 충만된 눈이다.

2. 머리털—헌신

두번째는 머리털이다. "네 머리털은 길르앗 산 기슭에 누운 무리 염소 같구나". 머리털은 무엇을 의미하는가? 아가서는 노래이기 때문에 은유적인 표현을 쓴 것이다. 머리털은 헌신을 의미한다. 구약에서 하나님께 헌신된 나실인은 머리를 길렀다. 삼손도 나실인으로서 머리가 길었다. 그 머리털이 '길르앗 산 기슭에 누운 무리 염소 같다'는 것이다. 길르앗 산은 기름진 초장을 가진 산이었다. 길르앗 산에는 먹을 풀이 많다. 헌신과 잘 먹는 것은 관계가 있다. 잘 먹는 사람이 크게 헌신을 한다는 말이다. 우리가 주님의 양식을 잘 먹을 때 헌신하게 된다. 집회를 꾸준히 참석하여 말씀을 잘 들은 사람들은 주님께 자신을 드릴 마음이 더욱 생겼을 것이다. 왜냐하면 길르앗 산 기슭의 무리 염소같이 많이 뜯어먹다 보면 헌신하게 되기 때문이다. 머리가 길게 되는 것이다. 이렇게 헌신된 머리털을 주님은 칭찬하신다.

3. 이(齒牙)—말씀을 흡수할 수 있는 능력

2절, 네 이는 목욕장에서 나온 털 깎인 암양 곧 새끼 없는 것은 하나도 없이 각각 쌍태를 낳은 양 같구나

이(齒牙)는 주님의 말씀을 흡수할 수 있는 능력을 말한다. 어린아이는 젖을 먹으면 되기 때문에 이가 필요 없다. 그런데 자란 성도들은 스스로 단단한 음식을 먹어야 하기 때문에 이가 필요하다. 항상 젖만 먹는 사람은 이가 없는 어린아이이다. 믿는이는 단단한 음식을 먹고 소화할 수 있기까지 자라야 한다. 사도 바울은 히브리서에서 믿는이들에게 지각을 연단해서 단단한 음식을 먹을 수 있도록 자라라고(5:14 참조) 말한다. 그런데 이러한 이와 목욕장에서 나온 털 깎인 암양은 무슨 관계가 있는가? 목욕장에서 나왔으면 깨끗케 된 것이다. 이렇게 잘 먹으면 그 결과 사람이 깨끗해진다. 여러분이 집회에 참석해서 잘 먹으면 여러분의 마음이 깨끗해진다. 이 세상 때가 씻어진다. 이것이 먹은 결과이다. 여러분이 잘 먹으면 먹을수록 더 깨끗해진다. 목욕장에서 나온 것같이 된다.

또 이 암양은 털이 깎였다고 하였다. 이 털은 천연적인 능력을 의미한다. 천연적인 털은 날 때부터 갖고 있는 것으로 저절로 자란다. 그런데 털이 깎였다고 하는 것은 천연적인 능력이 제해졌다는 의미이다. 그러므로 진정으로 잘 먹을 수 있는 사람, 소화할 수 있는 사람은 주님이 주신 능력으로 음식을 먹는 사람이다. 주님이 주신 역량에 따라 먹는 것이다. 먹고 싶을 때 먹으면 된다. 아주 자연스러운 것이다. 배고플 때 좀 찾아 먹는 것이다. 자연스러울수록 좋다. 그러므로 털이 깎여야 한다. 천연적인 열심이 제해져야 한다.

4. 입술—그리스도의 구속과 그분의 권위 아래서 말함

3a절, 네 입술은 홍색실 같고 네 입은 어여쁘고

이 입술은 표현이다. 먹기만 하고 말이 없는 사람, 표현이 없는 사람은 어여쁘지 않는다. 좋은 그리스도인은 잘 먹을 뿐 아니라 반드시 표현이 있어야 한다. 그것이 입술이다. 그러므로 여러분은 주님을 위해서 말하기를 배워야 한다. 그런데 이 입술이 홍색실 같다는 것이다. 홍색은 주님의 구속을 의미한다. 우리의 말에 그리스도의 구속의 성분이 있어야 한다는 것이다. 어떤 사람들은 예수 믿는다고 하면서도 전혀 그리스도의 구속의 표시가 없는 말을 한다. 세상 사람들이 말하는 것과 똑같다. 그러나 이 여인의 입에는 구속된 표시가 있다. 그것이 홍색실이 의미하는 바이다.

또한 홍색은 왕권을 의미한다. 그녀의 입술에는 왕권을 의미하는 홍색실이 있다. 하나님의 왕권 아래서 말하는 표시가 그 입에 있다. 그녀의 말을 들을 때 천박하지 않는다. 거기에 왕의 위엄이 있다. 그리스도의 위엄이 있다. 함부로 말하는 것이 아니라 한 마디 한 마디 성령을 따라 말한다. 그럴 때 그 입은 어여쁘다.

5. 석류—생명의 충만의 표현

3b절, 너울 속의 네 뺨은 석류 한 쪽 같구나

뺨은 그 여인의 미모를 결정짓는 요소이다. 석류는 붉다. 얼굴이 붉다는 것은 생기 있고 혈액 순환이 왕성하다는 표시이다. 즉 생명으로 충만하다는 것이다.

6. 목—주님께 순복하고 대적에게는 약탈당하지 않음

4절, 네 목은 군기를 두려고 건축한 다윗의 망대 곧 일천 방패, 용사의 모든 방패가 달린 망대 같고

목은 순복을 의미한다. 주님께는 순복하지만 아무에게나 굽신거리지는 않는다. 대적에게 약탈당하지 않는다는 것이다. 그렇기 때문에 이 목은 아주 아름답다. 하나님께는 순복한다. 그러나 사단과 세상은 거절하고 아무에게나 함부로 약탈당하지 않는다. 여기서 다윗의 망대나 일천 방패는 모두 방어를 의미한다. 그러므로 이는 방어할 줄 아는 목이다.

"용사의 모든 방패가 달린 망대 같고". 망대는 파수를 보는 것이다. 이것은 그녀가 대적의 공격에 대해 아주 예민하다는 것이다. 주님께는 절대적으로 순복하지만 어떤 문제에 있어서는 절대로 그 목을 굽히지 않는다. 그러므로 약탈당하지 않는 것이다. 어떤 그리스도인은 목에 구슬꿰미가 있어서(1:10) 순종을 하지만 아무 것에나 순종을 하는 고로 대적에게 약탈당하고 속임당하고 인생을 탈취당한다. 그러나 이 지점에 도달한 믿는이는 목에 다윗의 망대가 있다. 만만하게 넘볼 수 없는 일천 방패, 곧 용사의 모든 방패가 있는 것이다.

7. 유방—믿음과 사랑

5절, 네 두 유방은 백합화 가운데서 꼴을 먹는 쌍태 노루 새끼 같구나

쌍태 노루란 쌍둥이이다. 한 어미에게서 나온 쌍둥이 노루와 같기 때문에 두 유방은 똑같아야 한다. 그것은 믿음과 사랑을 의미한다. 우리의 가슴에는 믿음과 사랑이 있어야 하는데 그 크기가 똑같아야 한다. 어떤 사람은 믿음이 유난히 크고 사랑이 없는 사람이 있고, 어떤 사람은 사랑은 많은데 믿음이 약한 사람이 있을 수 있다. 그러나 건강하게 자란 사람들은 믿음과 사랑의 크기가 같다. 주님은 이것을 칭찬하셨다.

8. 관찰하시는 순서에서 얻는 교훈

주님이 믿는이를 관찰하시는 순서는 매우 의미가 있다. 성장의 과정에서 주님은 먼저 신자의 눈을 감상하신다. 이러한 순서는 매우 중요한 것이다. 신자가 처음 시작할 때에는 순종이 앞선다. 그것이 목이 먼저 나오는 이유이다. 순복하는 목이 나온 후에 뭔가 알 수 있는 눈이 나온다(1:10,15). 그러나 4장에서는 좀 더 성장한 성도로서 눈이 먼저 나온다. 가령 어떤 성도가 영적 분별력과 총명보다 헌신하는 머리털이나 강한 의지를 대표하는 목이 먼저 나오면 큰 어려움에 봉착하게 된다. 그의 눈은 분명 어둡게 될 것이다. 그런 사람은 자기의 헌신이나 봉사에 눈이 어두워져 많은 사람에게 거치는 돌이 될 것이다. 그는 자기의 뛰어난 헌신과 강한 의지력으로 밀어붙이는 봉사가 하나님을 기쁘시게 할 것이라고 생각하지만 점점 눈이 어두워져 간다는 것을 모를 것이다. 그러므로 헌신하여 섬기는 성도에게는 먼저 분별력과 주님을 아는 눈이 있어야 한다.

눈과 머리털 다음에 치아가 나오는데 치아 역시 매우 중요한 것이다. 치아는 양의 건강 상태를 점검하는 기준이다. 나는 몽골에서 우리 형제들이 양을 잡을 때 양의 건강 상태를 살피기 위해 양의 이를 조사하는 것을 보았다. 성도들이 건강하게 자라려면 이가 튼튼해야 한다. 이는 말씀을 흡수하는 능력인데 말씀을 잘 흡수하는 것이 영적인 강건함을 위하여 매우 중요하기 때문이다.

말씀을 받아들이는 데 있어서 가장 바람직한 것은 되새김질하는 것이다. 또 착하고 좋은 마음이 있어야 한다. 겸손한 마음도 필수적이다. 베뢰아인과 같이 성경과 대조하면서 듣는 방식이 필요하다. 과연 그 말씀이 그러한가 하는 것이다. 말씀을 읽다가 잘 이해되지 않은 말씀은 마음에 두고 주님의 빛 비춤을 얻기 위해 기다려야 한다. 어떤 사람은 한 번에 다 이해해야겠다는 듯한 태도를 갖고 있는데 그러한 태도는 오히려 영양분을 흡수하는 데 도움이 되지 않는다. 영적으로 욕심이 많은 것이 문제가 되는 것이다. 정결한 짐승은 한 번에 먹이를 삼키지 않는다. 두고두고 되새김질을 한다. 어떤 성도는 진리의 말씀을 받을 때 너무 비판적이고 의심하는 마음으로 받는데 이 또한 영양분이 되지 않는다. 자기의 관념과 선호가 너무 강한 경우이다. 아무튼 말씀을 받아들이는 마음은 선하고 착해야 하며 되새김질하는 방식이 가장 좋다.

2절에서 새끼 없는 것은 하나도 없고 각각 쌍태를 낳은 양이라고 한 표현은 다 건강한 흡수력으로 말미암은 생산 능력을 말한다. 말씀의 흡수가 좋은 성도가 생산하는 능력이 강하다.

더 깊은 십자가와 더 큰 부활 능력에 머물고자 함

6절, 날이 기울고 그림자가 갈 때에 내가 몰약 산과 유향의 작은 산으로 가리라

이 말은 누가 했는가? 여인이다. 5절까지는 우리 주님이 이 여인에 대해 칭찬하신 말이다. 3장 후반부에도 이 여인이 한 말이 별로 없다. 그래서 영적으로 성장한 것의 표시는 말이 많지 않다는 것이다. 1장에는 여인의 말이 많다. 왕이 한 마디 하면 여인이 한 마디 한다. 그러나 4장에 올 때 여인은 별로 말이 없다. 그러다가 6절에 와서 한 마디 한다. "날이 기울고 그림자가 갈 때에 내가 몰약 산과 유향의 작은 산으로 가리라". 연기 기둥이나 침상이나 연 정도가 되었으면 그림자가 없어야 하고 이미 날이 새었어야 하는데 아직도 그림자가 있다.

영적으로 자란 사람들은 안다. 연기 기둥이 될 정도로 자랐을지라도 자기 자신에게는 아직 어두움이 있다는 것을 안다. 주님이 이렇게 자기를 칭찬하실지라도 자신에게는 아직 약함이 있고 어두움이 있다는 것을 인식하고 있다. 우리는 많은 앞선 성도들의 기록에서 이러한 일을 볼 수 있다. 어떤 훌륭한 주님의 종은 "나는 숨 쉬는 것 외에는 다 죄를 짓는 것뿐이다"라고 말했다. 이와 같이 자기 자신이 자각(自覺)하는 그림자가 있는 것이다. 이러한 성도의 갈망은 몰약 산으로 가고 유향의 언덕으로 가겠다는 것이다. 몰약은 죽음을 의미하고 유향은 부활을 의미한다.

3장에서 여인은 몰약을 향품으로 취했다. 장사에게서 산 향품으로 자신을 향기롭게 한 것이다. 그리스도의 가장 아름다운 향품은 몰약이다. 우리는 이 향품을 그분에게서 사야 한다. 이 여인이 3장에서 십자가의 죽음을 주관적으로 체험하긴 했는데 그때는 체험한 정도가 향수로 조금 뿌린 정도이다. 그래도 그녀는 그리스도의 죽음이 얼마나 자신을 아름답게 하고 사랑스럽게 하며 유익을 주는지를 알았다. 귀한 죽음의 몰약, 귀한 부활의 유향을 안 것이다. 조금씩 조금씩 그러한 향품으로 자신을 향기롭게 하다 보니 그 죽음과 부활의 가치를 더 알게 되었다. 그것이 결국 그녀를 이렇게 아름다운 사람으로 만든 것이다. 여기에 눈과 머리털, 입술, 입, 목, 가슴, 이 모든 것을 아름답게 한 것은 바로 그리스도의 몰약과 유향이다. 그때 그 여인은 '내가 이제는 향품을 조금 사서 뿌리는 것이 아니라 아예 십자가의 죽음의 산으로 가겠다. 부활의 언덕으로 가겠다. 거기서 살겠다' 라고 했다. 더 깊고 더 많은 십자가를 체험하겠다는 뜻이다.

그리스도인이 성장하고 변화되려면 그리스도의 십자가를 체험해야 한다. 적어도 십자가의 두 방면, 즉 죄에서 벗어나고 육체를 처리하는 십자가와 자기를 부인하는 십자가를 체험해야 한다. 특히 자기를 부인하고 자신의 십자가를 지고 주님을 따르는 것은 더 깊은 십자가의 체험이다. 이는 죄와 관계 있는 것이 아니다. 다만 하나님의 뜻이 아닌 것, 그리스도의 생명과 진리에 속한 것이 아닌 것에 죽음의 인을 치는 것이다. 이러한 십자가의 체험은 어쩌다 하는 것이 아니라 늘 십자가의 그늘 아래 사는 것이다. 이것이 몰약의 산과 유향의 언덕에 머무는 것이다.

나는 여기서 영적 체험을 위해서는 십자가의 체험이 절대적임을 다시 한 번 강조하고자 한다. 십자가의 체험은 그리스도를 얻기 위해 목숨이라도 버릴 각오가 되어 있지 않다면 가능한 것이 아니다. 물론 우리 자신의 능력으로 십자가를 질 수 있는 것은 아닐지라도 우리 편의 원함이 있어야 한다. 성령의 도우심이 절대적으로 필요하지만 적어도 우리 편에서 자신을 죽음에 내어주고자 하는 자원함이 필요한 것이다. 범사에 하나님의 뜻을 묻고 진리와 대조하여 어긋난 것과 합당치 않은 것을 제해버리고 처리하고자 하는 것은 우리의 순종이다. 한 가지 한 가지 일에서 주의 깊게 하나님의 뜻을 묻고 진리와 대조하면서 하나님의 길을 철저히 가고자 하는 사람을 보기란 참으로 어렵다. 너무나 많은 사람이 대충 이 길을 걸어가면서 하나님을 속이고 자신을 속이는 것을 본다. 그러면서도 자신이 영적으로 진보한 사람이 되기를 원한다. 그러나 그런 일은 결코 발생하지 않는다. 한 가지를 잃으면 한 가지를 얻는다. 하나님을 얻든지 자기의 혼 생명을 얻든지 하는 것이다. 자기의 뜻을 만족시키는 길을 갈 때 십자가와는 관계가 없게 된다. 그리스도를 얻지 못하게 된다.

아가서에서 몰약과 유향은 항상 짝을 이루어 나타난다. 십자가에 자신을 못 박고 죽음에 넘기는 길을 가지 않는다면 결단코 몰약과 유향의 향기를 얻을 수 없다. 순종하는 길이 십자가와 관계 있고 겸손하게 낮아지는 길이 십자가와 관계 있다. 죽음 후에야 부활이 있다. 빌립보서 2장에서 주님이 십자가에 못 박히시기까지 낮아지신 것을 볼 때 겸손과 순종이 십자가를 지는 사람의 특징임을 알게 된다(5-8절). "자기를 낮추시고 죽기까지 복종하셨으니 곧 십자가에 죽으심이라"고 하였다. 여기에 낮춤이 있고 복종이 있다. 십자가를 지는 사람의 특징이 이 두 가지이다.

그리고 두려워하고 떠는 태도가 있어야 한다. 원망과 시비가 있는 사람이라면 십자가를 지는 사람이 아니다. 두렵고 떨림으로 구원을 이루는 사람은 항상 복종하는 사람이다(12-14절). 이것은 너무나 중요한 것이다. 하나님께 기도하고 교통하며 주의 뜻을 묻고 한 가지 일이라도 그분의 뜻에서 벗어나거나 일치되지 못할까봐 두려워 떨며 진리에서 떠난 행함을 가질까 범사에 깨어 있는 사람만이 십자가를 질 수 있다.

여기서 몰약의 산과 유향의 언덕에 가고자 하는 갈망을 표현하는 것은 쉬우나 실제로 그렇게 사는 것은 간단한 일이 아니다. 몰약 산과 유향의 언덕에 가서 거기 머물고자 하는 것은 그러한 삶이 자신의 일생 전체가 되기를 갈망하는 것이라고 생각된다. 이는 그리스도인으로서 너무나 고상한 삶의 갈망이다. 간절한 갈망을 가지고 성령과 연합하여 몸의 행실을 한 가지씩 죽음에 넘기지 않으면 십자가의 깊은 처리를 받을 수 없다. 이러한 십자가의 죽음의 삶이 부활의 능력과 향기를 가져온다.

승천 안에 살도록 부르심

7절, 나의 사랑 너는 순전히 어여뻐서 아무 흠이 없구나

이 여인은 아직도 그녀에게 그림자가 있어서 몰약과 유향의 산으로 가겠다고 하는데 주님은 이 여인이 어여쁘고 흠이 없다고 하신다.

1. 레바논에서 바라보도록—아마나, 스닐, 헤르몬

8절, 나의 신부야 너는 레바논에서부터 나와 함께하고 레바논에서부터 나와 함께 가자 아마나와 스닐과 헤르몬 꼭대기에서 사자 굴과 표범 산에서 내려다보아라

그러면서 이 여인을 '나의 신부' 라고 부르신다. 이 상태에 이를 때 여인은 신부가 될 자격이 있다. 이제 4장에 와서 이 지점에 이른 여인을 주님은 한 단계 더 높은 체험으로 이끌고 계신다. 그것이 바로 레바논이다. '레바논' 은 높은 지대로서 '그리스도의 승천' 을 나타낸다. 또

'아마나'는 '진리'이고 '스닐'이란 '부드러운 갑옷'을 의미하며 '헤르몬'은 '파괴'라는 뜻이다. 이 모든 것이 다 그리스도의 승천과 영적 전쟁과 관계 있다.

무엇이 진리인가? 하나님께서 그리스도 안에서 성취하신 모든 사실들이 진리이다. 그리스도 안에서 성취된 것은 그분의 십자가의 죽으심과 부활과 승천이다. 그분이 죽으셨을 때 우리도 함께 죽었다고 했다. 에베소서를 보면 그리스도께서 부활하셨을 때 우리도 함께 일으켜졌다고 했다. 그분이 하늘에 앉았을 때 우리도 함께 하늘에 앉혀졌다고 했다(엡 2:6). 이러한 것이 하나님의 진리이다. 이러한 상태에 이르지 않았다면 전쟁할 준비가 되지 않은 것이다.

'스닐'은 '얇고 부드러운 갑옷'이다. 부드러운 갑옷은 전쟁을 끝낸 사람이 입는 것이다. 싸우러 나가는 사람은 단단한 갑옷을 입어야 한다. 우리 주님은 이제 전쟁을 끝마치셨다. 그분은 십자가에서 모든 대적, 사단과 그 군단을 없이하시고 이제 부드러운 갑옷을 입고 계신다. 그것은 승천의 광경을 묘사하는 것이다. '헤르몬'은 '파괴'를 뜻한다. 주님은 이미 십자가에서 대적을 다 멸하셨다. 그러므로 이 모든 것은 승천의 광경을 나타낸다. 또한 여기서 꼭대기에서 내려다보라고 했는데 내려다보려면 우리는 하늘에 앉아 있어야 한다. 전쟁을 하기 위해서는 위치의 문제가 중요하다. 주님은 우리가 싸울 수 있도록 높은 지점으로 이끄셨다.

2. 사자 굴과 표범 산(하늘의 영역)에서 내려다보도록

"사자 굴과 표범 산에서 내려다보아라". 사자나 표범은 이 땅 위에서 왔다갔다 하는 것들이다. 그런데 여기서는 사자 굴과 표범 산이 하늘에 있다고 말한다. 영적인 대적들은 이 땅에서 많은 환경들을 일으키지만 그 근원지는 공중에 있다. 만일 영적인 성도가 이 땅에서 일어나는 많은 환경 가운데의 일만 생각한다면 그 근원을 알지 못한다. 굴이 어디에 있는가? 이것이 근원이다. 표범이 사는 산이 어디에 있는가? 이것이 근원이다. 그것을 파악하려면 그보다 더 높은 위치에 있어야 한다. 그래야 그것을 꿰뚫어 볼 수 있다. 그래서 주님은 이 여인을 더 높은 지점으로 부르시는 것이다. 이 여인은 '나는 더 깊은 십자가와 더 많은 부활을 체험하겠다' 라고 했지만, 우리 주님은 '너는 이제 한 단계 더 올라가야 한다. 나는 십자가에서 죽고 부활할 뿐 아니라 또한 승천했다. 하늘에서 나와 함께 내려다볼 필요가 있다' 라고 하신다.

이 땅에서 우리가 이 정도로 영적 생활을 하다 보면 우리는 대적 사단의 공격이 있다는 것을 알게 된다. 그러나 어릴 때에는 이것을 잘 모른다. 우리는 십자가가 주는 유익과 부활의 능력을 체험하는 것은 아주 귀하게 생각하고 또 그로 말미암아 아름다워지는 것은 아주 관심하지만 대적이 있다는 것을 생각지 못한다. 표범과 사자는 무엇을 의미하는가? 사자의 특징은 위협하는 것이며, 표범은 아주 교활하여 물어뜯고 삼킨다. 이런 환경들이 일어나는데도 영적 전쟁을 모르고 대적의 궤계를 모르는 사람은 길이 없다. 거기서 매우 당황해하고 혼비백산해 버린다.

그렇기 때문에 우리 주님은 부르신다. "나와 함께 가자!" 처음에는 바위 틈 낭떠러지 은밀한 곳, 즉 십자가로 가자고 하시더니 이제는 점점 단계가 높아져 레바논으로 가자고 하신다. 주님께 감사한다. 술람미 여인처럼 얼굴이 검고 그저 포도원에서 피곤하게 일만 하던 사람을 그분의 신부로 만드시기 위해 그분이 먼저 체험하시고 이제 우리로 하여금 그 발자취를 좇아 한 걸음 한 걸음 체험하게 만드신다. '십자가가 얼마나 깊은 것인지, 부활의 능력이 얼마나 풍성한 것인지를 체험해 보아라. 그리고 이제 거기 그만 머물고 레바논으로 함께 올라가자' 하시며 우리를 이끌어 주신다.

우리가 조금씩 따라가다 보면 결국 내려다보는 것을 배우기 시작한다. “너는 표범 산에서, 사자 굴에서 내려다보아라”. 그때서야 비로소 영적 전쟁을 하려면 대적의 궤계를 알아야 한다는 것을 자각하게 된다. 그 이전에는 사단을 대적해야 한다는 것은 알지만 실제로 대적이 나를 괴롭히고 공격하고 역사하기 전에는 그 궤계를 잘 모른다. 그러나 어느 때 말할 수 없이 괴로움을 당하고 나서 주님이 가르쳐 주신다. 그 이전에는 다 교리였다. 그러나 그때는 악한 자가 얼마나 주님의 일을 대적하고 무너뜨리고자 하는지를 알게 된다. 주님께는 충성스러운 사람들이 필요한데 충신은 사단에게 괴로움을 많이 당한다. 그리고 나면 마귀, 사단이 얼마나 악한가를 느끼고 그때부터 악한 자를 대적하게 된다. 이것이 조금 자란 사람들의 일이다.

그러므로 영적 전쟁을 하려면 위치가 중요하다. 승천의 위치에서 내려다볼 수 있어야 한다. 우리가 내려다볼 수 있으면 대적은 끝난다. 그 궤계를 알면 해결이 나온다. 호세아 선지자는 ‘내 백성이 지식이 없으므로 망한다’고 했다. 아는 사람 앞에서는 사단이 꼼짝 못하지만 모르는 사람은 사단에게 실컷 당한다. 우리는 교회생활 안에서 악한 자의 정체를 알 수 있을 만큼 자라야 한다. 이것이 4장에서 주님의 레바논으로의 부르심이다. 주님이 우리를 내려다볼 수 있도록 부르셨으므로 사자 굴과 표범 산에서 내려다볼 줄 알아야 한다. 하나님이 우리로 싸워 이기도록 부르신 높은 위치를 잃어버린다면 우리는 싸울 수 없다. 우리는 이미 그리스도와 함께 하늘에 앉힌 바 되었다는 것을 견고하게 믿음으로 지켜야 한다. 이것은 대적을 이기기 위해 매우 중요하다. 우리는 믿음으로 주님과 함께 레바논에 올라왔다. 이것이 우리에게 싸울 수 있는 위치를 부여한다.

이러한 승천의 위치를 아는 것과 믿음으로 그 위치를 지키는 것은 별개의 일이다. 많은 사람들이 우리가 그리스도와 함께 부활하고 승천했다는 사실을 안다. 그러나 진실로 그러한 영역 안에 사는 사람은 많지 않는다. 이는 그러한 사실을 견고하게 붙잡고 의지하지 않으면 그 위치를 지킬 수 없기 때문이다. 우리는 믿음이란 어떤 경우라도 하나님의 사실을 지키며 그 위치에 서는 것임을 안다. 어떤 순교자는 자기가 불구덩이에 떨어진다 해도 하나님의 말씀을 믿겠다고 했다. 지옥에 던져진다 해도(주 예수님을 믿는 사람이 그렇게 될 가능성이 있다는 말이 아니다) 말씀을 믿겠다고 했다. 이는 어떤 경우에라도 하나님의 말씀을 믿는 위대한 믿음이다.

우리가 승천의 위치를 견고하게 지키는 것은 하나님의 진리를 붙잡는 믿음으로 인한 것이다. 이러한 위치는 우리에게 싸울 수 있는 자격을 부여한다. 이렇게 승천의 위치에 있지 못하면 그 자체가 패배요 약한 것이어서 싸울 수 없다. 이 땅에서 이미 죽고 하늘로 승천한 자들은 이 땅에서 두려울 것도 문제될 것도 없다. 강한 영으로 싸울 수 있다.

3. 그녀의 무언(無言)의 대답

9절, 나의 누이, 나의 신부야 네가 내 마음을 빼앗았구나 네 눈으로 한 번 보는 것과 네 목의 구슬 한 꿰미로 내 마음을 빼앗았구나

이제 주님은 이 믿는이를 '누이'라고 부르신다. 이렇게 부른 것에는 의미가 있다. 생명과 본성이 같기 때문에 누이라고 부른 것이다. 같은 어머니에게서 태어났을 때에만 누이라고 부를 수 있다. "나의 신부야 네가 내 마음을 빼앗았구나 네 눈으로 한 번 보는 것과 네 목의 구슬 한 꿰미로 내 마음을 빼앗았구나". 이 상태에 이르렀을 때 이 여인은 어떤 말을 하지 않았다. 레바논 산, 즉 승천으로 부르실 때에 말을 하지 않고 다만 주님을 한 번 쳐다보았다. 그녀가 쳐다본 것은 잠잠히 순종하는 태도이다. 주님을 한 번 쳐다보았을 때 우리 주님은 너무 기뻐하시면서 "네 눈으로 한 번 보는 것과 네 목의 구슬 한 꿰미로 내 마음을 빼앗았구나"라고 하셨다. 그 눈은 주님을 따르겠다는 마음, 그 말을 알아들었다는 마음이 함축된 눈이다. 눈을 쳐다보면 그 사람이 말을 알아들었는지 못 알아들었는지 알 수 있다. 그러므로 여기서 대적의 정체를 알도록 높은 곳에 올라가서 쳐다보자고 하시는 것이다.

이제 이 여인에게는 눈이 있다. 또 그 목의 구슬꿰미란 그렇게 하겠다는 순복의 태도이다. 그 순복이 주님의 마음을 만족케 했다. 여기에서 주님은 믿는이가 그분의 마음을 빼앗았다는 말씀을 두 번이나 하신다.

4. 주님이 믿는이를 개인적으로 감상하심

10절, 나의 누이, 나의 신부야 네 사랑이 어찌 그리 아름다운지 네 사랑은 포도주에 지나고 네 기름의 향기는 각양 향품보다 승하구나

1) 포도주보다 나은 여인의 사랑과 그 기름의 향기를 누리심

'네 사랑이 포도주에 지난다' 라는 말씀은 1장에서 여인이 한 말과 비슷하다. 1장에서는 우리 주님이 포도주보다 훨씬 낫다는 표현을 했다. 우리가 아무리 주님의 사랑을 깨닫고 알아도 주님이 우리를 아는 것만은 못하다. 우리 주님은 우리의 사랑을 조금만 맛보아도 너무 좋아하신다. 성장한 사람들이 어린 사람들의 귀여운 것, 기특한 것을 보면 감탄이 심하다.

사무엘 상을 보면 요나단과 다윗이 서로 붙들고 울었는데 이때 다윗이 요나단보다 더 심하게 울었다고 말한다. 다윗은 우리 주님을 대표한다. 우리가 주님을 사랑스러워하고 기뻐해도 우리 주님이 우리를 기뻐하고 사랑스러워하는 것만은 못하다. "네 사랑은 포도주에 지나고 네 기름의 향기는 각양 향품보다 승하구나". 이 말씀은 이제 이 여인에게도 주님의 사랑이 옮겨부은 바 되었다는 것을 가리킨다. "기름의 향기는 각양 향품보다 승하구나". 이 여인에게서도 주님의 향기가 난다. 그

녀는 주님을 사랑하고 따르는 가운데 주님의 향기를 지니게 되었다. 이 향기를 주님이 칭찬하신다.

11절, 내 신부야 네 입술에서는 꿀방울이 떨어지고 네 혀 밑에는 꿀과 젖이 있고 네 의복의 향기는 레바논의 향기 같구나

2) 그녀의 생명의 풍성함, 하늘의 향기가 배어남

꿀이 혀 밑에 있는 것은 무언가 저장한 것이 있음을 말한다. 항상 사람들에게 양식을 줄 수 있고 공급을 줄 수 있고 달콤함을 사람들에게 전해 줄 수 있는 것이 비축되어 있다. 이것은 그녀가 풍성한 사람이 되었음을 가리킨다. 우리 그리스도인은 이렇게 풍성한 사람이 되어야 한다.

레바논은 높은 곳, 하늘을 말한다. 레바논에서 나는 향기, 하늘의 향기, 하늘 냄새가 이 여자의 옷에서 난다는 것이다. 하늘의 삶을 살고 하나님과 거하다 보니 그 냄새가 옷에 밴 것이다.

12절, 나의 누이, 나의 신부는 잠근 동산이요 덮은 우물이요 봉한 샘이로구나

이것은 이 여인에 대한 주님의 칭찬이다. 동산, 우물, 샘은 다 주님만 누릴 수 있도록 잠겨져 있다. 그리스도인이 더욱 성장할 때 주님과의 감추인 교통이 많아지고 따라서 주님께만 보이고자 하는 것들이 많아지게 된다. 그래서 잠근 동산과 덮은 우물과 봉한 샘이 되는 것이다. 초기 그리스도인들은 무엇이든지 사람에게 보이기 원한다. 그러나 점점 자랄 때 보이지 아니하시는 하나님께 보이기 위해 행하는 것들이 많아지는 법이다. 하나님은 기도든 구제든 금식이든 많은 활동들이 은밀한 가운데 보시는 하나님 앞에서 행해질 때 상이 있다고 말씀하셨다. 생명이 성숙한 것의 표시는 주님과의 은밀한 거래가 많아진 것이다. 어릴 때는 사람들이 알아주지 않고 표시가 나지 않으면 일할 마음이 별로 없다. 그러나 자랄 때 사람 앞에서가 아니라 주님 앞에서 행하는 일이 많아진다.

13-14절, 네게서 나는 것은 석류나무와 각종 아름다운 과수와 고벨화와 나도초와 14 나도와 번홍화와 창포와 계수와 각종 유향목과 몰약과 침향과 모든 귀한 향품이요

3) 잠근 동산

이 동산은 주님이 누릴 수 있는 잠근 동산이다. 많은 사람들이 와서 누릴 수 있는 동산이 아니라 주님이 필요하실 때에만 와서 열고 누릴 수 있는 잠근 동산, 덮은 우물, 봉한 샘이다. 그러한 동산에서 자라는 것은 아름다운 화초들과 향품들이다. 거기에 석류나무와 각종 아름다운 과수와 고벨화와 나도초와 나도와 번홍화와 창포와 계수와 각종 유향목과 침향과 모든 귀한 향품들이 있다. 감추인 체험이 많아지면서 우리에게 각종 아름다운 과수들의 열매가 맺힌다는 말이다. 고벨화, 유향, 몰약 등은 모두 주님께 속한 것들이다. 믿는이가 은밀한 가운데 성실하게 하나님 앞에서 행하며 주님을 따른 결과 그에게서 하늘에 속한 열매들이 맺히는 것이다.

15절, 너는 동산의 샘이요 생수의 우물이요 레바논에서부터 흐르는 시내로구나

4) 흐르는 시내

과수와 꽃들과 향품이 있을 뿐 아니라 하늘로부터 흐르는 시내가 있다. 즉 아름답고 향기 나는 성령의 열매가 있을 뿐 아니라 공급이 넘치는 사람이 되었다는 것이다. 주님은 이 땅에서 이러한 생명의 출구를 원하신다. 그들을 통해 생명의 공급이 넘쳐흐르는 사람이다. 그러한 사람이 있을 때 자신이 주님으로 인하여 살 뿐 아니라 그가 가는 곳마다 많은 사람들이 살아나게 된다. 에스겔서에 있는 생명강과 같이 된 것이다(겔 47:9, "이 강물이 이르는 곳마다 번성하는 모든 생물이 살고 또 고기가 심히 많으리니 이 물이 흘러 들어가므로 바닷물이 소성함을 얻겠고 이 강이 이르는 각처에 모든 것이 살 것이며"). 주님은 그를 믿는 자들은 그 배에서 생수의 강이 흘러나리라고 하셨다(요 7:38). 바울은 자신이 사람을 살리는 냄새를 풍기는 자라고 했다(고후 2:15-16). 우리는 이 땅에서 하나님의 생명을 흘러 내보내는 강이 되어야 한다. 그러한 단계에 이른 여인이 이제 한 마디를 발한다(16절).

여인의 답변

16절, 북풍아 일어나라 남풍아 오라 나의 동산에 불어서 향기를 날리라 나의 사랑하는 자가 그 동산에 들어가서 그 아름다운 실과 먹기를 원하노라

이제 이 여인의 갈망은 이 단계까지 자랐다. 북풍은 아주 차갑고 매서운 바람, 즉 어려운 환경이다. 남풍은 아주 부드러운 바람, 즉 순탄한 환경이다. 남풍은 성령의 위로의 바람이라고도 할 수 있다. 환경은 이 두 가지밖에 없다. 하나는 북쪽에서 불어오는 북풍이고 다른 하나는 부드러운 남풍이다. 하나는 세찬 고난의 바람이고 다른 하나는 위로와 격려의 훈풍이다. 바람이 없으면 이러한 석류나무, 각종 과수, 고벨화, 몰약, 침향, 많은 화초의 향이 흩날리지 않는다.

북풍이나 남풍이 없으면 어떻게 되는가? 향기가 널리 퍼져나가지 않는다. 그런데 이러한 바람이 불면 그 향기가 사방에 퍼져 나간다. 이 여인은 이렇게 주님을 만족케 해드릴 수 있는 상태로 자랐다. "북풍아 일어나라 남풍아 오라 나의 동산에 불어서 향기를 날리라 나의 사랑하는 자가 그 동산에 들어가서 그 아름다운 실과 먹기를 원하노라". 사랑하는 성도들이여, 여러분도 이러한 상태에 이르기까지 자라기를 바란다. 이 단계는 성도가 자신의 고난과 체험을 통하여 주님과 성도들에게 은혜와 축복과 유익을 줄 수 있기를 바라는 단계라고 볼 수 있다. 고린도후서 1장의 바울의 체험이 바로 이런 것이라고 할 수 있다(고후 1:3-6). 우리 동산에 오셔서 주님이 마음껏 실과를 드시고 향기를 맛보시도록, 또 많은 사람들이 우리의 고난의 체험을 통하여 유익을 얻도록 주님이 우리를 축복하시기 바란다.

4장의 영적 체험의 중심

3장 후반부의 주님과 연합된 믿는이의 상태에 대한 것이 1절부터 5절까지에 그려져 있다. 첫째는 영적인 안목이다. 너울 속에 있는 비둘기 같은 눈이다. 영적인 사람의 첫 번째 표시는 영적인 시야와 분별력이다. 그 눈은 천연적이고 천박한 것과는 큰 차이가 있다. 그것은 너울 속에 있다. 영적으로 많은 것을 분별할지라도 쉽게 말하지 않는 것이다. 어떤 형제가 영적인 일을 보는 대로 쉽게 많이 말한다면 그는 분명 그리스도와의 연합 안에 깊지 않은 사람이다. 진정으로 영적인 사람은 알지만 많이 말하지 않는다. 그것이 너울이 있다는 표시이다. 머리카락은 헌신이며 순복이다. 절대적인 헌신과 순복이 없는 자라면 결코 깊은 연합을 가진 자라고 볼 수 없다. 어떤 성도는 가정도 물질도 드리지 않으면서 스스로 주님과 깊이 연합되었다고 생각하지만 결코 그런 일은 없다.

6절의 '날이 기울고 그림자가 갈 때에 내가 몰약 산과 유향의 작은 산으로 가리라'는 말씀은 매우 중요하다. 이는 성도가 십자가와 부활의 더 깊은 체험 안으로 들어가고자 하는 소망을 피력한 것이다. 이는 마치 사도 바울이 빌립보서 3장에서 "내가 그리스도와 그 부활의 권능과 그 고난에 참예함을 알려하여 그의 죽으심을 본받아 어찌하든지 죽은 자 가운데서 부활에 이르려 하노니"(10-11절)라고 말한 것과 같다. 바울은 이미 부활의 능력과 죽으심을 체험한 사람이다. 그러나 이 시점에서 그의 갈망은 매우 강하다.

누구든지 십자가를 붙잡지 않고는 성장할 수 없다. 십자가를 사랑하지 않고는 전진할 길이 없다. 십자가를 체험함이 없이는 자랄 길이 없다. 사람들이 이론으로 십자가를 말할 수 있고 때에 따라 십자가를 체험할 수 있겠지만 여기 믿는이에게는 그리스도의 고난의 교통에 참여하고 그 죽으심을 본받기 원하는 간절한 갈망이 있다. 십자가를 진정으로 체험하기 원하며 부활의 능력을 알기 원하는 갈망이 있다.

7절에서 주님은 이런 단계에 이른 성도를 흠이 없고 아름답다고 격려하신다. 우리는 아가서를 읽으면서 많은 격려를 받다. 우리가 조금 전진할 때마다 주님이 얼마나 우리를 아름답게 보시고 감상하시며 좋아하시는가를 알 수 있기 때문이다. 이 단계에 있는 성도만이 싸울 수 있다. 주님은 그러한 성도를 싸우도록 높은 경지인 하늘로 부르신다(8절). 어떤 성도를 승천의 위치로 부르셨다면 그것은 주님이 그를 그분의 전사로 부르신 것이다. 하늘(레바논)에서 내려다볼 줄 모른다면 영적 전쟁을 할 수 없다. 많은 일들이 하늘에서 내려다보아야 해법이 있다.

에베소서 6장에서 우리의 씨름은 혈과 육에 대한 것이 아니요 공중의 권세 잡은 자와의 씨름임을 말해주고 있다. 여기 표범과 사자는 공중에 있다. 이 성도는 이 땅의 문제를 하늘의 관점에서 볼 줄 안다. 그러기에 이길 수 있는 길이 있다. 보는 것에서 실패하면 그 전쟁은 싸우나마나 패배이다. 그러나 볼 수 있다면 이길 길이 있다. 그러므로 영적 전쟁에서 믿음으로 승천의 위치를 취하는 것은 매우 중요하다. 그러나 이것은 주님의 부르심을 따라 그곳에 이르러야 한다. 그럴 때 이 모든 일이 실제가 된다. 나는 주님이 성도들을 이끌어 이 위치에 있게 하시고 이미 믿는 우리가 그곳에 있음을 보게 하시기를 구한다.

그러한 성도는 주님의 마음을 빼앗을 정도로 주님의 눈에 흠모할 만하다. 주님은 '내 마음을 빼앗았다' 고 하신다. 그들의 옷에는 하늘의 향기가 배어 있고 그들은 주님만을 위한 각종 화초와 열매와 향품들을 갖고 있다. 주님만을 시원케 해드릴 샘물을 갖고 있으며 또한 많은 사람들의 필요를 채울 시내를 갖고 있다(15절). 이러한 성도는 더욱 고난을 받으므로 주님과 성도들을 충족시키고 기쁨을 주고 싶어한다(16절).

아가서 5장

4장 마지막 부분은 여인의 갈망과 기도이기도 하다. 4장 16절, "북풍아 일어나라 남풍아 오라 나의 동산에 불어서 향기를 날리라 나의 사랑하는 자가 그 동산에 들어가서 그 아름다운 실과 먹기를 원하노라". 사랑하는 자는 우리 주님이시며, 믿는이는 주님께 그 동산이 된다. 그 동산은 바로 그의 마음이다. 여인은 주님이 자신의 마음 속에 들어오셔서 아름다운 실과를 드시기를 원하는 간구를 드렸다.

여인의 간구에 대한 주님의 응답

4장의 이 기도가 끝나자마자 주님의 응답이 있다. "나의 누이, 나의 신부야, 내가 내 동산에 들어와서". 이러한 기도를 하자마자 5장에서 주님이 그 동산에 들어오셨다. 이처럼 우리 주님은 어떤 기도에 대해서는 참으로 빨리 응답하신다. 주님이 빨리 들으시는 기도는 우리 자신을 주님께 헌신하는 기도이다. 주님은 우리 자신을 주님께 드리는 기도를 참으로 기뻐하시는 것을 느낀다. 그러므로 우리가 많이 자랐고 진보했다 하더라도 항상 주님께 '주여, 나를 다시 한 번 주님께 드립니다. 내 마음을 다시 한 번 주님께 열어드립니다. 내 마음 속에 오셔서 다시 한 번 나를 주장하여 주시기 바랍니다' 라는 기도를 드려야 한다. 주님은 인격적인 분이어서 우리가 기꺼이 자신을 드리지 않으면 우리를 주장하시지 않고 우리를 임의로 사용하시지 않는다. 인격적인 사람은 상대방이 별로 내켜하지 않는데 만지려 하거나 들어가려 하지 않는다. 그러나 우리가 기꺼이 주님께 '주님, 나는 당신의 것이지 않습니까? 내 마음을 주님께 열어드립니다. 주님, 다시 나를 얻으셔야 합니다' 라고 기도할 때마다 주님은 '그래, 너는 내 동산이다' 라고 응답해 주신다.

주님이 동산에 들어가 믿는이들 속에서 누리심

1절, 나의 누이, 나의 신부야 내가 내 동산에 들어와서 나의 몰약과 향 재료를 거두고 나의 꿀송이와 꿀을 먹고 내 포도주와 내 젖을 마셨으니 나의 친구들아 먹으라 나의 사랑하는 사람들아 마시고 많이 마시라

주님은 우리를 '내 것' 으로 여기신다. 여기서 주님은 여인의 동산(4:16)을 '내 동산' 이라고 하신다. 이것은 얼마나 보배로운 응답인지 모른다. "나의 누이, 나의 신부야 내가 내 동산에 들어와서". 주님이 우리 자신을 그분의 것으로 여기는 것보다 더 축복되고 귀한 것은 없다. 그러므로 우리는 끊임없이 이러한 기도를 드려야 한다. "내 동산에 들어와서 나의 몰약과 향 재료를 거두고 나의 꿀송이와 꿀을 먹고 내 포도주와 내 젖을 마셨으니". 영문 성경에는 "my myrrh, my spice, my honeycomb, my honey, my wine, my milk" 라고 되어 있는데, 'my' (나의)가 여섯 번이나 나온다. 주님은 헌신된 사람의 모든 것, 주님께 열어드린 사람의 모든 것을 다 '내 것' 이라 하신다. 우리 마음 가운데 들어오셔서 우리가 그리스도에게서 얻은 모든 것을 다 그분의 것이라고 주장하신다.

"나의 몰약과 향 재료를 거두고 나의 꿀송이와 꿀을 먹고 내 포도주와 내 젖을 마셨으니 나의 친구들아 먹으라 나의 사랑하는 사람들아 마시고 많이 마시라". 여기서 '나의 친구들', 즉 주님의 친구들이 누구이겠는가? 성삼위 하나님, 성부 하나님, 성자 하나님, 성령 하나님이시다. 이 성삼위 하나님이 아니시라면 그 외에 누구를 가리키겠는가? 여기에는 그 어떤 죄인도 들어올 수 없다. 하나님께서는 "나의 친구들아 먹으라 나의 사랑하는 사람들아 마시고 많이 마시라"고 하시는데, 이것은 삼위일체 되신 하나님(triune God)께서 주님을 사랑하고 헌신된 사람들의 마음 속에 있는 그리스도로부터 얻은 많은 것들을 기뻐하고 즐거워하며 누리신다는 것이다.

주님의 전진된 부르심

1. 잘지라도 마음은 깨어 있음

2a절, 내가 잘지라도 마음은 깨었는데 나의 사랑하는 자의 소리가 들리는구나

이제 믿는이가 많이 진보했다. 진보한 표시는 자고 있어도 마음은 깨어 있다는 것이다. 어린 신자는 기도 시간이나 예배 시간이나 봉사 시간에는 깨어 있지만 나머지 개인 시간에는 깨어 있지 못하다. 그러나 성장한 사람들은 언제나 주님과 함께 있고 깨어 있는 영을 유지하고 있다(살전 5:10). 이것은 우리로 하여금 갈라디아서 2장 20절을 생각나게 한다. "내가 그리스도와 함께 십자가에 못박혔나니 그런즉 이제는 내가 산 것이 아니요 오직 내 안에 그리스도께서 사신 것이라". 나는 죽은 자요 나는 이제 어떤 것에도 그렇게 반응이 없다. 혈기가 없다. 자아의 어떤 반응도 없다. 마치 자는 사람과 같다. 우리의 혈기와 자아 생명이 죽어서 아무 반응이 없다면 정말 죽은 것이다. 그러나 "내 마음은 깨었는데"라고 했듯이 나는 죽었지만 그리스도는 내 안에 사신다. 이 상태에 이른 성도는 매우 진보한 성도이다. 영적으로 성장한 사람은 어떤 상황이 벌어져도 겉사람이 반응하거나 움직이지 않는다. 사실 사단이 믿는이를 시험하는 것은 그로 하여금 직접 범죄하게 하는 것보다 그 사람 자신을 분기시키는 것이다. 그 사람으로 가만히 있지 못하게 하는 것이다.

이러한 상태에 이르는 것은 말하기는 쉬워도 이르기에 쉬운 단계는 아니다. 진정 많은 십자가의 환경을 거쳐야 된다. 누가복음 9장 23절에 의하면 주님은 우리가 그분을 따르려 한다면 자신을 부인하고 날마다 자기 십자가를 지고 따라야 한다고 말씀하신다. 여기서 '날마다' 라는 말씀은 매우 중요하다. 주님은 우리에게 '매일' 십자가를 질 기회를 허락하신다. 우리가 죄와 육체를 처리하는 것은 믿음으로 단번에 이루어지지만 우리의 천연적인 인간을 처리하는 것은 일생이 걸린다. 우리 속에는 우리도 알지 못하는 천연적인 기질과 성품이 자리 잡고 있다. 그리고 때에 따라 나타난다.

마태복음 10장의 부모, 자녀 등 친 가족에 대한 애정, 누가복음 19장의 세상 물건에 대한 애정, 요한복음 12장의 한 알의 밀알로 상징하는 바 자기보존적인 자아사랑, 마태복음 16장의 베드로의 사람의 생각에서 나온 자아의 뜻 등의 천연적인 성품들이 있는 것이다. 우리는 이런 우리 속에 들어있는 천연적인 애정이나 건설적으로 보이는 사람의 의견들과 자기 보존성 자애(自愛)들을 십자가에 못 박아야 한다. 이것은 한 번 한 번 진행되는 것이며 점점 우리 자신은 감각이 없는 상태로 되어 가고 우리 안에 사시는 그리스도에 의해서만 인도를 받다. 우리의 천연적인 애정이나 감정들은 그것이 죄가 아니고 더러운 것이 아닐지라도 성령은 아니다. 그것은 하나님으로부터 온 것은 아니다. 창조된 인간 속에 들어있는 것이다. 우리가 빛이 없고 느슨하다면 많은 일 가운데 이런 원래의 자아에 속한 감정과 사랑에 따라서 일을 할 것이다.

우리가 알아야 할 것은 죄가 부인되어져야만 하듯이 우리의 원래의 기질이나 천연적인 것들도 마찬가지로 부인되어져야 한다는 것이다. 우리는 합법적인 습관이나 행동이라 하더라도 우리의 기질을 십자가에 못 박고 자아를 부인하는 방식으로 생활해야 한다. 친족을 사랑하는 마음이 틀린 것이 아니며 자식이나 아내나 남편이나 친구를 사랑하는 것이 틀린 것이 아니며 자신의 물건을 애지중지하는 것이 틀리지 않겠지만, 그것이 원래의 사랑이요 천연적이라면 거기에 십자가가 역사되어야 한다. 죽음을 거쳐 새롭게 부활 안에서 성령으로 인친 새로운 관계가 형성되어야 한다. 여기에는 철저한 헌신도 필요하고 우리의 천연적인 생명에 대한 십자가의 심판이 필요하다. 한 가지 한 가지 일에서 우리의 반응들을 살피며 천연적인 생명에 대한 심판을 집행해야만 하는 것이다.

많은 십자가의 과정을 거칠 때 우리는 우리 안에 있는 많은 천연적인 느낌들을 처리하고 그러한 인간적인 반응 속에 살지 않게 된다. 그럴 때 우리는 어떤 상황이 벌어져도 스스로 움직이지 않을 수 있다. 반응이 예민하지 않고 주님 안에서 안식할 것이며 영적인 맑은 느낌이 있을 것이다. 이러한 상태에 있는 성도의 겉사람은 잘지라도 그의 속사람, 그의 영은 항상 깨어 있는 아주 성숙한 모습이다. 이러한 성도는 속사람이 아주 예민하다. 이럴 때에 '나의 사랑하는 자의 소리'가 들린다고 했다.

2. "나의 누이, 나의 사랑, 나의 비둘기, 나의 완전한 자"

2b절, 문을 두드려 이르기를 나의 누이, 나의 사랑, 나의 비둘기, 나의 완전한 자야 문 열어다고

이때쯤에 이르러서는 주님이 여인에 대해 부르는 이름이 참 많아졌다. 왜냐하면 많은 진보가 있었기 때문이다. "나의 누이, 나의 사랑, 나의 비둘기, 나의 완전한 자야". 여인이 이때쯤에 와서는 완전해졌다. 사실 그리스도인들은 완전해지기를 힘써야 한다. 골로새서 1장을 보면 사도 바울은 각 사람을 그리스도 안에서 완전한 자로 세우기 위해 힘쓴다고 했다. 그러므로 그리스도인들은 완전해져야 한다. 주님이 보시고 '너는 이제 완전하다. 완전한 사람이다' 하실 정도로 자라야 한다.

아가서를 읽을 때 우리가 보는 것은 주님이 계속해서 부르신다는 것이다. 도대체 어디까지 전진하고 자라야 하는가? 주님은 여기서 여인이 완전하다고 하시면서도 여인이 더욱 전진하기를 원하신다. 진실로 그리스도인의 노정은 끝이 없다. 이렇게 진보하고 완전한 상태에 이른 성도에게도 우리 주님은 더 요구하신다. "문 열어다고!" 무언가 더 요청할 것이 있다는 의미이다.

3. 더 깊은 십자가의 고난에 참여하도록 부르심

2c절, 내 머리에는 이슬이, 내 머리털에는 밤 이슬이 가득하였다 하는구나

우리 주님이 때로는 왕, 신랑, 아름다운 분으로 나타나시기도 하고 어린 들사슴과 같이 부활의 풍성을 가지신 분으로 나타나시기도 하는데 이 시점에 이르러서는 머리털에 밤이슬이 가득한 분으로 나타나신다. 이것은 주님의 어떤 모습이겠는가? 이것은 틀림없이 겟세마네 동산에서 밤새 밤이슬을 맞으며 간구하고 기도하신 주님의 모습이다. 겟세마네에서 주님은 온 인류를 위한 저주의 잔을 아버지로부터 받으실 것을 놓고 기도하셨다. 아주 애쓰고 힘써 기도하시던 그날 밤, 사람에게 버림받을 뿐 아니라 하나님 아버지께도 버림받는 저주의 잔을 받으시기로 결심하시던 밤이었다. 이때 주님은 그러한 고난의 주님으로 그녀에게 나타나셨다.

이 말씀은 이 여인이 이미 어느 정도 주님의 고난에 대하여 깨달았다는 것을 암시한다. 주님은 우리가 부활 능력만이 아니라 고난의 교통에도 참여하기를 원하신다(빌 3:10). 지금 밤인데 밤이슬을 맞고 오신 주님이 '나와 함께 가서 너도 이러한 겟세마네의 고난, 사람에게서나 하나님에게서 버림받은 고난에 참여해야 하지 않겠느냐?' 라고 하시는 뜻이 아니겠는가? 그렇지 않다면 주님이 왜 밤이슬에 젖은 모습으로 그 여인에게 문을 열어달라고 하시겠는가? 주님은 성도들이 어느 정도 자라서 주님을 섬길 때 그분의 고난에 참여하도록 부르신다. 주님은 그러한 성도가 그분의 배반당하심을 알고 그 안에서 교제하기 원하시며 또 사람들에게 버림받음 안에서 그분과 교제하기 원하신다. 그분의 아픈 마음 안에서 그분과 교제하기 원하신다. 그럴 때 우리는 더욱 그분을 알고 그분을 닮아가게 된다.

3절, 내가 옷을 벗었으니 어찌 다시 입겠으며 내가 발을 씻었으니 어찌 다시 더럽히랴마는

1) 여인의 거절

그런데 이 여인이 대답하기를, "내가 옷을 벗었으니 어찌 다시 입겠으며 내가 발을 씻었으니 어찌 다시 더럽히랴마는"이라고 했다. 이것은 옛 사람의 옷을 벗었다는 이야기일 것이다. 더러운 먼지, 세상이 묻은 신발을 벗었으며 다 씻었다는 이야기일 것이다. 그녀가 '내가 왜 주님과 더불어서 그 밤이슬을 맞고 벗었던 그 옷을, 벗었던 신발을 다시 신겠는가?' 라고 한 것으로 보아서 이 여인은 주님의 부르심에 응할 자신감이 부족했던 것이다.

그 이전까지 주님의 십자가로의 부르심은 부활의 영광과 풍성, 부활의 능력을 보여 주는 방식에 의한 것이었다. 죽으면 생명을 얻고 죽으면 영광의 풍성이 온다. 죽음으로 풍성한 생명을 얻어서 남을 공급할 수 있고 또 자신이 향품으로 향기롭게 될 수 있다. 그 결과 우리는 주님의 신부가 되고 또 많은 사람을 먹일 수 있는 사람이 된다.

그런데 여기에 주님의 십자가의 더 깊은 측면이 있다. 그것은 주님과 함께 수욕을 받고 주님과 함께 버림받는 상황으로 들어가는 것이다. 이것은 십자가의 더 깊은 면이다. 그러므로 그리스도인의 체험은 끝이 없다. 십자가에는 오해와 치욕과 부끄러움의 방면이 있다. 그러한 십자가를 믿는이들도 체험할 수 있기 바라시는 것이다. 찬송 중에 '가시관 썼던 주 머리 영광의 관 썼네/우리의 머리 되신 주 이미 승천했네/ …주 치욕, 권위, 다 나에게 주소서' 라는 곡이 있다. 주님의 권위를 내게 줄 뿐 아니라 주님의 치욕 또한 나에게 달라는 것이다. 사람들은 십자가를 지고 주님과 함께 죽음으로써 풍성한 생명을 얻는 것은 좋아하지만 주님과 함께 치욕을 당하는 것은 원하지 않는다.

어떤 교회에 아주 좋은 인도자가 있었다. 그런데 그 교회 안에 그를 싫어하는 몇몇 사람이 생겨서 이 인도자를 내보냈으면 좋겠다는 의견이 나왔다. 그러나 그는 주님으로부터 받은 부담이 너무 크고 그 교회를 돌봐야 하겠다는 일념으로 가득했다. 그래서 그들과 자연히 충돌이 있게 되었다. 그가 한 번은 나에게 '제가 이럴 때 어떻게 했으면 좋겠습니까? 사람들이 저에게 어떤 말을 해도 저는 일할 수 있습니다. 또 받을 수 있고 들을 수 있습니다. 저는 괜찮습니다. 저는 견딜 수 있습니다. 거기서 한 번 열심히 해보겠습니다' 라고 했다. 그때 나는 '당신이 거기서 사람들과 충돌하고 욕을 먹고 또 그것을 인내로 견디는 것도 귀하지만 당신이 거기를 한 번 떠나본다면 더 깊은 십자가를 체험할 수 있을 것입니다' 라고 말해주었다. 또 나는 '형제여, 당신이 거기서 쫓겨난다면 사람들은 당신이 잘못한 사람이라고 할 것이며 모든 사람들이 다 당신에게서 얼굴을 돌릴 것이며 그러한 면에서 당신의 봉사도 잘못된 것으로 나타날 것입니다. 거기에 머물러 있으면 그러한 오해와 비방을 감수하기가 쉽습니다. 그러나 떠나면 더욱 어렵게 될 것입니다. 그러나 그러한 것을 받을 수 있는 것이 더 깊은 십자가가 아닌가 합니다. 당신은 사람들에게서 수치와 욕을 당할 뿐 아니라 쫓겨난 사람이라는 오명까지 얻게 될 것이기 때문입니다' 라고 말해주었다.

4절, 나의 사랑하는 자가 문틈으로 손을 들이밀매 내 마음이 동하여서

2) 주님의 못 박히신 손에 마음이 동하여 순종함

3절까지도 이 성도는 감히 여기에 뛰어들지 못하는 자신을 발견한다. 그때 4절에서 한 번 더 "나의 사랑하는 자가 문틈으로 손을 들이밀매". 여기서 우리 주님은 "내 머리에는 이슬이, 내 머리털에는 밤이슬이 가득하였다"라고 하시면서 문을 열어 달라고 하신 다음 이 여인의 반응이 아직 받아들이지 못하는 것을 보시고도 그냥 물러서시지 않고 문틈으로 손을 들이미셨다. 다만 손을 보여주신 것이다. 이 손은 우리 주님의 못박힌 손, 상처를 입은 손이다. 이것은 주님의 어떠한 면을 좀 더 보여주신 것이다.

여인이 밤이슬 맞은 머리털을 보았을 때에는 "주님, 나는 자신이 없다."라고 했지만 주님의 못박히신 손을 보자 마음이 동했다. 여기의 마음은 '심장' 이라고도 번역할 수 있다. 내적인 부분의 가장 중요한 것이 심장이다. 심장이 동했다. 이것으로 보아서 이 믿는이는 많이 성장한 믿는이임에 분명하다. 왜냐하면 주님이 문틈으로 살짝 손만 보여줘도 반응이 있는 사람이기 때문이다. 머리털을 보여 주시며 문 열어 달라고 했을 때만 해도 반응이 없었지만 거기에서 조금 더 그분의 어떠하심을 보여 주시자 이 여인은 견딜 수 없었다. 심장이 동한 것이다.

몸은 자고 있지만 영은 깨어 있는 상태에 이른 성도들이 아니면 이러한 경험이 가능하지 않는다. 이는 많이 진보한 사람이다. 분명한 사실은 적어도 이 정도까지 이르러야만 주님과 동역할 수 있다는 것이다. 문틈으로 손이 들어왔는데 그것만 봐도 심장이 움직이고 감동이 되어서, '주님, 제가 따라 나서겠습니다' 하면서 일어난 것이다.

5절, 일어나서 나의 사랑하는 자 위하여 문을 열 때 몰약이 내 손에서, 몰약의 즙이 내 손가락에서 문빗장에 듣는구나

"일어나서 나의 사랑하는 자 위하여 문을 열 때". 그때서야 정신이 난 것이다. 일어나서 문을 열었는데(여기서 문을 여는 손은 순종의 손이다) 그때에 "몰약이 내 손에서, 몰약의 즙이 내 손가락에서 문빗장에 듣는구나". 몰약의 즙이 왜 내 손에서도 떨어지는가? 여인의 손도 이제는 순종하는 손이요 주님을 따라가려고 주님의 말씀에 반응해 일어나서 순종하겠다고 문을 여는 손이기 때문이다. 그러한 손에는 몰약의 즙이 있다. 몰약은 죽음을 의미한다. 주님의 고난에 참여하려고 따라나서는 손에 주님의 죽음의 향기가 있다. 나는 이것이 사도행전 20장의 바울의 순종하는 손이라고 생각한다(34절). 바울은 에베소 장로들에게 마지막 고별 설교를 하고 그의 손을 보여주었다. 그의 손은 장막을 짓기 위해 수고한 거칠어진 손이요 염색으로 상한 손이었을 것이다. 그는 그 손을 그들에게 보여주었다. 주님도 그 손을 보셨다.

더욱 아름다운 믿음의 손은 그가 예루살렘에 올라가려는 것을 말리는 형제들의 권면을 마다하는 손이다. "우리가 그 말을 듣고 그곳 사람들로 더불어 바울에게 예루살렘으로 올라가지 말라 권하니 바울이 대답하되 너희가 어찌하여 울어 내 마음을 상하게 하느냐 나는 주 예수의 이름을 위하여 결박받을 뿐 아니라 예루살렘에서 죽을 것도 각오하였노라 하니 저가 권함을 받지 아니하므로 우리가 주의 뜻대로 이루어지이다 하고 그쳤노라"(행 21:12-14). 이 구절에서 우리는 핍박과 죽음을 각오하면서 주님의 고난에 참여하려는 사도의 결심을 보며 그의 순종하는 손을 보게 된다. 이러한 바울의 손에서 몰약의 즙이 떨어졌을 것이다. 당시 가이샤랴의 형제들은 틀림없이 바울에게서 몰약의 향기를 맡았을 것이다.

주님이 자신을 숨기심과 여인의 찾음

6절, 내가 나의 사랑하는 자 위하여 문을 열었으나 그가 벌써 물러갔네 그가 말할 때에 내 혼이 나갔구나 내가 그를 찾아도 못 만났고 불러도 응답이 없었구나

"내가 나의 사랑하는 자 위하여 문을 열었으나 그가 벌써 물러갔네". 주님이 계시지 않는다는 것이다. "그가 말할 때에 내 혼이 나갔구나 내가 그를 찾아도 못 만났고 불러도 응답이 없었구나". 이때 즉시 반응하지 않아서인지 주님이 계시지 않는 것이다. 문틈으로 들이민 못 박힌 손을 보고 이 여인이 일어나서 문을 열고 따라나서려 했지만 그때는 주님이 이미 계시지 않는 것이다. 아마 이때 이 여인의 영 안에 많은 고통이 있었을 것이다. 그래서 주님을 찾았는데 이번에는 성중이나 큰 길을 돌아다니며 찾지 않았다. 다만 "그를 찾아도 못 만났고 불러도 응답이 없었구나"라고 한다. 그녀는 하나님 앞에서 뭔가 배움을 가졌기 때문에 앙망하는 자세로 잠잠히 주님을 찾았을 것이다. 이때 그녀는 공허하고 흑암 속에 있는 느낌을 가졌을 것이다.

우리는 바울의 체험에서 이런 일을 자주 본다. 그는 환상 중에 마케도냐 사람 하나가 도와달라고 해서 건너가 첫 성 빌립보에 들어갔는데 그를 기다리고 있는 것은 감옥이었다. 과연 도와달라는 마케도냐 사람은 어디에 있는가? 또한 바울은 주님을 따라 예루살렘에 들어갔지만 주님의 환한 얼굴 대신 암울하고 답답한 예루살렘의 공기를 대하게 된다. 또 육 개월 동안 바다 위에서 풍랑으로 인해 고생하고 로마에서 2년 간 감옥에 갇혀 있었다. 고난의 주님을 따라나서면 항상 주님이 함께 계셔서 안위와 부축을 주실 것이라고 기대하지만 실제 체험은 그렇지 않다는 말이다.

1. 성중의 행순하는 자들의 핍박

7절, 성중에서 행순하는 자들이 나를 만나매 나를 쳐서 상하게 하였고 성벽을 파수하는 자들이 나의 웃옷을 벗겨 취하였구나

"성중에서 행순하는 자들이 나를 만나매". 그 이전에는 행순하는 자들을 찾아다녔으나 여기서는 행순하는 자들이 이 여인을 만났다. 여인이 돌아다닌 것이 아니다. "나를 쳐서 상하게 하였고". 그들이 여인을 쳤다. "성벽을 파수하는 자들이 나의 웃옷을 벗겨 취하였구나". 예루살렘 성의 종교적인 분위기 속에서 야경(夜警)을 보거나 책임을 맡은 이런 사람들은 여인에게 별 도움이 되지 않는다.

시편 69편 26절에 "대저 저희가 주의 치신 자를 핍박하며 주께서 상케 하신 자의 슬픔을 말하였사오니"라는 말씀이 있다. 그들은 이렇게 주님을 위하여 핍박받고 고난당하는 성도에게 오히려 더 아픈 상처를 주며 핍박하기만 한다. 또 69편 20절에 이런 말씀이 있다. "훼방이 내 마음을 상하여 근심이 충만하니 긍휼히 여길 자를 바라나 없고 안위할 자를 바라나 찾지 못하였나이다". 종교적인 사람들은 이러한 믿는이를 어떻게 위로해야 하는지, 어떻게 긍휼히 여기고 어떻게 만져야 하는지를 모른다. 그래서 결국은 아픈 데를 더 아프게 치는 것이다. 이때 여인은 가장 많이 훼방을 받다. 즉 주님의 십자가의 수치에 참여하면서 그렇게 되는 것이다.

그때부터 믿는이는 사람들의 평판이나 좋은 이름을 주의하는 것이 아니라 오직 주님의 기쁨을 구함으로 외로운 길을 가며 사람들의 오해를 받게 된다. 그럴 때 그에게서 육신적이고 혼적이며 종교적인 도움을 구하고 또 그런 것을 기대하던 사람들이 그녀를 쳐서 상하게 하는 일이 생기는 것이다.

2. 일반적인 믿는이들인 예루살렘 여자들에게 도움을 청함

8절, 예루살렘 여자들아 너희에게 내가 부탁한다 너희가 나의 사랑하는 자를 만나거든 내가 사랑하므로 병이 났다고 하려무나

"예루살렘 여자들아 너희에게 내가 부탁한다". 예루살렘 여자들은 일반적인 믿는이들, 즉 주 안의 어린 신자들이다. 이 여인보다 훨씬 어린 사람들이다. 이때 여인은 소위 영적인 큰 사람도 지도자들도 없이 홀로 길을 가는 것 같다. 그러나 영적인 길은 혼자 갈 수 없다. 누군가와 교제가 필요하다. 여인이 이제는 누구에게도 도움받을 길이 없으므로 어린 자들을 찾아서 도움을 구하게 되었다. 영적인 사람들도 너무 어려워 길이 없으면 어린 형제자매들에게 자신을 위해 기도해 달라고 부탁하는 때가 있다. 자기보다 어리고 생명이 깊지 않더라도 그들을 통해서라도 도움을 받고 싶어하는 것이다.

"너희가 나의 사랑하는 자를 만나거든 내가 사랑하므로 병이 났다고 하려무나". 2장에서도 사랑의 병이 났다고 언급한 적이 있다. 여기에서 또 한 번 사랑의 병이 났는데 2장의 사랑의 병과 여기에서의 사랑의 병은 다르다. 2장에서는 포도주이신 주님을 누리고 너무 기쁘다 보니 병이 났고, 여기에서는 주님을 잃어버리고 병이 난 것이다. 2장의 병은 초기의 병이고, 여기서는 많이 진보한 사람이 앓는 병, 굶주려서 난 병이다. 사면이 어둡고 적막하다고 느낄 때 우리 주님에 대해 굶주려 간절히 찾기 원하는 마음에서 난 병이다. 2장의 때와는 많이 다르다.

3. 부탁을 받은 자의 질문

9절, 여자 중 극히 어여쁜 자야 너의 사랑하는 자가 남의 사랑하는 자보다 나은 것이 무엇인가 너의 사랑하는 자가 남의 사랑하는 자보다 나은 것이 무엇이기에 이같이 우리에게 부탁하는가

여인의 부탁을 받은 예루살렘 여자들이 질문한 것이다. 이들은 이 여인의 질문을 듣고 오히려 놀랐다. 영적인 것을 잘 모르는 일반적인 사람들이 그녀의 찾는 소리를 듣고 매우 충격을 받은 것이다. 그들은 '이 여인은 주님을 매우 사랑하는 사람이야. 아주 성장한 사람이야' 라고 생각했다. 이 여인은 지금 문제가 있어서 자기보다 어린 성도들에게 도와 달라고 하는 상황인데도 그들은 이 성숙한 성도의 도움을 요청하는 겸허한 말 속에서 성숙함과 아름다움을 간파할 수 있었다. 그래서 이런 질문을 하는 것이다.

이 여인이 주님을 찾는 것이 매우 특별하다. 그러자 어린 사람들이 오히려 '그분이 도대체 어떤 점이 좋아서 그렇게 열심히 찾는가?' 라고 묻는 것이다. 그러므로 이 여인은 비록 주님에 대해 굶주리고 주님을 찾지 못해 아파하고 있지만 그들의 그러한 질문을 받고 입을 열어서 주님을 소개하고 있다.

4. 여인이 주님을 소개하는 말

10-11절, 나의 사랑하는 자는 희고도 붉어 만 사람에 뛰어난다 11 머리는 정금 같고 머리털은 고불고불하고 까마귀같이 검구나

희다는 것은 우리 주님이 정결하고 깨끗한 분이라는 뜻이다. 붉은 것은 생명이 풍성하고 능력이 많은 것을 의미한다. 다윗의 얼굴이 붉다고 했다. 아름다운 얼굴, 능력 있는 얼굴이다. 우리 주님은 생명 능력이 충만하다. 그리고 머리는 정금 같다. 정금은 하나님의 신성을 나타낸다. 예수 그리스도 안에는 하나님의 신성이 충만히 거한다고 했다. 또 머리털은 고불고불하고 까마귀처럼 검다고 했다. 고불고불하고 검다는 것 또한 그리스도의 힘을 나타낸다. 신약 계시록 1장에서는 우리 주님의 머리가 눈같이 희다고 했다. 희다는 것은 태고 적부터 계시는 분임을 나타낸다. 여기 검은 것은 힘을 나타낸다. 젊을 때 머리털이 검다. 가장 안 좋은 것은 반백이다. 우리 주님은 반백인 적이 없다. 아가서에서는 검고, 계시록에서는 희다.

12절, 눈은 시냇가의 비둘기 같은데 젖으로 씻은 듯하고 아름답게도 박혔구나

젖으로 씻은 듯하다는 것은 맑다는 것이다. 어린아이들의 눈은 젖으로 씻은 듯 맑은 눈이다. 이는 시야가 아주 분명한 것을 의미한다. 우리 주님은 시야가 투명하신다. 누가 여러분을 가장 정확하게 알겠는가? 이 세상 사람들은 곧잘 여러분을 오해한다. 어떤 사람은 지나치게 잘 보아주고, 어떤 사람들은 너무 왜곡해서 본다. 그런데 우리 주님의 눈은 아름답게 제대로 박힌 눈이기 때문에 우리에 대해 가장 정확하게 아신다. 계시록 2, 3 장을 읽어볼 때 우리는 주님이 교회 상태를 매우 잘 알고 계신다는 것을 알 수 있다. 게으른 것도, 처음 사랑을 잃은 것도, 누가 주님을 위해 고난을 받으려 하는가도, 누가 말씀을 지키고 그분의 이름을 배반치 않는가도 다 알고 계신다.

13절, 뺨은 향기로운 꽃밭 같고 향기로운 풀 언덕과도 같고 입술은 백합화 같고 몰약의 즙이 뚝뚝 떨어진다

"뺨은 향기로운 꽃밭 같고 향기로운 풀언덕과도 같고". 우리 주님의 뺨은 침 뱉음을 당하고 죄인의 손바닥으로 맞으신 그러한 뺨이다. 그런데 향기로운 꽃밭과도 같고 풀 언덕과도 같다고 했다. 우리 주님의 그 뺨이 감상할 만한 뺨이 된 것이다. "입술은 백합화 같고 몰약의 즙이 뚝뚝 떨어진다". 우리 주님의 입에서 나오는 말씀은 다 몰약의 즙이 근거가 된다. 즉 주님의 죽으심을 근거로 하는 말씀이다. "네 죄 사함을 얻었으니 평안히 가라"(눅 7:48, 50)는 이 말씀은 주님의 죽으심을 근거로 한 말씀이다. 몰약의 즙이 있는 말씀이다. 믿는 자는 영생을 가졌다는 말씀도 주님의 죽으심을 근거로 한 말씀이다. 우리의 주님의 말씀에는 이렇게 백합화가 있고 몰약의 즙이 있다. 이러한 믿음의 말씀으로 영생을 얻는 것이다.

14절, 손은 황옥을 물린 황금 노리개 같고 몸은 아로새긴 상아에 청옥을 입힌 듯하구나

주님의 손은 역사를 하는 손, 우주를 붙들고 있고 만사를 운영하는 손이다. 그분의 손은 황옥을 물린 황금 노리개 같다고 했다. 황옥은 에스겔 1장과 다니엘 10장에 나오는데, 에스겔 1장에는 이방 정권이 다스리고 역사를 하더라도 우리 주님의 경륜의 바퀴는 돌아가는데 그 경륜의 바퀴 쪽에 황옥이 있다고 했다. 황옥은 주님의 견고함이다. 그리고 황금 노리개가 있다. 노리개란 벗어나지 않는다는 뜻이 있다. 즉 그분은 반드시 뜻을 이루신다는 것이다.

"몸은 아로새긴 상아에 청옥을 입힌 듯하구나". 몸은 심장, 배를 뜻한다. 상아는 코끼리에서 나오는데 죽음을 통해 나오는 것을 대표한다. 그러므로 주님의 심장은 고난을 통과하심으로 우리의 심정을 헤아리실 수 있다는 뜻이다. 주님은 이렇게 속이 깊으신다. 사람은 즉흥적으로, 임기응변적으로 처리할 수 있지만 우리 주님은 절대로 그렇게 하지 않으시고 한 사람 한 사람을 죽음을 거친 사랑으로 대하신다. "상아에 청옥을 입힌 듯하구나". 청옥(靑玉)은 하늘의 집이다.

15절, 다리는 정금 받침에 세운 화반석 기둥 같고 형상은 레바논 같고 백향목처럼 보기 좋고

"다리는 정금 받침에 세운 화반석 기둥 같고". 다리는 그야말로 부축하는 견고함을 뜻한다. 화반석은 세마포와 같은 것으로 의를 말한다. 기둥이 견고하다는 것이다. "형상은 레바논 같고". 레바논은 하늘에 속한 것, 초월한 것을 뜻한다. 그분의 형상은 초월한 하늘에 속한 형상이다.

16절, 입은 심히 다니 그 전체가 사랑스럽구나 예루살렘 여자들아 이는 나의 사랑하는 자요 나의 친구일다

여기의 입은 입맛을 의미한다. 이 입은 주님의 모든 역사를 뜻한다. 하나님이 직접 우리에게 주시는 게 아니라 그리스도를 거쳐서 우리에게 주신다. 그러한 그분의 입이 심히 달다는 것이다. 여기까지 이야기할 때 이 여인은 그 전체가 사랑스럽다고 했다.

"예루살렘 여자들아 이는 나의 사랑하는 자요 나의 친구일다". 그녀는 그 사랑하는 자에 대해 이렇게 소개했다.

5장의 영적 체험의 중심

5장 2절의 "내가 잘지라도 마음은 깨었는데"는 매우 깊은 단계의 영적 상태이다. 우리는 3장에서 광야에서 나온 여인을 보았고 그녀는 그리스도와 연합하여 연기 기둥이 되고 왕의 침상이 되고 가마가 되었음을 보았다. 그러한 정도의 연합이면 충분할 것 같은데도 아직도 수준에 달하지 않은 부족한 상태임을 알 수 있다. 그리스도와 연합하여 죄에서 해방되고 죄의 유혹으로부터 자유케 되었으며 죄가 더 이상 주관할 수 없는 경지(롬 6:14)에 이르렀지만 아직은 "내가 잘지라도"라고 할 수 없다. 아직은 주님을 위한 일이나 사역에서 득실의 계산도 있고 힘을 내는 것도 있으며 빼앗기지 않으려는 것도 있다. 근심도 있고 마음 아픈 것도 있다. 이럴 때 믿는이는 그것이 주님이 탄식하는 것이라고 생각하지만 실상은 아니다. 아직은 자신의 상실감과 계산이 남아 있기 때문이다.

그러나 "내가 잘지라도"의 상태에 올 때 모든 혈기와 기질과 자아가 처리되고 그야말로 안식한다. 어떤 일도 그렇게 실감나게 다가오는 것이 없다. 이는 마치 창세기 45장에서 야곱이 많은 세월을 통과한 후 변화되어 요셉의 살아 있음과 총리가 되었다는 말을 듣고 기색(氣塞)하였다(fainted, KJV)고 말한 것과 같다(히브리어는 '아팍'으로 힘이 빠지다는 뜻이다). 그는 그렇게 놀라지 않고 흥분하지 않았다. 물론 그때 그는 믿지 못하고 있었지만 그 말을 듣고 기대로 들뜨지 않았다. 그런 것이 일종의 이 구절의 잠잔다는 뜻이다.

이 상태에서 믿는이는 죄가 그의 안에서 역사하지 않을 뿐 아니라 자아나 기질도 역사하지 않는다. 그녀(성도)는 이미 고요한 상태에 이르렀으며 행위가 있을지라도 '내가 아니요 그리스도'가 하시는 것이 된다. 3장에서 적용하는 갈라디아서 2장 20절 말씀이 죄에 대한 것이라면 5장의 이 구절에서는 자아와 기질에 대한 것이라고 말할 수 있다. 이런 상태에 있는 그리스도인은 영적 생명에서 매우 민감하고 정확하다. 이것이 깨어 있다는 뜻이다. 신자가 이러한 상태까지 이르는 데에는 많은 환경이 필요하다. 많은 환경들은 다름 아닌 자아를 파쇄한다. 질병으로, 환난으로, 많은 압박과 곤란한 일로 우리 자신을 내려놓게 만든다. 자아를 버리게 만든다. 이런 상태에 올 때에야 신자는 진정한 자유를 누리게 된다.

여기서 주님이 한 번 더 부르신다. 주님을 사랑하는 자들에게 주님은 더 깊이 따라오라고 부르신다. 갈릴리 바닷가에서 제자들을 부르신 주님, 부활하신 후 바닷가에서 '요한의 아들 시몬아' 하고 부르시던 주님은 지금도 우리의 삶 가운데서 부르신다. 5장에서 주님은 머리털에 밤이슬이 가득한 모습으로 오셔서 우리에게 수치의 십자가를 지도록 부르신다. 주님은 우리가 십자가를 지고 따라 가겠다고 할 때 한 발씩 더 깊은 십자가 안으로 부르신다. 그분의 십자가는 다만 죄를 끝내거나 자아를 부인하고 파쇄하기만 하는 것이 아니다. 이 시점에 올 때 주님은 우리에게 죄가 아니고 자아 문제가 아닐지라도 더욱더 그분의 십자가를 져야 한다고 말씀하신다. 그것은 그분의 수치의 십자가이다. 이것은 히브리서 13장의 "우리가 그 능욕을 지고 영문 밖으로 그에게 나아가자"라는 말씀과 일치한다.

우리가 주님과 함께 전진할 때 주님은 그분의 십자가의 수치 안으로 우리를 부르셔서 그분의 능욕을 우리도 지게 하신다. 우리는 그리스도의 수치를 감당하며 주님의 고난의 교통 안으로 이끌리게 된다. 우리는 그리스도의 수치에 참여함으로 주님의 십자가와 그분의 아픈 마음을 더욱 이해하게 된다.

이때 사람들은 이 여인에게 많은 상처를 주게 된다. 이것이 7절의 '나를 쳐서 상하게 하였고'의 뜻이며 '웃옷을 벗겨 취하였다'의 뜻이다. 사람들은 이 상태의 여인이 왜 그러한 길을 가는지 이해하지 못하기 때문에 그녀를 그렇게 무시하는 방식으로 대하는 것이다. 그녀의 웃옷을 벗겨 취한다는 말은 그녀의 영적인 미덕의 표현을 탈취한다는 뜻이다. 사람들은 그녀의 수치를 공개적으로 드러내기도 하고 가리지 못하게 하며 잘못된 사람이라는 평판을 퍼뜨린다.

이렇게 많이 자란 믿는이도 이 시점에서는 위로와 도움이 필요함을 느끼게 된다. 이때 믿는이는 정말로 실패해서가 아니라 작은 일도 큰 실패로 느끼게 되므로 매우 갈급해지며 어린 믿는이들에게 도움을 요청하기에 이른다. 그 이전에는 큰 자들에게 갔지만 이젠 작은 자들에게 가서 도움을 요청하게 된다. 그들이 완전하거나 성숙한 그리스도인이 아니므로 이 여인은 예루살렘 여자들에게 '나의 사랑하는 자를 만나거든' 이라고 말한다. 이 말은 그 어린 신자들이 항상 주님을 대하지 못하므로 '만일 만나거든' 이라고 말하는 것이다.

2장 5절에도 사랑의 병이 있지만 그 병은 행복한 사랑에 도취되어 생긴 병이다. 그러나 5장의 병은 영적 고갈로 말미암은 병이다. 간절히 찾고 찾는 병이다. 마치 연인을 잃어버린 여인이 사랑하는 이를 찾고 찾는 것 같은 마음의 병이다. 예루살렘 여자들은 그녀의 질문을 받고 오히려 이 여자에게 묻는다. 그리고 이 여자는 그들에게 자기의 사랑하는 주님에 대해 묘사한다. 이 여인은 비록 낮게 내려간 상태에 있지만 예루살렘 여자들에게는 선생이 된 것이다. 그러니 이 여인의 실패가 예루살렘 여자들의 성공보다 나은 것이다.

아가서 6장

여인의 소개에 대한 예루살렘 여자들의 반응

1절, 여자 중 극히 어여쁜 자야 너의 사랑하는 자가 어디로 갔는가 너의 사랑하는 자가 어디로 돌이켰는가 우리가 너와 함께 찾으리라

예루살렘 여자들이 여기까지 들었을 때 주님을 찾을 마음이 생겼다. 이것이 전도이다. 그녀는 자신의 필요와 갈망으로 사람들에게 도움을 청하였지만 결국은 그의 말이 듣는 사람들에게 갈급함을 불러일으켰다. 그들은 그녀의 말을 듣고 자기들도 주님을 한 번 만나보고 싶다고 한 것이다. 그런 아름다운 분이 있다면 나도 한 번 찾아보겠다는 것이다.

여인이 자신 안에서 주님을 찾음과 여인의 진보

2절, 나의 사랑하는 자가 자기 동산으로 내려가 향기로운 꽃밭에 이르러서 동산 가운데서 양떼를 먹이며 백합화를 꺾는구나

이 여인이 이제 주님을 만났는데 결국 주님이 자기 동산에 계시는 것을 발견했다. 자기 동산은 바로 자기 마음속에 있는데 이 어린 사람들을 돕느라고 이야기를 하다 보니 주님이 자기 안에 계신 것을 발견했다는 뜻이다. 그러므로 많은 경우 어린 사람들을 먹이는 것이 여러분을 살아나게 하는 방법 중 하나이다. 복음을 전하는 사람들이 복음을 전하면 먼저 자신이 산다고 하는 말이 이것을 두고 하는 말이다.

여기서 동산은 복수(gardens)로서 주님이 자신 안에만 아니라 많은 성도 안에 계시면서 양떼를 먹이신다는 것을 안 것이다.

3절, 나는 나의 사랑하는 자에게 속하였고 나의 사랑하는 자는 내게 속하였다 그가 백합화 가운데서 그 양떼를 먹이는구나

이것은 2장에서 말한 것과는 차이가 있다. 왜냐하면 2장에서는 먼저 '나의 사랑하는 자는 내게 속하였다' 말했는데, 여기서는 먼저 '나는 나의 사랑하는 자에게 속하였다'고 말하기 때문이다. 이제는 내가 그분께 속한 것이 먼저이다. 즉 '나는 나의 사랑하는 자에게 속한 자'라는 것이다. 이때 여인은 주님과의 교통이 회복되었다.

"그가 백합화 가운데서 그 양떼를 먹이는구나". 이것도 2장 16절의 "그가 백합화 가운데서 양떼를 먹이는구나"와 똑같은 말씀이다. 왜 이렇게 두 번 반복했는가? 그것은 우리 주님이 떠나셨다가 다시 오시는 것 같지만 실상은 어디 가신 것이 아니고 항상 백합화 가운데서 우리를 먹이고 계신다는 것이다. 그 다음은 우리 주님의 칭찬이다.

주님이 여인을 칭찬하심

1. 그 어여쁨이 디르사 같고 고움이 예루살렘 같음

4절, 내 사랑아 너의 어여쁨이 디르사 같고 너의 고움이 예루살렘 같고

엄위함이 기치를 벌인 군대 같구나

1) 건축된 성

주님은 이 여인을 디르사같이 어여쁘고 예루살렘같이 곱고 그 엄위함이 기치를 벌인 군대 같다고 하셨다. 이때쯤 되어서 이 여인은 신성한 수준에 이르렀다. 디르사는 과거 왕궁이 있던 곳이며, 예루살렘은 성전이 있던 곳이다. 하나님은 이러한 성전을 얻기 원하신다. 최종적으로 하나님이 건축하시는 성은 요한 계시록 21장에 나오는 새 예루살렘 성이다. 그것은 위로부터 내려오는 것이며 건축된 성이다. 거기에는 조금도 옛 창조가 없다. 그러나 초기의 에덴 동산은 다만 동산이었다. 아가서 4장에 동산이 나오는데 이 동산은 잠근 동산이라 하더라도 뭔가 불안정하다. 여전히 어떤 것이 들어올 수 있기 때문이다. 뱀도 들어오고 곤충도 들어올 수 있다. 그래서 주님은 동산이 성으로 건축되기를 원하신다. 그것이 새 예루살렘이다.

새 예루살렘은 벽이 144 규빗이다. 기초도 있고 벽도 있기 때문에 아무나 들어오지 못하다. 결국 하나님께서 얻기 원하시는 것은 계시록 21장에서 이루어지는데, 그것이 바로 새 예루살렘 성이다. 그런데 이 여인이 이 상태에 이르렀을 때 예루살렘 같다고 하셨다. 계시록 21장에서 새 예루살렘의 영광은 너무나 크고 아름답다. 이 여인이 그러한 상태에 이른 것이다. 건축된 예루살렘, 디르사 왕궁이다.

그러므로 이 구절은 더 견고한 그리스도인의 생활, 휘장 안의 생활을 언급하고 있다는 것을 알 수 있다. 예루살렘 성전 안에는 성소가 있고 지성소가 있는데, 그 특징은 지성소에 있다. 지성소 안에 생활하는 믿는이가 되었을 때에야 비로소 예루살렘같이 곱고 디르사같이 어여쁘다고 말할 수 있다.

2) 지성소 안에서 생활함

그러면 이것은 무엇을 의미하는가? 이 상태에 왔을 때 이 믿는이의 상태는 아주 견고하다. 많은 사람이 대체적으로 십자가를 체험하고 또 영적 체험을 하지만 생활이 엉망이다. 그러다 다시 십자가를 체험하고 부활을 체험한다. 그러나 이 성도는 이제 그렇게 때때로 들어갔다가 나왔다 하는 것이 아니라 전적으로 지성소 안에서 생활한다. 어쩌다 한 번 영 안에 사는 것이 아니요 어쩌다 한 번 십자가를 체험하는 것이 아니다. 어떤 환경이 임해도 항상 영 안에 거하는 그러한 사람은 영이라고 해도 된다. 항상 영 안에 있으므로 돌이킬 필요가 없다. 한 달 내내, 일 년 내내 지성소 안에서 생활하는 것이다. 그것이 바로 예루살렘이다. 어린 성도들은 때때로 영 안에 생활할 뿐이지만 그녀는 항상 영 안에, 성령 안에 거한다. 이런 사람이 지성소 안에 사는 사람이다. 이것이 예루살렘이 될 수 있는 자격이다.

요한복음 15장의 "내 안에 거하라 나도 너희 안에 거하리라"는 말씀은 바로 이런 단계에 있는 성도에게 해당한다. 언제나 주님 안에 거하는 사람이 아니면 주님과의 연합의 생활을 산다고 말할 수 없다. 허드슨 테일러는 그의 전기에서 주님 안에 거하다가 자꾸만 미끄러져 나오는 것을 체험하면서 고민했다고 적어놓았다. 어쩌면 오늘 많은 이들이 같은 상태에 있을 것이다. 한 나절 주님 안에 거하다가 다시 육신 안에 사로잡힌다. 그리고 다시 회복되어 주님 안에 있게 된다. 이렇게 항상 그분 안에 거하지 않는 것은 실제로 그분 안에 거하는 것이 아니다. 가지가 포도나무에 견고히 붙어 있는 상태가 아니기 때문이다. 붙어 있다 떨어졌다 하는 가지는 없기 때문이다.

이는 믿음과 헌신의 생활을 요구한다. 이러한 단계의 성도는 한시도 주님을 벗어난 생각을 하지 않는다. 비록 밭을 갈고 매를 돌리는 등 생계에 관련된 일을 할지라도 그 영은 언제나 주님과 연합되어 있다. 이런 상태의 성도는 열매를 많이 맺는다고 말씀하신다. 항상 그분 안에 거하기 때문이다. 주님은 이런 사람을 아주 곱고 아름답다고 하신다.

믿는이는 이러한 상태에 이를 수 있다. 우리 주님은 항상 성령으로 충만하고 어떤 일이 생겨도 영 안에 있는 이런 사람을 좋아하신다. 주님은 이런 사람을 왕궁인 디르사같이 어여쁘고 예루살렘처럼 곱다고 하신다. 사랑스러울 뿐 아니라 엄위하고 견고하며 하늘에 속한 맛을 가지고 있다는 말이다.

2. 엄위함이 기치를 벌인 군대 같음

"엄위함이 기치를 벌인 군대 같구나". 이러한 사람을 볼 때 사단 마귀가 두려워 떠는 것이다. 항상 성령으로 충만한 사람은 영 안에 있는 사람이다. 나는 사도 바울이 이런 사람이라고 믿다. 그는 어디를 가든지 성령으로 충만한 사람이었다. 그는 한 시도 자신 안에 빠져 있는 시간이 없었다. 육신 안에 빠져서 허우적대는 시간이 없었다. 항상 주님과 하나 되어 있었다. 사단은 이런 사람을 가장 두려워한다. 그 엄위함이 기치를 벌인 군대 같다고 했다. 기치를 벌였다는 것은 승리의 표시이다. 그녀는 어쩌다 한 번 승리하는 것이 아니라 항상 승리하는 생활을 한다. 아침부터 저녁까지 승리하는 것이다. 매일매일이 승리하는 생활이다.

하지만 대다수의 그리스도인이 그렇지 않다. 아침에는 '주님, 오늘 하루도 승리하기 원합니다' 라고 기도하지만 점심 때 실패하면 '주여, 용서해 주십시오. 오늘도 실패했습니다' 라고 자백한다. 이 여인은 그런 사람이 아니라 항상 기치를 벌인, 언제나 승리하는 사람이다. 우리는 이러한 그리스도인이 되어야 한다. 그런 전도자가 되어야 주님이 쓰실 수 있다. 주님의 일을 하러 보냈더니 오늘은 실패해서 힘이 빠져 말씀을 전할 수 없다고 한다면 주님이 어떻게 그런 사람을 쓰실 수 있겠는가? 엄위함이 기치를 벌인 군대 같아서 사단이 두려워 떠는 사람이 되어야 한다.

바울은 그와 같은 사람이었다. 병든 자에게 바울의 손수건만 얹어도 기적이 일어났다. 그러므로 제사장 스게와의 일곱 아들도 주 예수의 이름을 부르면서 "내가 바울의 전파하는 예수를 빙자하여 너희를 명하노니"라고 귀신들에게 말했지만 귀신은 "예수도 내가 알고 바울도 내가 알거니와 너희는 누구냐"하며 그들에게 뛰어올라 상하게 했다(행 19:11-16). 바울은 귀신들도 두려워했다. '귀신아, 나가라!' 하면 귀신이 나갔다. 왜냐하면 그는 항상 영 안에 있고 주님과 연합하여 사는 사람이었기 때문이다.

3. 여인의 눈에 대한 주님의 반응

5a절, 네 눈이 나를 놀래니 돌이켜 나를 보지 말라

이러한 상태에 이르렀을 때 5절에서 우리 주님은 "네 눈이 나를 놀래니 돌이켜 나를 보지 말라"고 하신다. 이것은 무슨 말씀인가? 정말 보지 말라는 것이 아니라 그의 눈이 너무나 사랑스럽다는 이야기이다. 우리 주님은 가끔 실제로 거절할 마음이 없으시지만 이렇게 말씀하실 때가 있다. 수로보니게 여인을 만났을 때에도 처음에는 '내가 이스라엘의 잃어버린 양떼 이외에는 보내심을 받지 않았다' 고 말씀하셨다. 그 여인이 몇 번 더 간구하자 그 간구대로 응해주셨다. 이 구절도 '더 이상 나를 보지 말라' 는 것이 아니라 기뻐서 하시는 말씀이다.

4. 여인을 격려하기 위해 주님이 거듭 칭찬하심

5b-7절, 네 머리털은 길르앗 산 기슭에 누운 염소떼 같고 6 네 이는 목욕장에서 나온 암양떼 곧 새끼 없는 것은 하나도 없이 각각 쌍태를 낳은 양 같고 7 너울 속의 너의 뺨은 석류 한 쪽 같구나

이것은 4장 1절부터 3절에서 나온 말씀이다. 그런데 왜 우리 주님이 다시 한 번 이 말씀을 반복하셨을까? 이것은 비밀이다. 이 여인의 머리털과 이(齒牙)와 뺨에 대해서 다시 한 번 칭찬해주신 것은 이 여인이 어쨌든 한 번 실패를 했기 때문이다. 주님을 즉시 따라가지 못하여 주님을 놓쳤다가 한참 후에 회복되었다. 이러한 과정을 거치면 어떤 믿는 이든, 얼마나 장성했든 주님의 격려가 한 번 더 필요하다. 나도 이러한 느낌을 가진 적이 있다. 주님이 우리를 필요로 하신다는 것과 우리가 여전히 버린 바 되지 않고 좋다는 것을 한 번 더 확인해주시는 것이 필요하다.

우리 주님은 이렇게 자상하시다. 이럴 때 믿는이들은 '혹시 내가 타락한 것이 아닐까? 주님이 나를 버리지 않으셨을까? 나는 퇴보했을 거야. 지금 보니 나는 이 정도밖에 안 돼. 내가 대단한 줄 알았는데 아무것도 아니야. 주님이 말씀하시는데 거기에 응답하지도 못하고, 주님은 사라지고 나는 형편없는 사람이야. 아마 나는 틀림없이 문제가 있는 사람일 거야' 라고 생각할 수 있다. 그러한 사람들에게 우리 주님은 똑같은 말을 다시 하심으로 주님이 변함없는 분이심을 확신시켜 주시는 것이다. '네가 그렇게 실패했어도, 한 번 물러갔어도 너의 머리털은 여전히 헌신적인 머리털이다. 그리고 네 이도 여전히 받아들이는 능력이 충분하다. 그리고 너의 뺨, 너의 생명 또한 풍성하고 아름답다.' 이렇게 다시 한 번 확인시켜 주실 때 우리 믿는이들은 주님으로부터 얼마나 힘과 공급과 용기를 얻는지 모른다. 다시 한 번 주님이 말씀해 주시는 것이 얼마나 의미가 큰지 모른다.

그리고 우리가 아무리 자랐다 하더라도, 세월이 지나 영적으로 많은 변화를 가졌다 하더라도 여전히 처음에 우리가 가졌던 아름다움을 지켜야 한다는 뜻도 포함한다. 많이 전진하고 자랐다 하더라도 우리는 그러한 헌신을 지켜야 하고 말씀을 흡수하는 능력도 변치 말아야 하고 생명의 성숙도 변치 말아야 한다.

여기서 또한 우리는 사탄의 참소를 받지 말아야 함을 본다. 사탄은 우리가 잘못되었다고 말하고 하나님이 우리를 버리셨다고 말한다. 그러나 중요한 것은 우리가 하나님을 원하는 마음이 변했는가를 확인하는 것이다. 우리 마음이 여전히 주님을 원하고 사랑하는 것이 변하지 않았다면 염려할 필요 없다.

5. 주님의 완전한 자

8-9절, 왕후가 육십이요 비빈이 팔십이요 시녀가 무수하되 9 나의 비둘기, 나의 완전한 자는 하나 뿐이로구나 그는 그 어미의 외딸이요 그 낳은 자의 귀중히 여기는 자로구나 여자들이 그를 보고 복된 자라 하고 왕후와 비빈들도 그를 칭찬하는구나

이때쯤 와서 우리 주님은 이 여자를 극도로 칭찬하신다. 왕후도 많고 비빈도 많고 시녀는 무수하다. 이들은 다 은혜를 얻은 사람들, 그리스도인들일 것이다. 그러나 그분의 완전한 자는 하나뿐일 정도로 희귀하다는 것이다. 이 땅에 완전한 성도, 주님 안에서 잘 자란 그리스도인들은 이렇게 희귀하다.

"그는 그 어미의 외딸이요". 어미는 은혜이다. 이 여인에게 은혜가 많이 역사된 것이다. 오늘날 하나님의 은혜가 없는 것이 아니다. 그러나 그 은혜가 우리 안에 역사해서 우리가 은혜가 충만한 사람, 변화된 사람이 되는 것에는 우리의 동역, 우리의 협력이 필요하다. 그래서 잘 자란 성도는 귀한 외딸과 같다. 그렇게 흔해 보이지 않는다는 말이다.

"그 낳은 자의 귀중히 여기는 자로구나". 주님이 아주 귀중하게 여겨주시는 사람이 있다. 우리는 주님이 귀중히 여기시는 사람이 되어야 한다. 디모데 후서 2장에서는 귀히 쓰는 그릇이 되어야 한다고 했다. 물론 질그릇도 쓰임받을 수 있고 나무 그릇도 쓸 수 있지만 우리가 만일 금그릇이 된다면 주님이 우리를 귀하게 쓰실 것이다. 여러분은 귀하게 쓰임받고 싶은가, 아니면 천히 쓰임받고 싶은가? 나무나 질 그릇같이 천한 그릇들은 부산하게 여러 일에 쓰이지만 금그릇이나 은그릇은 두었다가 꼭 필요할 때, 귀한 손님이 왔을 때 귀하게 쓰인다. 여러분도 주님의 은혜로 하여금 더 많이 역사하시게 하면 주님의 귀한 그릇이 될 것이다. 여기에 나온 것처럼 귀중히 여기는 자가 된다. "여자들이 그를 보고 복된 자라 하고". 어떻게 하면 저렇게 복된 자, 하나님의 축복을 받는 자가 되었는가 하면서 왕후와 비빈들, 좀 자란 성도들도 그녀를 칭찬한다.

6. 아침 빛같이 뚜렷하고 달같이 아름다움—여인이 천체(天體)가 됨

10절, 아침 빛같이 뚜렷하고 달같이 아름답고 해같이 맑고 기치를 벌인 군대같이 엄위한 여자가 누구인가

"아침 빛같이 뚜렷하고 달같이 아름답고 해같이 맑고". 이제 이 여인은 천체가 되었다. 달과 해는 하늘에 있다. 이전에는 이 여인에게 그림자가 있었으나 여기에 와서는 아침 빛같이 뚜렷하므로 그림자가 없다. 이제는 천체와 같이 되었다. 그리스도인 생활 가운데에서 죄는 아닐지라도 어둠의 그림자가 있을 수 있다. 어두움이란 무엇인가? 간단히 설명하자면 우리의 생활 가운데 남편 혹은 아내, 형제자매들에게 드러내놓고 말하기 곤란한 그러한 일들이다.

그러나 그리스도인 생활을 하다 보면 점점 우리에게서 그림자가 물러간다. 나도 때로는 그림자를 한 가지씩 처리할 때 너무나 부끄럽다. 그러나 에베소서 5장에 "그러나 책망을 받는 모든 것이 빛으로 나타나나니 나타나지는 것마다 빛이니라 그러므로 이르시기를 잠자는 자여 깨어서 죽은 자들 가운데서 일어나라 그리스도께서 네게 비취시리라 하셨느니라"(13-14절)는 말씀이 있다. 어떤 때 우리 속에 있는 그림자가 제해지려면 앞선 지체들의 책망이 필요할 때가 있다. 그러한 과정을 통해서 어두움이 하나씩 하나씩 제해진다. 우리의 생활 속에 있는 어두운 그림자들이 완전히 제해질 때 아침 빛같이 뚜렷하게 된다. 의인은 점점 빛나서 온전한 광명에 이른다고 했다.

7. 술람미가 되어 솔로몬(주님)과 연합됨

"기치를 벌인 군대같이 엄위한 여자가 누구인가"라고 묻고서 이제 13절에서는 "돌아오고 돌아오라 술람미 여자야 돌아오고 돌아오라 우리로 너를 보게 하라"고 한다. 여기에 술람미라는 이름이 나오는데 영어로는 '슐라마이트'(Shulamite)로 솔로몬의 여성형이다. 솔로몬과 동일한 이름이다. 이 지점에 왔을 때에서야 비로소 햇빛에 그을려 검게 된 얼굴로 사람들에게 무시당하고 포도원지기를 했던, 그래서 지치고 피곤했던 이 시골 여자가 이제 왕후도 비빈도 부러워하는바 솔로몬과 온전한 짝을 이루는 배필이 되었다.

여기서 '술람미'라고 부르는 데에는 의미가 있다. 주님은 우리가 그리스도의 장성한 분량에까지 자라서 그분의 배필이 되어 그분과 연합되기를 바라신다. 신랑 되신 주 예수님을 만나는 신부들은 다 이렇게 술람미가 되어야 된다. 우리가 왜 믿음 생활을 하는가? 왜 우리가 교회생활 안에 있는가? 왜 우리가 십자가의 길을 가는가? 왜 우리가 세상을 버리는가? 우리의 사랑하는 주님을 만나기 위해서이다. 주님은 우리를 맞으러 다시 오신다. 우리는 신부로 단장되어 예비하고 있어야 한다. 자라고 변화되어야 한다. 우리도 여기 있는 술람미 여인이 되어야 한다.

솔로몬은 우리 주님이시고, 우리 믿는이는 술람미 여인이 되는 것이다. 자라고 자랄 때 결국 우리는 성소 안의 생활을 하고, 하늘의 새 예루살렘과 같이, 천체와 같이, 해와 달같이 된다. 이것들은 하늘에 있다. 이 땅에 살지만 하늘에 속한 생활을 영위하는 존재가 되는 것이다. 그럴 때 비로소 주님은 우리가 그분과 똑같다고 말씀하신다.

주님의 역사를 살필 정도로 생명이 자람

11절, 골짜기의 푸른 초목을 보려고 포도나무가 순이 났는가 석류나무가 꽃이 피었는가 알려고 내가 호도 동산으로 내려갔을 때에

포도나무나 석류나무는 다 성경에서 생명과 관련하여 언급된다. 요한복음 15장에서 주님은 "나는 포도나무요 너희는 가지니"라고 하셨으며, 구약에서 생명의 풍성함을 말할 때에도 석류나무를 사용했다. 이 지점에 이르렀을 때 주님을 사랑하는 자는 많이 성장하였다. 성장한 성도의 자연스러운 현상은 생명의 역사, 주님의 역사를 살피려 하는 마음이 생긴다는 것이다. 어린 신자일 때에는 자신의 생명 성장을 주의하고 자신의 기쁨과 만족을 주의하지만 많은 과정을 통과한 뒤에는 주님의 역사에 관심이 있게 된다.

"골짜기의 푸른 초목을 보려고 포도나무가 순이 났는가 석류나무가 꽃이 피었는가 알려고". 과거에는 포도나무에 순이 났는지 석류나무에 꽃이 피었는지 별 관심이 없었다. 그래서 주님이 그녀의 관심을 일으키기 위해 포도나무에 꽃이 피었다는 등 여러 이야기를 먼저 해주셨다. 그렇지만 여인은 여전히 자기의 누림을 주의했다. 침상에 누워서 주님을 찾았다. 그런데 이제는 자라서 그러한 것들을 둘러보고 싶은 마음이 생겨난 것이다. '다른 사람들 속에서 주님의 생명이 잘 자라고 있나?' 하면서 골짜기의 초목을 보고 싶어하고 포도나무에 순이 났는가를 보고 싶어하며 석류나무에 꽃이 피었는가를 보고 싶어한다. 그러한 마음이 자연스럽게 생겨난 것이다. 믿는이는 성장할 때에 다른 성도들의 생명에 관심을 갖게 되고 그들의 생명 성장에 매우 주의를 기울이게 된다. 또 주님이 역사하시는 온 땅에 관심을 갖게 된다.

12절, 부지중에 내 마음이 나로 내 귀한 백성의 수레 가운데 이르게 하였구나

수레는 움직이는 것, 역사하는 것이다. 나도 모르게 주님과 함께 움직이고 역사하는 것이다. 주님의 역사를 위하여 움직이는 사람들은 귀한 사람들이다. 나도 모르게 부지중에 그들 가운데 있게 되는 것이다. 신자가 많이 성장하였을 때 자기도 모르는 사이에 주님의 역사와 움직임 가운데 들어와 있는 자신을 발견하게 된다.

'부지중에' 라는 말은 '이제 나도 무언가를 해 보아야겠다. 나도 주님의 사역을 한 번 해보아야겠다' 라는 결심을 가지고 주님의 일을 하는 것이 아니라는 뜻이다. 그것은 생명이 성장할 때에 하나님의 생명의 현상들과 많은 사람 속에서 일어나는 주님의 역사를 보고자 하는 갈망이 자연스럽게 생겨나서 부지중에 귀한 백성의 수레 가운데 자기가 있는 것을 발견한다는 것이다. 우리는 참으로 그러한 사람들이 주님의 사역 가운데 들어오는 것을 좋아한다.

주님의 사랑하는 자의 승리

1. 예루살렘 여자들이 여인을 보기 원함

13절, 돌아오고 돌아오라 술람미 여자야 돌아오고 돌아오라 우리로 너를 보게 하라

주님은 이 여인을 '술람미' 라고 불렀다. 그녀는 아주 아름다운 여인이 되었다. 술람미는 솔로몬의 여성형이다. 동일한 이름으로 남성형 여성형의 구분이 있을 뿐이다. 이런 상태에 이르렀을 때 사람들은 이러한 여자를 보고 싶어한다. 주님의 역사를 위해서 귀한 백성의 수레 가운데 임하였을 때 과거의 그녀를 알던, 그녀의 성숙함을 보았던 사람들은 그녀를 보고 싶어하고 자신들도 그러한 상태에 이르기를 원한다.

여기서 무려 네 번이나 돌아와 달라고 간청한다. 그녀에게 무언가 믿는이를 매혹하는 풍성한 생명이 있기 때문에 그녀를 본 적이 있고 그녀에게서 양육을 받아 본 사람들은 끊임없이 이렇게 간청한다. 그녀는 이제 하나님의 사역을 위해 움직이고 있다. 진정한 사역은 여기서부터이다. 어떤 사람이 정말 자라고 변화되면 자연 알려지게 된다. 그리고 사람들은 그것을 보고 싶어한다. 결국 그녀를 보고자 하는 자들이 그 사역의 대상이 되는 것이다.

처음 바로의 준마의 봉사와 너무 대조적이다. 바로의 준마는 주로 여기저기 뛰어다닌다. 그러나 여기서 술람미는 솔로몬을 나타낸다. 주님의 대표가 될 만하다. 그녀를 보면 쉽게 주님을 느낄 수 있고 만질 수 있다. 그러므로 사람들은 그녀에게 오라고 간청한다. 보고 싶어한다. 그녀에게 배우고자 한다. 이는 다름 아닌 그녀의 성숙으로 말미암은 것이다.

2. 여인이 승리의 생활에 들어섬

14절, 너희가 어찌하여 마하나임의 춤추는 것을 보는 것처럼 술람미 여자를 보려느냐

누가 이 여인에 대해 말한 것인지는 말하기가 참 어렵다. 분명한 것은 이 말이 여인에 대한 칭찬이라는 것이다. 창세기를 보면 야곱이 얍복 강에 있을 때에 마하나임의 두 군대를 보았다. 마하나임의 춤추는 것은 강한 군대의 춤으로 승리를 뜻한다. 춤추는 것은 승리와 관계 있다. 벌써 이 여인의 상태는 디르사, 예루살렘, 천체(해, 달), 기치를 벌인 군대로 비유된 것을 보아서 상당한 수준에 이르렀고 승리의 생활로 들어섰음에 틀림없다. 이 여인은 그리스도인 생활 가운데서 계속적인 승리를 누리고 있는 사람이 분명하다.

사실 그리스도인 초기에 그리스도인의 승리를 모르면 그리스도인의 생활을 하기가 아주 어렵다. 차라리 주님을 믿지 않는 이방인일 때에는 항상 죄 가운데, 어두움 가운데 있기 때문에 그렇게 불편한 것을 못 느낀다. 그러나 주님을 믿고 나서 승리의 비결을 모르는 사람들은 참으로 괴롭다. 죄를 지을 때, 실패할 때 너무나 괴롭다. 승리의 생활이란 요원한 듯하다. 그러나 이 상태에 이르렀을 때에는 항상 승리가 있다. 실패가 없다. 아주 강한 생활 가운데서 승리를 누리는 것이다.

3. 여인의 진보는 조성으로 말미암은 것임

앞에서 이 여인을 어여쁨이 디르사 같고, 고움이 예루살렘 같고, 엄위함이 기치를 벌인 군대 같다고 했다. 계시록을 볼 때 새 예루살렘은 조성되고 건축된 것이다. 우리가 알아야 할 것은 그리스도인이 계속적으로 성장할 때 우리 속에 성령의 조성이 있게 되어 우리가 어떠한 사람이 된다는 것이다. 원숭이는 어쩌다 사람의 흉내를 낼 수 있지만 돌아서면 다시 옛 습성으로 돌아가게 되는데 이런 것은 아무 의미가 없다.

그리스도인들의 변화는 우리 속에 성령의 성분이 점점 조성되는 것이며 그럴 때 우리는 인위적으로 노력하여 그리스도를 나타내려고 할 필요 없이 자연스럽게 그러한 생활을 하게 된다. 그것은 만들어 내는 것이 아니며 노력해서 되는 것이 아니다. 그러한 사람으로 변화로 말미암은 것이다. 그 사람의 생각과 감정, 그 사람의 존재가 변한 것이다.

마찬가지로 여기서 여인이 예루살렘, 해, 달이 된 것은 조성이 없이는 될 수 없는 것이다. 하나님의 성령께서 우리 안에 그분 자신을 더 조각하셔야 한다. 신약 성경에는 거룩함에 이른다는 말씀이 많이 있다.

히브리서 12장에서 징계는 우리에게 유익을 준다고 했다. 하나님께서는 그 사랑하시는 자를 더 징계하신다고 했다. 징계가 당시에는 즐거워 보이지 않지만 그로 말미암아 연단된 후에는 의의 평강한 열매를 맺으며 거룩함에 이르게 된다. 따라서 징계는 우리의 유익을 위한 것이다. 하나님의 손길을 거칠 때 우리에게서 좋지 않은 기질이 나가고 옛 사람에 속한 것이 벗겨지고 우리 안에 새로운 하나님의 속성이 더해진다. 이사야 1장 27절에 의하면 "시온은 공평(심판, 다비역)으로 구속이 되고"라고 하였다. 우리의 존재는 각 부분이 심판을 통하여 주님의 것으로 구속이 된다는 뜻이다. 심판은 십자가이다. 주님은 십자가에서 사람의 육신 안에 있는 죄를 정죄하셨다. 육체를 심판하신 것이다.

오늘 우리는 한 가지 한 가지 일에서 우리의 육을 통하여 나타나는 인간적이고 동물적인 기질이 심판되어져야 한다. 때로 이런 심판은 질병이나 환경의 어려움을 통해서 온다. 이러한 심판을 통하여 우리의 각 부분이 그리스도의 십자가로 인쳐지게 되고 그분의 형상으로 변화되게 된다. 특정한 일에서 나의 반응은 매우 천연적이고 주님으로 변화되지 않은 못난 것이다. 그러한 부분이 심판을 통하여 주님께 구속될 때 우리의 본질이 한 부분 더 주님의 형상으로 화하는 것이다. 이것이 예루살렘 성과 같이 조성된 것이다. 원래의 예루살렘은 여부스로서 가나안 사람들이 살던 곳이다(수 18:28). 이젠 하나님의 사람들에 의해 성전이 지어지고 각종 성벽과 아름다운 가옥들로 조성된 성인 것이다. 이방 사람들의 도시가 하나님의 성으로 조성된 것이다. 조밀한 건축을 가지게 되었다(예루살렘아 너는 조밀한 성같이 건설되었도다, 시 122:3). 십자가와 성령의 역사는 우리의 여부스적인 각 부분에 다 새로운 하나님의 성을 위한 건설의 역사를 수행하지 않으면 안된다.

이러한 과정을 통과할 때 우리는 과거의 내가 아닌 하나님을 닮은 사람이 된다. 아침부터 저녁까지 어떤 노력을 하지 않아도 자연스럽게 그리스도를 나타내는 생활이 흘러나오게 된다. 여기 마하나임의 춤추는 것은 승리에 찬 그리스도인 생활이 가능하다는 것을 보여준다. 이 땅에 있는 그리스도인들은 승리의 생활, 이기는 생활이 가능하다. 우리 모두의 본(本)이 되는 사도 바울이 '우리를 항상 그리스도 예수 안에서 이기게 하시고…이김을 주시는 하나님께 감사한다' 고 했다. 6장 후반부에서 이 여인은 주님의 일에 대한 관심이 생기기 시작했고 그의 생활은 항상 승리하는 생활이 되었다. 이미 많이 변화되었기 때문에 처음으로 '솔로몬과 일치됨' 을 의미하는 '술람미' 로 그녀의 이름을 밝혔다. 항상 승리하는 사람이 아니면 주님의 일을 하기가 참 어렵다.

아가서에 대한 바른 이해

오늘날 어떤 사람들은 아가서를 하나님과 사람의 교제와 사랑과 믿음과 은혜와 성장과 체험을 그린 것으로 여기지 않고 남녀 간의 육적인 사랑의 이야기로 해석한다고 한다. 박윤선 박사는 그의 주석에서 그러한 유의 해석이 잘못된 것임을 지적했다. "이를 그저 연애시(戀愛詩)로만 취급하는 것은 큰 잘못이다" (박윤선 〈아가서 주석〉, p133). 디모데후서 3장 16절은 "모든 성경은 하나님의 감동으로 된 것으로 교훈과 책망과 바르게 함과 의로 교육하기에 유익하다" 고 말한다. 또한 성경은 우리에게 구원에 이르게 하는 지혜를 준다고 했다. 역대로 영적인 사람들은 아가서에 대해 '그리스도와 교회에 관한 책', '하나님과 그분의 믿는이들과의 사랑', '영적인 체험' 이라고 말했다. 또한 우리 자신이 이 책이 우리에게 얼마나 많은 도움이 되는지를 간증할 수 있다.

6장의 영적 체험의 중심

6장의 체험 역시 매우 귀하다. 우리는 5장에서 주님의 임재를 잃어버리고 실패했다고 느끼는 사람이 예수님을 예루살렘 여자들에게 소개하는 것을 읽는다. 그녀는 분명 자란 성도를 예표함에 틀림없다. 그러나 그녀는 지금 매우 힘이 빠져 어린 성도들에게 유익과 도움을 얻고자 한다. 그러다 주님을 발견한 것이다. 그녀는 자신이 거의 절망 가운데 있을 때 사람을 도왔다. 이것은 매우 귀한 체험이다. 그녀는 비록 자신은 절망 가운데 있으며 주님을 잃어버린 것 같은 상태에 있었지만 다른 사람이 자기에게 주님에 대해 알려달라고 말했을 때 힘을 다해 말해주면서 그들이 그분의 아름다움과 귀함을 알기 원한 것이다.

지금 그녀의 문제는 과거에 다만 느낌에서 주님이 계시지 않아 찾는 것과는 다르다. 지금은 감각 안에 주님이 계시지 않은 것보다는 영 안에서의 어두움과 침체이다. 다만 영적으로 힘이 없고 위로나 기쁨이나 은혜가 충분하지 않은 것이다. 그것은 대부분 자신이 영적 실제에 있어서 부족함이 있다고 느껴질 때 있는 현상이며 주님을 충분히 신뢰하지 못할 때 자신의 영적 상태의 미흡함을 보면서 한탄함으로 생겨나는 패배감 같은 것들이다. 이럴 때 자기보다 어린 사람들에게 이전의 계시일지라도 말해주다 보면 질병이 사라지고 주님의 함께하심이 다시 분명하게 된다.

6장 5-7절 말씀은 4장 1-3절의 말씀과 같다. 이는 왕이 여인을 칭찬해주고 감상해주시는 말씀이다. 이 말씀은 이렇게 실망하고 좌절한 믿는이에게 주님이 재차 확증해주시는 말씀이다. 이것이 어찌된 일이냐고 하겠지만 이것은 비밀한 영적 체험의 세계에서는 사실이다. 주님은 때로 우리에게 이렇게 동일한 확증의 말씀을 주심으로 격려하시고 여전히 좋다고 말씀해주신다.

사실 이 부분에서 주님의 칭찬은 4장의 때보다 훨씬 승하다. 그 이유는 성도가 이미 영적 전쟁에서 전사(戰士)의 상태에 이르렀기 때문이다. 이 지점에서 성도는 주님의 유익과 뜻을 위하여 싸우는 상태에 이른 것이다. 그러한 그녀의 눈은 심지어 우리 주님을 놀라게 한다고 말씀하신다. 그리고 4절에서는 그녀의 고움이 디르사 같고 예루살렘 같다고 하신다. 또 엄위함이 기치를 벌인 군대 같다고 하신다(10절). 그녀의 아름다움은 성과 같이 견고하고 군대같이 강하다. 이 여인의 아름다움은 다만 사랑스러운 것이 아니라 엄위한 군대와 같다. 주님은 성도가 대적에 대해 엄위한 모습을 갖는 것을 아름답다고 하신다.

9절에서 여인은 하나뿐인 주님의 완전한 자이다. 많은 왕후와 비빈(육십 왕후, 팔십 비빈, 무수한 시녀)을 제치고 이 시골뜨기 여인이 이제 솔로몬의 하나뿐인 배필이 되었다. 솔로몬과 완전히 한 쌍을 이룬 것이다. 정식의 남편과 아내의 관계이다. 이 부분에 와서는 많은 사람이 그녀를 인정하고 칭찬하고 복을 받았다고 말한다.

또한 6장에서 주님은 그녀가 예루살렘, 즉 하늘의 성소같이 아름답다고 칭찬하셨다. 그녀에게서 하늘에 속한 느낌을 받기 때문이다. 그녀는 이미 지성소 안에서 생활하는 성도가 되었다. 그녀는 하늘에 속한 생명을 살아내는 성도가 된 것이다. 그것이 예루살렘 같다는 것의 의미이다.

10절 말씀은 매우 좋다. "아침 빛같이 뚜렷하고 달같이 아름답고 해같이 맑고". 이 지점의 성도는 아침 빛같이 뚜렷하다. 달같이 아름답고 해같이 맑다. 이는 사람들에게 분명한 간증이 되는 생활이다. 이 시점에 이르기까지 참으로 많은 과정을 거쳤다. 이전에는 좋았지만 그렇게 뚜렷한 간증이 아니었다. 이제는 천체처럼 하늘에 있다. 사람들에게 비출 정도가 되었다. 사람들이 그에게서 뚜렷하고 아름답고 맑은 그 무엇인가를 본다. 기치를 벌인 군대란 엄위하고 견고한 것이며 항상 승리하는 삶을 의미한다.

11-14절은 여인의 진보를 말한다. 이런 상태에 이르렀을 때 사람들

은 그를 보고 싶어한다. 이전에는 그녀가 사람들을 찾았지만 이제는 사람들이 그녀를 찾는다. 사람들이 '우리로 너를 보게 하라'고 외친다. 이는 그녀가 주님의 형상을 지녔으므로(술람미라고 부름-솔로몬의 여성형) 주님을 사랑하는 자들이 보고 싶어 하는 것이다. 이것이 신약 시대에 성도들이 사도들을 사모하는 이유였다. 그들은 사도들을 얼굴로 대면하기를 원했다.

이 부분에서 여인은 주님의 일에 관심을 보이며 포도나무의 순을 보려고, 석류나무 꽃을 보려고 호도 동산으로 내려간다. 이 단계의 믿는 이는 매우 아름답다. 그는 이제 그리스도께서 이 땅에서 수행하시는 사역에 참여하기 시작한다.

아가서 7장

주님의 동역자로 장비됨

1. 주님이 변화시킨 그녀의 다리

1절, 귀한 자의 딸아 신을 신은 네 발이 어찌 그리 아름다운가 네 넓적다리는 둥글어서 공교한 장색의 만든 구슬꿰미 같구나

7장에 와서는 시골 처녀가 아닌 귀한 자의 딸이라고 불렀다. 이 사람의 조성과 신분이 바뀌었다. 시골 농부에게서 태어난 포도원 주인의 딸이 아니라 왕의 딸(prince' s daughter)이 되었다. 이는 영적인 세계의 일이 아니면 해석할 수 없다. 어찌 시골뜨기 소녀를 왕의 딸이라고 부를 수 있겠는가? 우리는 이와 같이 양면의 신분을 갖고 있다. 옛 사람의 신분과 새 사람의 신분이다. 하나는 땅에 속한 신분이요 다른 하나는 하늘에 속한 신분이다. 여인의 변화는 여기까지 이를 때 명실상부하게 하늘에 속한 신분을 드러낼 수 있게 되었다.

앞에서는 이 여인에 대해 눈에서 머리카락으로, 즉 위에서부터 칭찬을 했지만 이제는 아래에서부터 이야기하고 있다. 왜냐하면 7장에 와서야 비로소 이 여인이 주님을 위해 일하는 단계에 돌입했기 때문이다.

그래서 그녀의 신부터 언급하는 것이다. 그녀는 6장 11절부터 주님의 역사에 조금씩 관심이 생기기 시작했고, 이제는 주님의 동역자, 일꾼이 되었다. 주님의 일을 하는 사람에 대한 감상은 먼저 움직이는 신발에 있다. 이 신은 평안의 복음의 예비한 것으로서 평안의 복음의 신이다. "아름답도다 좋은 소식을 전하는 자들의 발이여"(롬 10:15). 가장 아름다운 발은 복음을 전하러 다니는 발이다.

신발 다음에 보이는 것이 넓적다리이다. 이 다리는 서 있는 힘을 말한다. 다리가 둥글고 넓적하면 오래 서 있을 수 있고 넘어지지 않는다. 그런데 이것은 공교한 장색의 만든 구슬꿰미 같다고 했다. 참으로 이해하기 어려운 말인데, 구슬꿰미는 하루아침에 만들어지지 않는다. 어떤 어려움이 있을지라도 복음을 전파하고 주님을 위해 일하고 수고하면서 오래도록 서 있을 수 있는 이런 다리는 하루아침에 생겨나는 것이 아니다. 공교한 장색은 주님이실 것이다. 주님께서 이 다리가 견고하도록 오랜 시간을 두고 역사해서 공교하게 만들어주셨을 것이다. 그래야만 오래 서 있을 수 있다. 하나님께서 그렇게 빚어 주시는 것이다. 많은 세월 십자가를 거치고 또 거치면서, 복음을 전파하기 위해 고난과 어려움을 겪으면서 다리가 이렇게 구슬꿰미같이 둥글고 쓰러지지 않게 된다.

이 다리가 결코 쓰러지지 않는 다리가 되기 위해서는 야곱처럼 한 번 환도뼈가 부러지는 체험을 하는 것이 필요하다. 그럴 때 더욱 견고해지게 된다. 인간적인 상식으로는 부러지면 서 있기가 더 어려울 것이라고 생각되지만 천연적인 힘이 절단되어야만 다리에 힘이 있게 된다. 모든 역사는 공교한 장색이신 주님께서 이런 식으로 수행하신다. 천연적인 힘은 소용이 없고 장색이신 주님이 다시 만들어 주신 것만이 유용하다. 그래야 오래 서 있을 수 있다. 사도 바울은 이고니온에서 복음을 전파하다 순종치 아니하는 유대인들이 그를 죽이려고 할 때에 다시 루스드라와 더베와 그 근방으로 가서 복음을 전했다(행 14:5-7). 이런 사람이야말로 하나님 눈에 구슬꿰미 같은 사람이다.

2. 믿음으로 받아들임—주님의 떡과 잔

2절, 배꼽은 섞은 포도주를 가득히 부은 둥근 잔 같고 허리는 백합화로 두른 밀단 같구나

백합화는 믿음을 상징한다. 밀단이란 떡을 만드는 재료를 말한다. 또 포도주는 주님의 보혈을 표징한다. 그러므로 이 사람이 돌아다니는데 허리는 힘을 내고 배꼽에는 무언가 저장한 것이 있다. 그에게 힘을 주는 저장되고 배양된 것이 무엇인가? 그것은 주님의 보혈과 주님의 떡이다. 주 예수님이 "내 살은 참된 양식이요 내 피는 참된 음료로다"라고 하셨다(요 6:55). 백합화란 주님의 떡과 잔을 믿음으로 받아들였을 때에 그의 것이 된다는 것이다. 성경 말씀은 이렇게 다 은유적이다.

3. 다른 사람을 공급할 수 있는 역량

3절, 두 유방은 암사슴의 쌍태 새끼 같고

여기서 여자의 가슴을 말했는데, 그것은 앞에서 믿음과 사랑을 말한다고 언급한 바 있다. 다른 곳에서는 '백합화 가운데서 풀을 뜯는다' 고 했는데, 이것은 어렸을 때의 이야기이다. 여기서는 다만 '암사슴의 쌍태 새끼 같다' 고만 이야기했다. 이렇게 가슴도 풍부하게 되었다. 이것은 다른 사람을 공급할 수 있는, 먹일 수 있는 역량이 커졌다는 것을 의미한다.

이는 풍성한 생명의 체험을 통해 얻어진다. 매일 십자가를 지고 주님을 따르는 신실한 삶이 그리스도에 대한 풍성한 체험을 가져다 줄 것이다. 하나님에게서 다루심과 가르침을 받은 만큼이 다른 사람을 먹일 수 있는 자본이 된다. 이것은 다만 지식이 아니다. 반드시 체험을 거쳐야 한다.

4. 하나님의 뜻을 위해 고난당하고 순종함

4절, 목은 상아 망대 같구나 눈은 헤스본 바드랍빔 문 곁의 못 같고 코는 다메섹을 향한 레바논 망대 같구나

상아는 코끼리가 죽었을 때 산출되는 것으로 고난과 죽음을 통과하여 나올 수 있는 것을 말한다. 이 목은 하나의 순복을 상징한다. 즉 내가 고난을 받고 죽음에 처한다 하더라도 '하나님, 당신의 뜻이 내게 이루어지기 원합니다' 하면서 순복하는 것이다. 이런 자세를 가진 사람이 이러한 목을 가진 사람이다.

목은 사람의 의지를 대표한다. 역대로 하나님이 크게 쓰신 종들을 볼 때 그들은 실로 상아 망대 같은 목을 가졌다. 그들은 죽음을 통해서도 그리스도께 순종하는 본을 남겼다. 견고한 의지를 가진 사람들, 하나님의 뜻과 조화된 의지를 가진 사람들이 하나님께 크게 쓰임을 받은 것이다. 그들은 먼저 자아의 뜻이 파쇄되고 하나님의 뜻을 받드는 의지를 가졌다. 그들은 단 마음으로 하나님의 뜻을 순복하는 사람들이다. 신자의 의지는 먼저 굴복되어 하나님의 뜻에 순복할 수 있어야 한다. 그런 다음 점차 하나님의 뜻에 조화되어야 한다. 하나님께 복종되고 그 뜻을 순종하지만 아직 마음속으로 그 뜻을 사랑하지 않을 수도 있다. 이것이 광야의 이스라엘 백성들이다. 그들은 하나님의 인도에 순종하여 모세를 따라 나왔지만 그 뜻이 하나님과 화합하지는 않았다. 롯의 처도 마찬가지이다. 결국 그녀는 소금기둥이 되었다. 고난을 받고 죽음에 처해도 순종할 수 있는 의지는 그분의 뜻에 조화된 단계에서 볼 수 있다.

그 다음에 눈이 있다. "눈은 헤스본 바드랍빔 문 곁의 못 같고". 이 연못의 특징은 고요하며 멈추어져 있다. 고요하고 멈추어져 있을 때 모든 것을 잘 볼 수 있다. 여인은 모든 것을 다 뚫어 볼 수 있는 그러한 눈을 가지고 있다. '헤스본' 이란 '총명하다' 는 뜻이다. '바드랍빔' 이란 '많은 여인들' 이라는 뜻이며, '문' 은 '편리하다' 는 뜻이다. 언제든지 문을 열고 나가고 들어올 수 있다. 언제나 편리하게 볼 수 있다. 이 못은 면적이 넓은데, 시야가 넓다는 뜻도 된다. 눈이 작으면 보는 것이 적고 시야가 좁다. 그러나 연못 같은 눈이라면 시야가 넓은 것을 의미한다. 성장하면 시야가 넓어지게 된다. 온 땅을 바라볼 수 있는 눈, 시대를 꿰뚫어 볼 수 있는 눈이 되는 것이다.

다음에 코가 있는데, 이전에는 이 여인에 대한 칭찬 중에 코를 언급한 적이 없었다. 여기에 처음으로 코가 나온다. 이렇게 장성한 사람이 아니면 코가 예민하지 않다. 코는 먹기 전에 먼저 냄새로 분별할 수 있는 지각이다. 꼭 조사를 해보지 않아도 냄새로 파악할 수 있다. 냄새는 아무나 맡는 것이 아니다. 또한 어린 사람들은 자기 코의 냄새를 너무 확신하지 말아야 한다. 성장했을 때 코의 감각이 분명하게 되기 때문이다. 성장한 사람이 아니면 이러한 코의 감각이 없다. 그런데 이 코가 '다메섹을 향한 레바논 망대 같다' 는 것은 코가 높다는 이야기이다. 레위기를 보면 납작코는 여호와의 총회에 못 들어간다고 했다. 하나님을 섬기는 제사장은 코가 높아야 한다.

우리가 여기서 눈과 코의 문제를 말할 때 보아야 할 것이 있다. 물론 이 구절들은 한 성도의 성장에서 볼 수 있는 각 방면을 말하는 것이지만 신약의 계시는 그리스도의 몸 안에서 이 모든 것들이 실제화 되는 것이다. 우리는 한 개인에게서 목과 눈과 코와 많은 영적인 진보를 볼 수 있지만 또한 그리스도의 몸 안에는 이 모든 지체의 기능이 다양하게 나타남도 사실이다. 고린도 전서 12장은 이에 대하여 좋은 계시를 전달하고 있다. 우리는 그리스도의 몸 안에서 다 눈이 될 수 없고 다 코가 될 수 없음을 본다. 한 형제가 볼 수 있는 은사가 있을 수 있다. 다른 지체는 그의 보는 기능을 통하여 함께 볼 수 있다. 하나님의 교회 안에는 다른 사람보다 먼저 보는 지체가 있다. 그는 확실히 몸 안에서 눈의 은사를 가진 자이다. 그러나 그가 보는 것은 자신을 위한 것이 아니라 몸 안에 있는 모든 지체를 위한 것이다. 우리는 스스로 모든 것을 다 보고 다 냄새맡고 다 할 수 있다고 하지 말아야 한다. 누가 그렇게 한다면 그는 아직 몸의 진리를 보지 못한 사람이다. 여러분이 만일 몸을 안다면 자연히 다른 지체의 특이한 은사를 받아들이며 감상하며 기꺼이 도움을 받을 것이다.

5. 하늘을 움직이는 능력이 있음

5절, 머리는 갈멜 산 같고 드리운 머리털은 자주빛이 있으니 왕이 그 머리카락에 매이었구나

갈멜 산을 생각하면 엘리야가 떠오른다. 엘리야가 아합과 그의 선지자 450명과 기도로써 싸운, 능력을 행한 장소가 갈멜 산이다. "드리운 머리털은 자주 빛이 있으니". 사람이 품은 생각은 다 하나님을 위한 생각이어야 한다. 갈멜 산에 있는 엘리야는 어떤 생각을 했는가? 하나님을 위한 생각을 했다. '하나님! 여기 있는 이 사람들이 다 바알 우상을 숭배하나 여기서 내가 기도하오니 불을 내려주옵소서! 그리고 이 사람들로 하여금 하나님 당신이 살아 계시다는 것을 보게 하여 주옵소서!' (왕상 18장 참고). 이와 같이 엘리야의 마음은 오직 하나님을 위한 마음이었다. 그러므로 성장한 사람의 머릿속에는 다른 생각이 없다. 오로지 하나님을 위한 생각밖에 없다. 어떤 일이 일어나도 하나님의 유익, 하나님의 관심을 먼저 생각한다. 이것이 머리가 갈멜 산 같다는 것의 뜻이다.

그리고 머리털은 자주 빛이다. 다른 사람들이 그 믿는이를 볼 때 왕권, 권위를 볼 수 있다. 믿는이는 주님의 권위를 느낄 수 있을 정도로 성장해야 한다. "왕이 그 머리카락에 매이었구나". '머리가 갈멜 산 같다' 는 것은 이 믿는이가 주님을 움직일 수 있는 능력이 있다는 뜻이다. 왜냐하면 엘리야가 갈멜 산에서 주님을 움직였기 때문이다. 바알의 선지자들은 자기 몸을 치면서 하루 종일 외쳤으나 응답이 없었다. 그러나 엘리야가 무릎을 꿇고 기도할 때 주님이 하늘에서 들으셨다. 하늘을 움직일 수 있는 이러한 능력 있는 사람의 머리를 갈멜 산 같다고 하는 것이다. 이러한 성도는 이 땅에서 주님을 움직일 수 있는 기도의 사람이다. 그의 기도는 하늘을 움직인다. 주님은 그의 기도를 들으신다. 그의 마음은 주님과 온전히 일치되어 있다.

주님이 직접 여인을 칭찬하심

1. 여인의 아름다움

6절, 사랑아 네가 어찌 그리 아름다운지, 어찌 그리 화창한지 쾌락하게 하는구나

5절까지는 우리 주님이 직접 그녀를 칭찬한 것이라고 말하기 어렵다. 성령께서 말씀하셨든지 아니면 제 삼자를 통해서 말씀하셨다고 해석하는 것이 옳다. 그러나 6절에서는 주님께서 직접 무언가를 언급하기 시작하셨다. 여기까지 들으시던 주님이 더 이상 가만히 계실 수 없어 몇 마디 하신다. 5절까지 성령께서 하신 말씀에 주님은 '네가 아름답다, 화창하다, 나를 기쁘게 한다' 고 동의하신다.

2. 그녀에게 다른 사람을 먹일 수 있는 열매가 가득함

7절, 네 키는 종려나무 같고 네 유방은 그 열매송이 같구나

이전까지는 그녀의 키에 대해 이야기한 적이 없었다. 키를 이야기한다는 것은 이 여인의 성장 정도를 나타내는 것이다. 에베소서 4장 13절에 "그리스도의 장성한 분량이 충만한 데까지 이르리니"라는 말씀이 있는데, 원문에서는 '그리스도의 신장의 분량'을 말한다. 그리스도인들은 그리스도의 신장의 분량에 이르도록 자라야 한다. 종려나무란 아주 키가 큰 나무이다. 사막에서도 종려나무는 물을 빨아들여 자란다. 이것은 그녀가 어떤 고난의 상황에서도 자랄 수 있는 성도가 되었음을 말한다. 이 종려나무는 또한 주님을 대표하는 나무이기도 하다.

"네 유방은 그 열매송이 같구나". 주님이 이 여인의 가슴에 대해 칭찬한다. 주렁주렁 달린 열매송이 같다고 했다. 이제 그녀의 가슴은 다른 사람들을 먹이는 데 중점이 있다. 초기에는 가슴을 이야기할 때 그녀의 믿음과 사랑이 주님에 대한 사랑을 표현한다는 의미에서 칭찬했지만 이 성장한 여인의 가슴에는 주님을 사람들에게 공급할 수 있는 열매가 가득하다.

3. 주님의 향기가 남

8절, 내가 말하기를 종려나무에 올라가서 그 가지를 잡으리라 하였나니 네 유방은 포도송이 같고 네 콧김은 사과 냄새 같고

이제 여인은 우리 주님이 올라가서 잡을 정도로 컸다. 간단하게 말해서 우리 주님은 이 여인을 안고 싶어하신다. 키가 큰 사람은 어린애를 안기가 어렵다. 그러나 이 여인이 많이 자랐기 때문에 주님은 그녀를 안고 그 가지를 잡으실 수 있다. 그리고 그녀의 가슴은 많은 사람을 먹일 수 있는 포도송이가 주렁주렁 달려 있는 것 같다. 또 콧김은 포옹하지 않으면 맡을 수 없는데, 주님은 포옹한 상태에서 그녀의 콧김을 감상하신다. 콧김이 사과 냄새 같다는 것이다. 2장에서는 주님을 사과나무로 비유했는데, 주님을 얻고 또 얻음으로 이제는 그녀의 코에서 주님의 냄새, 주님의 향기가 나는 것이다.

4. 내세의 왕국을 미리 맛보는 사람

9a절, 네 입은 좋은 포도주 같을 것이니라

여기서 좋은 포도주란 최상의 포도주(best wine)라는 뜻이다. 극상품 포도주는 왕국에서 먹을 수 있다. "내가 포도나무에서 난 것을 이제부터 아버지의 나라에서 새 것으로 너희와 함께 마시는 날까지 마시지 아니하리라"(마 26:29). 가장 좋은 포도주는 왕국에 있다. 그러므로 이 여인은 내세의 왕국의 누림을 미리 맛보는 사람이다. 히브리서에도 내세의 왕국의 누림을 미리 맛본다(6:5)는 말씀이 있다. 장차 왕국에서는 오늘 우리가 맛보는 성령의 체험을 온전한 정도로 체험하게 된다. 지금 우리에게 주신 성령은 보증으로 주신 바 되었는데(엡 1:14) 여기서 보증이란 말은 '계약금', '미리 맛봄'의 뜻이 있다. 내세에 체험할 성도들의 능력과 역사는 충만할 것인데 오늘날 믿는이들은 이런 능력을 미리 체험할 수 있다.

하나님이 그분의 백성에게 역사하는 원칙 가운데 시대적인 것이 있어 율법 시대, 은혜 시대, 왕국 시대로 나뉘어 지지만 시대를 초월하시고 영원하신 하나님의 경륜 가운데는 율법 시대에 이미 은혜를 맛보는 자들이 있었듯이(나는 다윗이 그 중 하나라고 생각한다-시 32:1-2, 51:1-12) 은혜 시대인 오늘 어떤 이들은 왕국 시대의 충만한 누림을 미리 체험하고 누릴 수 있다는 것이다.

우리는 왕국 시대의 왕 노릇 하는 자들이 어떠한 능력과 충만을 가질 것인지 어느 정도 상상할 수 있다. 그것은 분명 오늘날 우리의 약한 것과는 비교가 되지 않을 것이다. 그러나 오늘 주님은 신실하고 충성된 믿는이들로 왕국의 무한한 능력을 미리 맛보고 체험하게 하신다. 이 구절에서 그녀의 입이 가장 좋은 포도주와 같다는 것은 분명 왕국에서의 누림을 미리 체험하고 있다는 것을 말하는 것이다.

주님과 함께 일함

1. 동면하는 자들의 입을 움직이게 함

9b절, 이 포도주는 나의 사랑하는 자를 위하여 미끄럽게 흘러 내려서 자는 자의 입으로 움직이게 하느니라

이러한 내세의 능력을 맛본 사람은 우리 주님을 극도로 누리고 체험한 사람이다. 그러한 누림이 있는 사람은 별로 주님을 누리지 못하는, 동면하는 성도들의 입도 움직이게 할 수 있다.

2. 여인이 자기가 사랑하는 자에게 속함을 깨달음

10절, 나는 나의 사랑하는 자에게 속하였구나 그가 나를 사모하는구나

이러한 종류의 말이 세 번 나오는데, 먼저는 '주님은 내게 속했고 나는 주님께 속했다' 고 말한다. 완전히 자기 중심적인 말이다. 그리고 조금 지난 다음에는 '나는 주님께 속하였고 주님은 내게 속하였다' 고 말한다. 조금 진보했다. 세 번째에는 '나는 나의 사랑하는 자에게 속하였구나' 라고 한다. 여기서는 주님이 자신에게 속했다는 말을 하지 않는다. 이때에 와서야 여인은 전혀 자기를 생각지 않는다. 자기를 완전히 잊어버렸다. 다만 자신이 주님께 속했다는 것으로 만족해한다. 그리고 "그가 나를 사모하는구나" 라고 한다. 주님이 자신을 사모한다는 것을 안 것이다. 그 전에는 '주여, 내가 당신을 따라가기 원합니다. 달려가기 원합니다. 나를 매혹시켜 주옵소서' 라고 했지만 이제는 주님이 그녀를 연모하신다는 것을 알았다. 이 여인은 주님이 그녀를 사랑하신다는 것을 확신할 수 있다. 실상 주님이 믿는이 자신을 사랑하신다는 것을 확신하는 단계는 결코 어린 단계가 아니다. 주님이 우리를 사랑하시는 것을 아는 것은 매우 중요한 영적 체험의 단계이다.

이 단계에 올 때 주님은 여인을 보고 감탄하신다. '내가 네 머리카락에 매이었구나. 네 신도 아름답고 넓적다리도 아름답고 배꼽도 예쁘고 허리도 예쁘고 가슴도, 목도, 머리도, 머리털도 모두가 다 예쁘다' 주님은 우리 믿는이를 감상하고 싶어하신다. '나에게는 정말 네가 필요하다. 너를 사랑한다' 이런 상태에 이르러 주님이 이런저런 보살핌을 주시고 관심하시자 이 여인은 '주님, 당신이 진정 나를 사랑하시는군요!' 라고 고백한다. 나의 마음은, 나의 기쁨은 다른 것이 없고 주님이 나를 사랑하시는 것으로 족하다. 주님이 우리를 사랑하고 관심하고 돌보시는데 다른 무엇을 더 구하겠는가?

우리 모두가 주님의 연모하시는 마음, 사랑하시는 마음을 깨닫기 바란다. 주님이 당신을 사랑하시는 것을 깨닫기 바란다. 그러나 그 길은 그렇게 빠르거나 쉽지 않는다. 그렇기 때문에 사도 바울은 에베소서 3장에서 "너희 속사람을 능력으로 강건하게 하옵시며 믿음으로 말미암아 그리스도께서 너희 마음에 계시게 하옵시고"(16-17절)라고 기도하였다.

"나는 나의 사랑하는 자에게 속하였구나 그가 나를 사모하는구나". 하나님의 자녀들이 다 이런 경지에 이르기 바란다. 구약 시대의 모세나 신약 시대의 바울은 분명히 이 사실을 깨달았을 것이다. 모세는 사람들이 그를 공격하고 비방하고 반대할 때 다만 엎드렸다. 하나님이 자기를 사용하시고 관심하시며 돌보고 계신다는 것을 너무나 분명히 알고 있었기 때문이다. 바울도 마찬가지이다. 바울이 '아시아에 있는 사람들이 다 나를 버렸다'(딤후 1:15)고 했는데, 사실 그들은 바울을 사용하시고 바울을 통해 역사하시는 주님을 버린 것이나 다름이 없다. 어떤 사람은 바울을 버리고 세상으로 가버렸다(딤후 4:10). 그러나 그때 바울은 '나의 하나님'이라고 말했다. 모든 사람이 그를 버렸지만 그는 하나님의 사랑 안에 확고히 거할 수 있었기에 확신을 가지고 말할 수 있었다. "나의 하나님이 그리스도 예수 안에서 영광 가운데 그 풍성한 대로 너희 모든 쓸 것을 채우시리라"(빌 4:19). 바울은 이제 하나님을 나의 하나님이라고 담대하게 선포할 수 있는 사람이 되었다. 왜냐하면 그는 하나님께서 오늘날까지 그를 지키시고 붙들어 주시고 보살펴 주시고 사랑하신다는 것을 알았기 때문이다.

3. 주님과 함께 사역을 감당하기 위해 들로 나감

11절, 나의 사랑하는 자야 우리가 함께 들로 가서 동네에서 유숙하자

"우리가 함께 들로 가서". '우리'란 주님과 함께이다. 이제 들로 가는데 여인 혼자 가는 것이 아니다. 이 지점에 이른 그리스도인은 이제 주님과 더불어 일하러 간다. 너무나 귀하다. 이 상태에 이르자 우리 주님은 이 여인을 '나의 사랑하는 자'라고 부르셨다.

"동네에서 유숙하자". 그리고 이제 유숙하는 곳은 집이 아니다. 주님의 사역을 감당하는 사람이 유숙할 곳은 주님이 일하자고 하시는 동네이다. 신약 성경을 읽어보면 바울의 집이 어디에 있는지 알 수 없다. 주님을 위해 가는 그곳이 바울이 머무는 곳이었다. 그렇기 때문에 바울은 고린도 전서에서 "바로 이 시간까지 우리가 주리고 목마르며 헐벗고 매맞으며 정처가 없다"(4:11)고 했다. 여기서 '들'은 복수이다. '동네'도 복수이다. 우리 주님은 많은 들, 많은 동네들을 다 관심하신다. 우리 주님이 관심하시는 영역과 이 믿는이의 관심하는 영역이 같다. 당신과

나의 일이 같을 때 '우리'라는 표현을 쓸 수 있다. 이 지점에 이를 때 주님은 그의 사랑하는 자를 많은 사역지와 일터에서 만나기 원하신다.

4. 주님을 섬기는 데에 부지런함

12절, 우리가 일찍이 일어나서 포도원으로 가서 포도 움이 돋았는지, 꽃술이 퍼졌는지, 석류꽃이 피었는지 보자 거기서 내가 나의 사랑을 네게 주리라

주님을 섬기는 사람은 부지런해야 한다. 게으른 사람은 주님의 동역자가 될 수 없다. '일찍이'라는 말은 시간과 관련하여 부지런하고 근면한 것을 말한다. 우리는 주님을 섬기는 데에 시간을 많이 드리고 부지런해야 한다. 인생은 짧고 금방 지나간다. 시간을 붙잡아야 한다. 사도 바울도 세월을 아끼라(엡 5:16)고 했다. 황충이에게 시간을 먹히면 안 되고, 함부로 떠내려가게 해서도 안 된다. 시간을 붙잡아 주님의 일을 해야 한다.

"우리가 일찍이 일어나서 포도원으로 가서 포도 움이 돋았는지, 꽃술이 퍼졌는지, 석류꽃이 피었는지 보자". 이 구절을 대하면 1991년 몽골에 첫 발을 들여놓았을 때가 생각난다. 그때 몽골에서 유학하던 한 형제가 그곳에서 복음을 전해서 몇 명을 얻어놓았다고 말했다. 그때 떠올랐던 말씀이 이 구절이다. 당시에는 몽골에 한 번 들어가기가 너무 어려웠다. 또 날씨는 섭씨 영하 26도로 굉장히 추웠다. 그래도 가서 한 번 보아야겠다는 마음이 간절했다. "포도 움이 돋았는지, 꽃술이 퍼졌는지, 석류꽃이 피었는지 한 번 보자"는 마음이다. 갔더니 정말로 뭔가가 있었다. 첫날 손바닥만한 방에 40명 가량이 앉아 있는데 앞 사람과 코가 부딪힐 지경이었다. 그들은 가난하고 먹을 것이 없어 하루에 한 끼만 먹고 살았다. 빵과 홍차로 한 끼를 때우는 것이다. 사람들은 굶주려 시커멓게 말라 있었다. 밖을 보아도 황량하다. 정말 메마른 땅이다. 몽골인이 우리나라 사람과 같은 족속이라고 하는 것은 옳지 않다. 그들은 유목 민족이고 언어와 기질도 다르다. 그런 사람들 입에서 주님의 이름이 나오고 주님을 찬미하고 기도하는데 첫날 집회에서 나는 말씀을 못 전할 정도로 눈물이 많이 나왔다. 같이 간 사람들도 다 눈물을 흘렸다. 몽골 형제자매들도 우리를 보면서 울었다. 집회 시간 내내 서로 울었다. 눈물을 흘리는 것밖에는 달리 할 것이 없었다. 집회 내내 울다가 끝에 가서야 조금 말씀을 전했다.

그 이후로 몽골 땅에는 10여 개의 교회가 일어났다. 정말 놀라운 광경이 거기 있었다. 그들은 정말 주님을 사랑한다. 그들은 어제 주 예수님을 믿고 구원을 받았으면 오늘 복음을 전하러 다닌다. 성경과 같다. 주님을 참 뜨겁게 사랑한다. 우리나라는 물질문명이 너무 발달해서 사람들이 많이 타락했다. 그러나 그들은 갈 데도 없고 놀 것도 별로 없기 때문에 아주 뜨겁다.

"거기서 내가 나의 사랑을 네게 주리라". 거기란 일터를 말한다. 이 지점에 와서 주님의 동역자인 술람미 여인(믿는이)은 일에서도 주님과 하나 되었다. 그 전에는 일하다 보면 주님의 임재를 놓치고 가만히 기도하면 주님의 임재를 느낄 수 있곤 했는데, 이제는 일 가운데서도 주님께 사랑을 드릴 수 있게 되었다. 주님과 주님의 일 사이에 조금도 분리가 없다.

5. 주님의 성숙한 동역자

13절, 합환채가 향기를 토하고 우리의 문 앞에는 각양 귀한 실과가 새 것, 묵은 것이 구비하였구나 내가 나의 사랑하는 자 너를 위하여 쌓아둔 것이로구나

합환채는 결혼식을 대표하는 꽃이다. “우리의 문 앞에는 각양 귀한 실과가 새 것, 묵은 것이 구비하였구나”. 이제 이 여인은 주님의 동역자, 일꾼이 되었다. 주님을 사랑하는 사람들은 그저 말씀만 연구해서는 안 된다. 반드시 주님을 위해서 일하기를 배워야 한다. 주님과 함께 동역하는 사람이 되어야 한다. 그것이 7장이다. 7장에서 여인의 발부터 감상하는 것은 움직이는 그리스도인, 역사하는 그리스도인, 주님과 함께 수고하고 일하는 그리스도인을 말하기 위한 것이다.

사도 바울은 정말 그런 사람이었다. “내 속에서 능력으로 역사하시는 이의 역사를 따라 힘을 다하여 수고하노라”(골 1:29). 그는 가만히 있지 않고 집집마다 다니면서 공중에게든지 각 사람에게든지 유익한 것은 무엇이든지 거리낌이 없이 다 가르치고 전파했다(행 20:20). 로마서 15장에서는 ‘이제 이곳에는 일할 것이 없으므로’, ‘내가 서바나로 가리라’(롬 15:23,28)고 말했다. 그는 로마에도 가고자 하고 서바나에도 가고자 했다. 그의 발걸음은 주님을 위해 수고한 발걸음이었다.

그러므로 우리도 주님과 함께 동역하고 역사해야 한다. 그럴 때 열매가 생겨나는데 그 열매가 각양 귀한 실과이다. 주님의 실과는 한 종류가 아니다. 생명이 어릴 때에는 각양 실과를 감상할 역량이 부족하다. 자기가 생각하는 종류의 열매가 아니면 ‘저것은 열매가 아니야. 저것은 주님의 역사가 아니야. 저것은 잘못된 것이야’ 하면서 인정하지 않으려 한다. 그러나 주님의 성숙한 사역자가 될 때 주님으로 인해 산출된 다양한 열매들을 인정하고 감상할 수 있다. 어떤 사람들은 획일적인 한 종류의 열매만을 인정하는데, 이 말씀은 각양 실과가 있고 새 것과 묵은 것이 구비되었다고 했다.

여기에는 또 ‘우리의 문 앞에’라는 말이 있다. 우리의 문 앞에 각양 열매가 있다는 것이다. 이 ‘문’은 복수로 ‘문들’(doors)이다. 문은 우리가 매일 열고 닫고 하는 것이다. 우리가 열매를 얻고자 기대하는 것은 우리와 동떨어진 어떤 일에서가 아니다. 우리는 주님의 인도하심으로 외국에서 많은 열매를 얻었지만 하나님께서는 모든 사람더러 다 외국에 나가서 열매를 얻으라고 하시지는 않을 것이다. 우리에게는 여러 나라의 선교지가 '문들' 이지만 여러분에게는 주님이 만나게 하시고 붙여주시는 영혼들이 열린 문이다. 나는 여기서의 이 '문들' 이 전도의 문이라고 확신한다(골 4:3, 고후 2:12). 전도를 위하여 멀리 가려고만 할 필요가 없다. 언제나 가까이서 만나고 접하는 사람들, 주님이 붙여주시는 영혼들이 우리의 전도할 대상들이다. 믿는이가 믿음의 길을 잘 달리고 성장할 때 이런 일은 저절로 생겨난다. 전도할 문도 주님이 열어주신다. 그리고 열매를 맺게 도와주신다.

"내가 나의 사랑하는 자 너를 위하여 쌓아 둔 것이로구나". 여기서 '너' 란 우리 주님을 가리킨다. 이 모든 열매가 결국 주님을 위한 것이다. 우리 사역의 모든 결과가 다 그분을 위한 것이며 우리를 위한 여지는 없다. 우리는 이렇게 주님을 위해 많은 열매를 쌓아두는 주님의 사역자들이 될 수 있기 바란다. 우리 모두가 주님을 사랑하여 자라고 영적인 지식이 많아지는 데 그치지 않고 주님과 함께 동역하고 수고하는 사람이 되기를 바란다.

7장의 영적 체험의 중심

7장에서 여인은 주님을 위해 역사하는 일꾼이 되었다. 즉 주님의 역사에 참여한 것이다. 그것은 7절의 '신을 신은 발' 과 '유방이 포도송이 같다' 는 것과 '포도주가 흘러내린다' 는 표현과 '함께 들로 가자' 는 표현들로 증명된다. 신을 신은 것은 복음의 신을 신은 것이다. 누구든지 주님을 섬기고자 하는 사람은 복음을 저버릴 수 없다. 이는 주님의 지상 명령이기 때문이다. 복음 전하는 일을 소홀히 하면서 주님을 섬긴다고 하는 것은 무언가 잘못되었다는 것을 알면 된다. 사도들, 특히 바울을 보라. 그의 일생은 복음을 전하는 일생이었다. 그는 은혜의 복음을 전파하는 일을 위해서는 자기의 목숨을 아깝게 생각하지 않았다.

다음은 그녀의 신장이다. 이 부분에 이를 때 그녀는 '그리스도의 장성한 분량의 충만' 에 이르렀다. 그러므로 나는 이 단계에 있는 성도가 교회와 함께하는 사람이라는 확신이 있다. 사도 바울은 그리스도의 신장의 장성한 분량을 말할 때 그리스도의 몸을 말했다. "이는 성도를 온전케 하며 봉사의 일을 하게 하며 그리스도의 몸을 세우려 하심이라 우리가 다 하나님의 아들을 믿는 것과 아는 일에 하나가 되어 온전한 사람을 이루어 그리스도의 장성한 분량이 충만한 데까지 이르리니"(엡 4:11-12). 여기서 주님은 여인의 키가 종려나무 같다고 칭찬하신다(7절). 이는 그녀의 영적 신장이 주님 보시기에 만족하실 만큼 컸다는 것을 의미한다. 그런데 이 여인은 필시 성도들과 함께하면서 그 정도까지 자랐을 것이다. 이것은 에베소서에 근거할 때 사실이다. 그러므로 성도들과 함께하는 것은 매우 중요하다.

여기서 열매송이 같고(7절) 포도송이 같은(8절) 유방은 남을 먹이기에 충분한 젖과 영양분을 갖고 있다는 뜻이다. 이 지점에 이르러 주님의 일꾼이 되도록 성장한 여인은 남을 먹이기에 충분한 젖을 갖고 있다. 지식의 젖이 아니다. 이는 실제로 그녀가 주님을 체험함으로 얻은 것들이다. 사람들은 그 입에서 나오는 말이 달콤하다고 한다. 좋은 포도주와 같기 때문이다. 좋은 포도주는 입에 달다. 사람들이 편하게 마실 수 있다. 좋은 포도주 중에도 극상품의 포도주 맛은 매우 고급스럽다. 9절의 포도주는 최상의 포도주(best wine)이다. 이런 맛을 주는 포도주는 흔하지 않다. 여인은 그러한 포도주를 사랑하는 자를 위하여 흘러보낸다. 자는 자들도 마신다. 많은 사람이 그녀의 포도주를 마시고 즐거워한다. 바울은 자신의 사역이 성도들의 기쁨을 돕는 것이라고 했다(고후 1:24). 즉 사람들에게 포도주를 주는 사역을 한 것이다. 여기서 자는 자들이란 영적으로 쉬는 자들을 의미한다.

10절은 의미가 깊다. 여인은 이제 더 이상 사람들의 눈총을 주의하지 않는다. 영적인 일에서 자신을 중심 삼지 않는다. 이젠 주님이 자신을 사랑하는 것으로 만족해 한다. 그녀는 삶의 목적이나 존재의 목적이 주님의 사랑을 얻기 위한 것이다. 더 이상 자신의 기쁨이나 만족이 아닌 자신에 대한 주님의 사랑이다. 그분이 나를 기뻐하시고 사랑하시는 한 모든 것이 좋다. 이것이 그녀의 사역의 생명이다.

11절에서는 주님이 "우리가 함께 들로 가서 동네에서 유숙하자"고 하신다. 이것이 진정한 사역의 시작이다. 여기서 그녀는 나의 일이나 사역이 아닌 '우리의 일'을 관심한다. 1장에서 여인은 자기의 포도원을 말하지만 7장에서는 '우리'의 포도원을 말한다. 주님을 섬기는 사람은 자기의 포도원을 지키는 것을 배워야 하지만 동시에 주님의 포도원에 가서 주님과 함께 그분의 일을 돌보는 것을 배워야 한다. 12절의 주님이 가서 보자는 포도원은 복수로서 포도원들(vine yards)이다. 이제 여인은 주님의 관심사가 자신의 관심사가 되었다. 여인은 자신의 일에만 빠지지 않고 주님이 관심하시는 모든 포도원이 자기가 관심하는 대상이 되었다. 12절의 '일찍이 일어나서'(rise early)란 영적인 일에서의 근면성을 말한다. 주님의 사역자는 반드시 부지런하게 수고하는 것을 배워야 한다. 영적인 사람은 모름지기 부지런한 사람이다. 부지런함은 시간과 관계 있으며 주님을 위해 시간을 아끼는 것이다.

여기서 여인은 주님과 함께 포도원에 와서 모든 생명의 현상에 관심을 갖다. 이는 적은 테두리 안의 사람들만 관심하는 것이 아니라 모든 주님의 자녀들의 성장하는 모습을 관심한다는 뜻이다. 종파적이고 단체 중심적인 사고는 영적으로 어린 아이, 육신적인 자들의 생각이다. 거기에는 시기와 분쟁이 있다(고전 3:1-4).

여인의 이러한 단계에서 합환채는 사랑을 토할 것이며 문 앞에는 각양 귀한 열매가 있을 것이다(13절). 주님과 섬기는 자의 최상의 사랑의 관계는 여기서 발생한다. 따라서 귀한 열매들이 맺히는데 이는 오직 주님 한 분을 위한 것이다. "합환채가 향기를 토하고 우리의 문 앞에는 각양 귀한 실과가 새 것, 묵은 것이 구비하였구나 내가 나의 사랑하는 자 너를 위하여 쌓아둔 것이로구나"(13절).

아가서 8장

아가서는 주님과 믿는이의 사랑 이야기이다. 주님을 사랑함으로 주님을 체험하면서 성장해가는 과정을 잘 그려준다. 여기 나타난 주님을 사랑하는 믿는이가 거친 많은 영적 단계들은 우리에게 많은 교훈을 준다. 7장에서는 믿는이가 성장하여 주님의 동역자가 되어 주님과 함께 들로 나가 동네에서 유숙하면서 그분의 역사에 동참하는 수준까지 이르렀다. 이것이 성장한 그리스도인의 상태이다. 마지막으로 8장에서는 성숙한 그리스도인의 상태를 볼 수 있다. 성숙한 사람의 생각 속에는 무엇이 있는가?

육신의 한계의 돌파(휴거)에 대한 여인의 갈망

1절, 네가 내 어미의 젖을 먹은 오라비 같았었더면 내가 밖에서 너를 만날 때에 입을 맞추어도 나를 업신여길 자가 없었을 것이라

여인의 마음 속에 소망이 있는데 이 소망의 대상은 분명 오라비는 아니다. 그러나 너무나 사랑하기 때문에 밖에서 만나 입을 맞추고 싶다는 것이다. 주님을 너무나 사랑하지만 이 땅에서는 육신의 제한이 있다는 뜻이다. 그녀에게는 육신의 제한을 돌파하고자 하는 갈망이 있다. 이전에는 주님을 다만 자신의 생명과 은혜로 누리고 주님의 임재를 누리는 것으로 족했다. 그러나 8장에 이를 때 이 여인은 뭔가 부족함을 느끼고 주님을 얼굴과 얼굴로 대하여 만나고 싶은 휴거의 소망으로 가득하다. 사랑하는 사람과 바깥에서 입을 맞추면 사람들이 자신을 멸시하겠지만 그가 오라비라면 그렇지 아니할 것이라는 말이다. 이 여인은 육신의 한계를 돌파하고 싶은 것이다. 즉 공개적으로 주님을 만나서 사랑을 나누고 싶다는 것이다.

이 장에서는 특별히 장성한 자의 영성의 특징들을 볼 수 있다. 그 첫째가 휴거를 사모하는 것이다. 이 땅에는 미련이나 소망이 없다. 주님과 함께 있기만을 소망한다.

2절, 내가 너를 이끌어 내 어미 집에 들이고 네게서 교훈을 받았으리라 나는 향기로운 술 곧 석류즙으로 네게 마시웠겠고

'내 어미 집' 은 하늘의 예루살렘이다. 지금은 육신의 제한이 있어 주님을 직접 만나지 못하지만 그곳에서는 주님께 직접 교훈을 받겠다는 것이다. 성숙한 성도였던 바울도 고린도 후서 5장 1-2절에서 "만일 땅에 있는 우리의 장막 집이 무너지면 하나님께서 지으신 집 곧 손으로 지은 것이 아니요 하늘에 있는 영원한 집이 우리에게 있는 줄 아나니 과연 우리가 여기 있어 탄식하며 하늘로부터 오는 우리 처소로 덧입기를 간절히 사모하노니"라고 하면서 휴거되기를 바랐다. 육신의 제한을 벗고 주님을 대면하여 직접 뵙고 싶다는 것이다. 이렇게 주님을 사랑하는 성숙한 성도들의 갈망은 최종적으로 주님을 직접 만나는 것에 집중되어 있다. 이 땅에서 많은 일을 하더라도 성숙한 그리스도인은 모든 일을 심판대의 빛 앞에서 행하며 주님 만날 날을 기대한다. 주님을 만날 날과 그 일이 항상 마음과 생각을 지배하며 그 빛에 통제된 생활을 하는 것이다.

성숙한 그리스도인의 특징은 그들의 이러한 생각과 마음에 있다. 그들의 마음이 하늘에 있는 것이다(골 3:1-4). 대조적으로 어린 신자들은 주님 오실 날은 멀리 생각하고 이 땅의 많은 일에 붙잡혀 있다. 장성한 신자는 하늘에 계신 주님의 얼굴을 직접 대면하지는 못하지만 그분의 얼굴 빛 아래서 가르침을 받으며 생활한다. 그녀는 이 땅에서의 모든 수고와 일이 주님의 기쁨이 되기를 원한다. 그녀는 이렇게 말한다. '저는 향기로운 술 곧 석류즙으로 하늘에 계신 당신께 마시우겠습니다.' 2절은 장성한 자의 마음이 늘 하늘의 주님으로부터 교훈을 받고자 하며 그녀의 일이 주님의 기쁨과 누림이 되기 원한다는 것을 말하고 있다. 그녀는 이 땅에서의 수고가 전혀 자신을 위한 것이 되기를 원치 않는다. 모두가 주님이 마시기 위한 향기로운 즙이 되기를 원한다.

3절, 너는 왼손으론 내 머리에 베개하고 오른손으론 나를 안았었으리라

그렇게 했으면 좋겠다는 가정법이다. 주님이 전에는 영적인 임재로 믿는이를 안아 주시고 품어 주셨지만 이제 믿는이는 주님을 직접 만나서 그분 품에 안기기를 바라고 있다.

4절, 예루살렘 여자들아 내가 너희에게 부탁한다 나의 사랑하는 자가 원하기 전에는 흔들지 말며 깨우지 말지니라

이 성숙한 성도는 휴거의 소망 가운데 살고 있다. 주님은 그렇게 휴거의 소망으로 기다리는 성도의 마음이 다른 것으로 대치되지 않고 지켜지기를 부탁하고 있다. 그러므로 예루살렘 여자들에게 육체의 어떤 것으로 간섭하지 말고 여인이 깨어날 때까지 기다려 달라고 하는 것이다. 나는 여기서 여인이 깨어나는 것이 주님을 만나기 위해 휴거되는 것을 의미한다고 본다.

휴거에 대하여

성경에는 휴거의 사상이 있다. 휴거(rapture)란 주 예수님께서 재림(parousia)하실 때 이 땅에 살아남아 있는 믿는 이들에게서 발생한다. 사도 바울은 휴거에 대하여 "보라 내가 너희에게 비밀을 말하노니 우리가 다 잠잘 것이 아니요 마지막 나팔에 순식간에 홀연히 변화하리라"(고전 15:51)고 말함으로서 휴거의 사상을 전달한다. 여기서 마지막 나팔은 계시록의 일곱 나팔 중 마지막 번 째 나팔로 보아야 하며 결과적으로 성도의 휴거는 대 환난의 끝이며 그리스도의 공중 재림 시며 지상 재림 직전의 일이 될 것임을 알 수 있다.

데살로니가 전서 4장 16-17절에도 휴거의 사실이 기록되어 있다. 이는 역시 주님이 강림하실 때 살아있는 성도들에게서 발생한다. "주께서 호령과 천사장의 소리와 하나님의 나팔로…강림하시리니 그리스도 안에서 죽은 자들이 먼저 일어나고 그 후에 우리 살아남은 자도 저희와 함께 구름 속으로 끌어올려 공중에서 주를 영접하게 하시리니 그리하여 우리가 항상 주와 함께 있으리라". 이 말씀에 보면 살아남은 자들이 주님 재림 시에 구름 속으로 끌어 올려진다는 것을 분명히 말하고 있다.

상기의 말씀들과 성경의 다른 말씀들을 종합할 때 교회의 휴거는 환난 후에 이루어지지만(죠지 뮬러, A.B. 심슨, 제임스 라이트, 뉴톤, A.J. 고든, 무어헤드, 헨리 프로스트 등) 신실한 자들은 환난을 피하고 환난 전에 휴거된다는 것이 성경적인 견해이다(눅 21:36, 계 3:10, 14장 전체 참조-Hudson Taylor, Robert Chapman, Robert Govett, G.H. Pember 등). 마태복음 24장에는 주님의 재림 때를 언급하고 있는 바 두 사람이 밭을 갈고 있다가 하나는 데려감을 당하고 하나는 버려둠을 당한다고 하였고 두 여자가 매를 갈고 있다가 같은 상황이 발생한다고 하였는데 이것이 곧 휴거의 상황을 그린 것이다.

여기서 데려감을 당한다(paralambano)라는 헬라어는 다른 성경 구절에서 다 적극적인 용법으로 쓰여진 단어이다. 요한복음 14장 3절의 '처소를 예비하면…나 있는 곳에 너희를 영접하여' 라고 할 때 영접한다는 말이라든지 마태복음 17장 1절의 '주님이 베드로와 야고보와 요한을 데리시고 따로 높은 산에' 라고 할 때의 '데리시고' 라는 말에 쓰여진 말이다. 이는 다 주님이 믿는이들을 데리고 가신다고 할 때 쓰는 말이므로 적극적인 용법으로 사용된 말이다. 마태복음 24장에서 사용한 '파라람바노' 는 주님의 재림과 환난의 때를 말하는 것이므로 더욱 적극적인 말로 쓰인 것이며 결국은 휴거에 해당하는 말이다. 또한 버려둔다(마 24:40)는 말은 사마리아 여인이 '물동이를 버려두고' 라고 할 때 쓰였는데 이는 소극적인 말로 쓰였다. 이 구절의 해석에서 주님에 의해 버려둠을 당한다 할 때 버려둔다는 말은 절대로 적극적으로 볼 수 없는 단어이다.

마태복음의 이 구절들은 도적이 어느 시에 올지 모르니 깨어있어야 한다는 말씀과 연결되어 있는데 주님은 도적같이 오셔서 귀한 물건을 훔치러 오시는 분으로 비유되어 있다(마 24:43). 그러니 깨어있어야 한다는 것이다. 도적을 맞지 않으려면 깨어있어야 한다. 그런데 이 구절을 깊이 이해할 때 도적을 맞아야 축복이 된다. 진짜 강도라면 도적을 맞지 말아야 하겠지만 여기서는 도적이 주님이시기 때문에 도적을 맞아야 축복이 되는 것이다. 주님은 귀한 보물을 훔치러 오신 분이다. 그분은 깨어 기다리는 신실한 성도를 보물로 여겨서 훔치실 것이다. 이는 40절과 41절의 데려감을 당하는 것에 이어 하신 말씀이다. 어떤 도적이 집에 들어가서 귀하지 않은 물건을 도적질하겠는가? 우리가 만일 주님의 눈에 귀한 보물같이 보이는 존재가 아니라면 우리는 그날 주님에 의해 데려감(도적질)을 당하지 않을 것이다.

주님의 손에 데려감을 당하는 것은 좋은 것이며 주님의 것이 되기 위해 그분께 도적질 당하는 것은 해가 아니라 도리어 축복이 되는 것이다. 우리가 만일 이 땅에서 생명의 성장과 변화를 체험하지 않고 귀한 보물로 변화되어 있지 않다면 주님은 결코 우리를 훔치러 오시지 않을 것이다. 그러면 주님이 우리를 데려가고 훔쳐가시는 방법이 무엇인가? 그것이 바로 휴거이다. 생명의 성장과 변화를 통하여 그분을 닮아가고 진정으로 깨어있어 기도하며 주님의 인내의 말씀을 지킨다면 주님은 약속대로 그분의 말씀을 지키어 시험의 때(대환난)를 면하게 하실 것이다(계 3:10, 눅 21:36). 그리고 하늘의 시온 산인 보좌 앞으로 들어 올리실 것이다(계 14:1-5). 이것이 휴거이며 사도 바울같이 성숙한 사도는 이 땅에서 사역하는 가운데 휴거의 소망을 강하게 피력하였다(고후 5:2-4).

오늘 우리는 모든 예언의 말씀의 성취를 볼 때 휴거의 시기에 살고 있다고 말할 수 있다. 썩어질 이 세상에 소망을 두지 않고 하늘을 바라며 사는 성도가 아니라면 휴거될 기대는 아예 하지 말아야 할 것이다. 우리의 온 마음이 깨어서 주님만을 바라고 살며 이 땅에 소망을 두지 않을 때만이 우리는 어느 날 주님께로 들림받게 될 것이다. 구약의 에녹과 엘리야는 휴거의 예를 우리에게 보여준다. "하나님이 그를 데려가시므로 세상에 있지 아니하였더라"(창 5:24). 어느 날 이 지구상에 실제로 없어지는 사람들이 있게 될 것이다. 신약에는 한 두 사람이 아니라 많은 사람이 이렇게 될 것이라고 말한다. 또한 이것은 곧 이어질 주님의 재림과 환난에 대한 강력한 증거가 될 것이다.

사랑하는 자를 의지하고 광야(거친 들)에서 올라옴

5a절, 그 사랑하는 자를 의지하고 거친 들에서 올라오는 여자가 누구인고

3장에서의 광야는 영적인 면을 말한다. 그것은 십자가로 말미암아 벗어날 수 있다. 그것은 우리의 들쭉날쭉한 옛 생활, 세상적인 생활, 청산되어야 할 문제들에서 나오는 것이다. 그러나 8장의 광야는 물질적인 세상을 말한다. 한 걸음 한 걸음 사랑하는 자를 의지하여 광야로부터 나오는 것이다. 주님께로 휴거되기 위해서는 이 세상에서 한 걸음 한 걸음 나와야 한다. 사랑하는 자를 의지하고 한 걸음씩 올라가는 것이다. 휴거는 어느 날 갑자기 일어나는 것이 아니다.

에녹은 300년 간 하나님과 동행하다 하나님께 데려가졌다. 이 세상에서 300년 간 매일매일 하나님과 걸어감으로 이 세상을 점차 벗어나다가 마지막 한 발을 뗄 때 휴거가 된 것이다. 매일매일 주님과 동행하여 이 광야에서 벗어날 때 들림받는 것이다. 자기 스스로 열심내고 달리며 노력하는 것이 아니라 주님을 의지하는 것이다. 그분을 의지하고 거친 들에서 올라와야 한다. 성숙한 자의 특징은 점점 세상 일에서 하늘로 분별되는 것이다. 점점 하늘로 이동될 준비가 이루어지는 것이다. 세상적인 얽매임과 인정의 얽히고설킨 것들이 정리되어 간다. 휴거되기 위해서는 한걸음씩 세상과의 분별이 이루어져야 한다. 그러나 우리는 이 일이 자신의 힘에 의한 것이 아님을 본다. 전적으로 주님을 의지하여 벗어나는 것이다. 자신에게는 아무 힘이 없는 것같이 온전히 주님을 의지한 상태이다.

휴거되기까지 주님의 은혜를 기억해야 함

5b절, 너를 인하여 네 어미가 신고한, 너를 낳은 자가 애쓴 그곳 사과나무 아래서 내가 너를 깨웠노라

이 여자에게 일깨워 줄 것이 있다. 여인의 어미가 신고한 것이 있고 낳은 자가 애쓴 것이 있다는 것이다. 우리 주 예수님이 우리 같은 죄인을 구원하기 위해서 그 큰 고난을 받고 괴로움을 당하시고 아픔을 겪으시고 죽임을 당하시고 피를 흘리신 이 은혜를 휴거되기 직전이라도 다시금 일깨워줄 필요가 있다. 다윗은 왕이 되었어도 항상 목동의 시절을 기억했다.

주님은 이스라엘 백성들에게도 애굽에서 종 노릇 했던 것을 기억하라고 하셨다. 우리가 진보해서 영적으로 부요하고 성숙한 사람이 되었다 할지라도 자신은 참으로 은혜 받은 죄인이며 주님의 긍휼과 은혜가 없다면 멸망할 수밖에 없는 사람이라는 것을 기억해야 한다. 우리 주님이 어떠한 긍휼과 은혜로 우리를 구원하셨는지! 우리는 주님이 오실 때까지 떡과 잔을 먹고 마시면서 그분을 기억할 필요가 있다. 초기에 우리를 공급했던 사과나무 그늘을 잊지 말아야 한다. "그곳 사과나무 아래서 내가 너를 깨웠노라". 우리는 들림받는 그날까지 주님의 사랑과 은혜를 기억하기 바란다.

끝날까지 주님의 사랑과 능력으로 부축받기를 소망함

6절, 너는 나를 인같이 마음에 품고 도장같이 팔에 두라 사랑은 죽음같이 강하고 투기는 음부같이 잔혹하며 불같이 일어나니 그 기세가 여호와의 불과 같으니라

믿는이가 주님께 이야기하는 것이다. 자신에게는 어떠한 능력도 없고 자신은 신뢰할 수 없다는 것을 알고 지금까지 주의 은혜로 걸어왔으나 앞으로도 이렇게 끝까지 전진할 수 있을지 모르므로 주님의 긍휼로 산다는 것을 고백하는 것이다. 우리가 온전케 되었다 할지라도, 어느 정도 성장하였다 할지라도, 주님을 만날 때까지 계속해서 전진할 수 있다는 보장은 없다. 진정으로 주님을 아는 사람은 '나를 도장같이 당신 마음에 새겨 주세요' 라고 말할 것이다.

이 성숙한 여인은 자신에 대한 신뢰가 없기 때문에 이렇게 간구하는 것이다. 마음에는 사랑이 있고 팔에는 능력이 있다. 주님의 사랑과 능력으로 붙들어 달라는 이야기이다. 주님의 마음에 있는 사랑은 죽음같이 강하다. 투기가 있는 사랑이다. 죽음과 음부보다 강한 것이 무엇인가? 없다. 따라서 이 말은 주님이 우리를 사랑하고 붙잡아 주시면 우리가 전진할 수 있다는 뜻이다. 이 성숙한 여인은 여호와의 사랑과 투기를 체험해 보았다. 그것의 기세는 불과 같다. 그러므로 모든 것이 주님께 달려 있다. 우리가 원해서 되는 것이 아니다. 우리로서는 불가능하지만 주님께는 길이 많다.

7절, 이 사랑은 많은 물이 꺼치지 못하겠고 홍수라도 엄몰하지 못하나니 사람이 그 온 가산을 다 주고 사랑과 바꾸려 할지라도 오히려 멸시를 받으리라

이 구절에서는 이 세상의 어떤 것보다 보배롭고 가치 있는 것이 주님의 사랑이라는 것을 말하고 있다. 이것은 성숙한 여인의 체험이다. 우리가 그분을 만날 날까지 우리를 그분께로 인도해 줄 수 있는 것은 그분의 사랑이다. 이 여인은 그녀의 성공적인 주님과의 만남에 있어서 끝까지 주님의 사랑에 의존한다. 많은 물은 믿는이들의 시련을, 홍수는 대적의 핍박을 의미한다. 핍박, 위협, 어떤 것도 그리스도 예수 안에 있는 하나님의 사랑에서 우리를 끊을 수 없다. 이렇게 큰 사랑은 온 가산을 다 주어도 살 수 없다. 이 사랑이 우리가 주님을 만날 때까지 우리를 보장해준다.

로마서 8장에서도 "우리를 아들의 형상을 본받게 하고 영화롭게 하기까지 그 아들을 아끼지 않고 주신 분이 모든 것을 은사로 주시지 않겠느냐"(29-32절 참조)고 하였다. "누가 우리를 그리스도의 사랑에서 끊으리요 환난이나 곤고나 핍박이나 기근이나 적신이나 위험이나 칼이랴 기록된바 우리가 종일 주를 위하여 죽임을 당케 되며 도살할 양같이 여김을 받았나이다 함과 같으니라 그러나 이 모든 일에 우리를 사랑하시는 이로 말미암아 우리가 넉넉히 이기느니라 내가 확신하노니 사망이나 생명이나 천사들이나 권세자들이나 현재 일이나 장래 일이나 능력이나 높음이나 깊음이나 다른 아무 피조물이라도 우리를 우리 주 그리스도 예수 안에 있는 하나님의 사랑에서 끊을 수 없으리라"(35-39절). 오직 그리스도의 사랑 안에 보장이 있다. 이것이 우리에게 사랑으로 도장 찍는 것이다. 그분의 사랑이 있기 때문에 그분을 만날 수 있고 그분께 나아갈 수 있고 들림받을 소망을 가질 수 있다.

성숙한 여인이 작은 누이의 성장을 돌봄

8절, 우리에게 있는 작은 누이는 아직도 유방이 없구나 그가 청혼함을 받는 날에는 우리가 그를 위하여 무엇을 할고

휴거의 소망을 가진 성숙한 믿는이라 할지라도 이 땅에서 여전히 어린 작은 누이를 돌보아야 한다. 이 땅의 믿는이들은 다 처녀들이다. 아직 너무 어려서 발육이 되지 않은 믿는이들을 위해서 무언가를 해주어야 하는 것이다. 이미 말한 바와 같이 유방은 성도들의 믿음과 사랑이다. 모두가 가슴(heart)에서 나오는 것이기 때문이다. 어린 믿는이는 믿음과 사랑이 아직 발육되지 않은 상태여서 유방이 없다고 한 것이다.

성숙하여 이제 휴거를 위해 온전히 준비된 믿는이라 해서 이 땅에 있는 어린 신자들을 주의하지 않아서는 안 된다. 그들의 영적 상태를 살펴주고 뭔가 도움을 주어야 한다. 그도 주님을 만날 수 있도록 준비하게 해주는 것이다. 자신은 성숙하여 준비가 되었지만 작은 누이인 어린 신자는 청혼의 날(주님의 재림시)에 문제가 있게 된다. 그러므로 장성한 자는 자신의 혼례만 준비하는 것이 아니라 다른 사람의 혼인 문제도 돌아보는 영이 있다.

9절, 그가 성벽일진대 우리는 은 망대를 그 위에 세울 것이요 그가 문일진대 우리는 백향목 판자로 두르리라

성벽이란 다른 것으로부터 분리되게 하는 것이다. 믿는이는 세상에서 분리되어 그리스도 안으로 들어온 자이다. 아무리 어린 믿는이라 하더라도 세상과의 분별이 이루어져야 한다. 하나님이 그를 구원하신 것은 세상에서 분별시키신 것이기 때문이다. 은 망대는 구속을, 백향목 판자는 그리스도의 인성을 의미한다. 성숙한 믿는이들이 어린 믿는이들을 위해 처음부터 끝까지 다 해주는 것이 아니라 어린 믿는이들에게도 기본적으로 믿음과 봉사가 있어야 한다. 성숙한 믿는이들이 그들의 기본적으로 세워진 믿음과 봉사 위에 뭔가를 더해 주는 것이다.

빌립보서 1장에서 사도 바울은 "내가 살아 있는 것이 너희 믿음의 진보가 될 것이다"라고 했으며, 고린도 후서 1장에서는 "우리가 너희의 믿음을 주관하려는 것이 아니라 너희의 기쁨을 돕는 자가 되기를 바란다"고 했다. 또 빌립보서 2장 17절에서는 "너희의 믿음의 제물과 봉사 위에 내가 나를 관제로 드린다"고 했다. 아무것도 없는 상태에서가 아니라 그들이 가진 믿음에다 무언가 좀 더 도움을 주는 것이다. 있는 것을 근거로 해서 더 풍성하게 해주는 것이다. 성숙한 성도는 믿는이들에게 축복이 된다. 그들은 성벽 위에 은 망대를 세우고 문에 백향목 판자를 두르는 일을 한다. 이미 성벽이 있고 문이 있다. 거기에 무언가 풍성하고 아름답게 하는 일을 해준다. 이것이 장성한 사람들의 섬기는 일이다.

10절, 나는 성벽이요 나의 유방은 망대 같으니 그러므로 나는 그의 보기에 화평을 얻은 자 같구나

성숙한 믿는이는 자신을 분별된 사람이라고 이야기하고 있다. 휴거되기 위해 분별은 너무나 필요하다. 유방은 믿음과 사랑을 뜻하는 것으로 분별의 근거이다. 그의 보기에 그녀는 화평을 얻은 자 같다고 했다. 평강을 가지고 있다. 성숙한 믿는이의 두드러진 특징은 세상과 완전히 분별되어 있으며 사랑과 믿음이 강하고 분명하다는 것이다. 성숙한 그녀의 강하고 견고한 사랑과 믿음이 그녀의 분별의 근거이다. 그러한 상태에 있는 그녀는 주님 보시기에 화평한 자이다. 성숙한 자들은 아무것도 흔들 수 없는 잔잔한 상태에 이르게 된다.

그날에 포도원을 지키게 하신 주님과 회계할 것임

11-12절, 솔로몬이 바알하몬에 포도원이 있어 지키는 자들에게 맡겨 두고 그들로 각기 그 실과를 인하여서 은 일천을 바치게 하였구나 12 솔로몬 너는 일천을 얻겠고 실과 지키는 자도 이백을 얻으려니와 내게 속한 내 포도원은 내 앞에 있구나

마지막으로 휴거를 기다리는 사람은 주님과 회계할 것을 생각해야 한다. 주님께서 달란트를 주셨으니 이제 그분과 계산해야 한다. 일한 그것을 주님께 드려야 한다. 내게 속한 내 포도원이 내 앞에 있으므로 주님을 만날 그날까지 포도원을 지키는 위임을 성실히 수행해야 한다. 누구나 다 그분께 마땅히 바쳐야 할 부분이 있다. 주님을 만날 것을 마음에 둔 사람이라면 누구나 그분을 만날 때 계산할 것을 염두에 두어야 한다. 8장에는 장성한 그리스도인의 말년의 생활이 분명히 그려져 있다.

여기에 솔로몬으로 예표된 주님이 종들에게 포도원을 맡기신 것이 나온다. 주님은 그들에게 각기 포도 실과를 인하여 은 일천을 바치게 하신다. 일천이란 마땅히 바쳐야 할 양을 말하는 것이다. 주님은 종들이 포도원을 가꾸어 결실한 것을 돈으로 환산하여 계산하게 하신다. 포도원을 지키는 자도 있고 실과를 지키는 자도 있다. 사역에는 여러 가지 직분이 있는데, 크게 나누면 포도원을 지키는 자와 열매를 지키는 자이다. 그들은 모두 다 보상을 얻는다.

종들은 주님이 얻으시도록 포도원을 지키는데, 주님이 얻으시는 만큼 지키는 자도 얻는다. 포도원을 지키는 자들이 얻을 뿐 아니라 함께 동역한 실과 지키는 자들도 그들이 참여한 만큼 얻게 된다. 우리는 주도적으로 사역하는 사람들만이 아니라 동참하여 일하는 사람들도 합당하게 보상하시는 주님의 손길을 보게 된다. 주님의 강림을 기다리는 성도는 끝날까지 그의 포도원을 갖고 있다. 장성하여 완전케 된 성도는 모든 일에서 은퇴하고 주님 오시기만을 기다리는 것이 아니라는 뜻이다. 주님이 맡기신 일에 여전히 충성을 다하고 있다.

성도들과의 교제와 주님께 드리는 기도와 간구

13절, 너 동산에 거한 자야 동무들이 네 소리에 귀를 기울이니 나로 듣게 하려무나

주님을 만나기 위해 예비하는 사람들은 서로 교제하는 것이 필요하다. 서로 귀를 기울이는 것이다. 주님은 여인이 한동안 동산에 거해야 한다고 말씀하신다. 그러므로 주님은 "너 동산에 거한 자야"라고 부르신다. 동산에 머무는 동안 이 성숙한 여인은 다른 동무들에게 말해주어야 한다. 이것이 성도들의 사랑의 교통이다(빌 2:1-2).

또 주님은 "나로 듣게 하려무나"라고 말씀하신다. 이것은 마치 사랑하는 자와 작별하면서 편지를 해달라고 하는 것과 같이 들린다. 주님은 하늘에서 우리의 편지를 받고 싶어하신다. 이것이 "나로 듣게 하려무나"의 뜻이다. 이는 우리의 기도요 사랑의 고백이다. 우리는 성도들과 교제할 뿐 아니라 주님이 들으시게 해야 한다.

주님의 다시 오심에 대한 성숙한 성도의 간구

14절, 나의 사랑하는 자야 너는 빨리 달리라 향기로운 산들에서 노루와도 같고 어린 사슴과도 같아여라

주님께 빨리 오시라고 하는 간구이다. 성도가 최종적으로 주님께 하는 기도이다. 향기로운 산은 주님의 왕국을 말한다. 신학자들 중에는 요한 계시록 21장의 거룩한 성 새 예루살렘을 의미한다고 말하는 분들도 있다. 그 성(城)은 영세에 있을 것이다. 그러나 여기 향기로운 산은 주님의 재림과 함께 임할 그리스도의 왕국과 관계있다. 주님의 재림은 왕국을 가져온다. 그때 왕국의 분위기는 주님과 이기는 성도들로 인하여 매우 향기로울 것이다.

'나의 사랑하는 자여, 어서 속히 오십시오.' 이 여인의 마지막 간구는 주님께 속히 오시라고 하는 것이다. 이것은 계시록 22장 마지막 절에 있다. "이것들을 증거하신 이가 가라사대 내가 진실로 속히 오리라 하시거늘 아멘 주 예수여 오시옵소서 주 예수의 은혜가 모든 자들에게 있을지어다 아멘"(20-21절). 성숙한 자들의 마음은 주님의 재림에 온통 집중되어 있다. 그것만이 유일한 소망이요 갈망이다. 우리는 8장을 통하여 장성한 자들의 특징을 볼 수 있었다. 이는 우리의 장래 목표가 되어야 한다. 주님이 여러분을 축복하시기 바란다.

8장의 영적 체험의 중심

8장은 성숙한 성도의 휴거에 대한 소망을 그린다. 진정으로 성숙한 성도의 상태는 어떠한 것인가? 8장 전체가 그 답이다. 간단히 말하면 주님의 재림과 휴거의 소망으로 가득하다. 하늘의 교훈을 계속받기 원하며 하늘의 음성 듣기를 사모한다. 세상적인 일들을 하나하나 정리해 나간다. 점점 분별이 선명하고 강해진다. 그러면서 오직 그분의 사랑에만 의존한다. 또 아무리 성숙했어도 옆에 있는 어린 성도들을 관심하고 자라도록 도와준다. 늘 장래 주님과 회계할 것을 고려하며 행한다. 주님께 드릴 열매를 고려하고 준비한다. 주님이 다시 오시기를 간절히 사모하고 고대한다. 그러면서도 여전히 자신에게 속한 포도원이 있다(12절). 주님과 계산할 것을 기억하면서 자기에게 맡겨진 일을 끝까지 충성스럽게 보살피는 것이다(딤후 1:12). 주님을 기다리는 자들은 성도들과의 교제와 주님께 드리는 기도와 간구를 계속해야 한다. 주님은 성도들의 속히 오시라는 간구와 기도 속에서 다시 오시고자 하신다.

합당한 양떼의 발자취를 따름

"여인 중에 어여쁜 자야 네가 알지 못하겠거든 양떼의 발자취를 따라 목자들의 장막 곁에서 너의 염소 새끼를 먹일지니라"(1:8).

마지막으로 우리는 부록처럼 양떼의 발자취를 따르는 문제를 보기 원한다. 우리가 정말 이 길을 잘 가려면 양떼의 발자취를 따라야 한다. 이 시골 처녀가 양떼의 발자취를 따르지 않았다면 솔로몬의 가장 사랑하는 여인, 그의 배필이 될 수 있었겠는가? 불가능할 것이다. 1장에서 주님은 그녀에게 양떼의 발자취를 따르라고 하셨다. 양떼의 발자취는 합당한 그리스도인의 길이다. 여기서 우리는 간략하게 양떼의 발자취를 보겠다.

역대로 그리스도인은 앞선 발자취를 따라가고 있다. 존 번연의 〈천로역정(天路歷程)〉은 그리스도인의 발자취를 잘 말해주는 좋은 책이다. 사도행전에서 주님이 십자가에 죽고 부활하시고 승천하셔서 성령을 부어주심으로 이 땅에 교회가 생기기 시작했다. 믿는이들이 생겨났는데 그들은 한 세대 한 세대를 거치면서 양떼의 발자취를 남겼다. 우리는 교회의 역사에서 앞선 선진들의 발걸음을 볼 수 있다.

이 땅에 유대의 교회가 생긴 지 얼마 안 되어 사도 바울의 사역에 의해 이방의 교회가 생겼으며, 그로 인해 교회 안에 유대교도들의 방해도 많아지고 결국 사도 요한이 A. D. 90년경에 요한 계시록을 쓸 때에는 많은 이단들이 있었다. 그리고 교회는 어느 정도 하락되었다. 그 후 사도 요한의 시대가 지나고 그의 제자 폴리캅 등 교부 시대가 있었다.

그리고 A. D. 3-4 세기에 잘 유지되어 오던 신약의 교회가 천주교로 변질되어 갔다. 콘스탄틴 대제 때에 기독교가 국교로 공인되어 교황청이 생겨나고 그 후로 거의 1000년 동안 교회는 타락하고 변질되어 말할 수 없는 일들이 자행되었다. 마르틴 루터는 믿음으로 의롭게 된다는 로마서의 진리를 깨달았다. 루터는 그 진리를 전파하였고 많은 사람들이 그 진리를 따랐다. 루터 당시 믿음으로 의롭게 되는 것이 회복되었고 많은 사람들이 구원을 받고 주님을 믿게 되었지만 그것이 성경 상의 완전한 교회의 회복은 아니었다. 그 당시 사람들은 여전히 국교회를 인정했다. 독일도 결국 루터교를 받아들여 그 나라의 국교로 삼았다. 이것이 루터의 개교이다.

1524년 쯤 독일에서 침례파가 일어났다. 이들도 성경을 정확히 실행하자는 것이었다. 그들은 침례받는 것을 주장했다. 왜냐하면 당시에는 천주교는 물론 루터교조차도 유아 세례를 주었기 때문이다. 그래서 그들은 성경대로 침례를 주어야 한다고 주장하여 결국 유배되었다. 또 그들은 정치와 종교가 분리되어야 함을 강력히 주장했다.

1536년에 존 칼빈이 일어났다. 그는 성경 해석을 많이 했고 무수한 핍박을 받았으며 스코틀랜드에서 장로교를 세웠다. 장로교가 일어난 것은 1500년대 칼빈 시대부터이다.

16세기 말, 영국에서 성공회가 세워졌다. 성공회가 세워질 무렵 그것에 반대하는 무리가 일어났다. 그들은 '이의자'(異意者)라고 불리웠다. 정치와 종교가 같이 가는 것은 옳지 않으며 반드시 분리되어야 한다고 했다.

17세기에 독일에서 스펜너라는 사람이 일어났다. 경건주의의 움직임이다. 루터 교회의 목사였던 스펜너는 교회는 사람의 의견으로 다스릴 수 없다는 것을 알았다. 교회는 반드시 성경의 진리로 돌아가야 한다는 것이다. 예배는 성령께서 인도하셔야 하고 집회를 하려면 고린도전서 14장에 의거해서 해야 한다고 했다.

18세기에 최초의 선교 단체가 일어났다. 그들이 모라비안 형제들이다. 크리스천 데이빗이라는 형제가 시작했다. 그는 힘들게 구원을 알게 되어 이곳저곳에 복음을 전하러 다녔다. 박해가 시작되어 도망 다니다 색소니 지방에 가서 진젠돌프 백작을 만나게 되었는데 그는 그리스도인 모임을 시작하도록 도와주었다. 진젠돌프는 여기저기서 핍박을 받아 도망온 사람들을 받아주고 함께 예배했다. 이민자 중 인도에서 온 안토니라는 흑인이 있었다. 이 형제가 인도 지방의 상태를 알리고 모라비안 형제들에게 인도에 복음을 전파하자고 하여 최초의 선교가 시작되었다. 제비를 뽑아 80여 명을 세계의 많은 나라에 보냈다. 이것이 1730년대에 일어난 일이다.

한편으로 1600년대 이후 천주교 안에서도 역사가 일어났다. 모리노스라는 사람이 대표적인 예이다. 1640년대에도 있었다. 〈영적 지침〉이라는 책에서 '어떻게 자아를 부인하는가, 어떻게 주님과 함께 죽는가?' 라는 내용을 다루었다. 동시대에 마담 귀용이 일어났다. 자아 부인, 십자가의 체험, 주님과 함께 죽는 것에 대해 깊이 다루었다. 결과적으로 핍박을 많이 받았다. 페넬롱 신부가 귀용 여사와 동역했다. 그는 주님과 함께 고난받기를 원했던 사람이다. 주님은 그 시대에 천주교 내에서 주님을 사랑하는 사람들을 일으켜서 주님의 진리를 밝히셨다. 그들은 많은 핍박을 당했다. 천주교에 흐름이 있었다. 아놀드라는 형제는 교회의 문제를 다루었다. 외적인 문제이다.

18세기에 들어서 1729년 옥스퍼드 대학에서 웨슬레 형제가 일어났다. 찰스 웨슬레, 요한 웨슬레는 형제간이다. 이들의 움직임은 경건파 운동이라고 불리는데 결국 감리교가 되었다. 요한 웨슬레는 구원받기 전, 미국에까지 가서 복음을 전했던 사람이다. 배 안에서 모라비안 형제들을 만났는데 배가 풍랑에 흔들리는데도 한 무리의 형제들이 자신과는 달리 너무나 평안한 것을 보고 그들의 도움으로 결국 구원을 받게 되었다. 그는 조지 휫필드라는 전도자와 함께 노방 전도, 옥외 설교를 시작했으며 성화(聖化)에 대한 가르침을 강하게 전했다. 웨슬레 형제가 죽은 다음에 감리교에서도 외국 선교가 시작되어 최초의 런던 선교회가 생겼다. 처음에는 종파가 없이 시작하다가 나중에 감리교에 속했다. 1799년 'CMS' 라는 선교 단체가 생겨 당시 많은 사람들이 해외에 복음을 전했다. 18세기를 종합해볼 때 16세기의 개혁은 보편적이다. 16세기에는 개혁이 영적으로만 아니라 사회적, 정치적으로 영향을 주었지만 18세기에는 영적인 방면에만 영향을 주었다. 빌라델비아 교회가 가장 큰 영향을 주었다.

1800년대 아일랜드 지방에서 형제회 운동이 시작되었다. 그들은 성경의 진리가 무엇인가, 성경에서 원하는 교회가 무엇인가에 대해 기도하기 시작했다. 고린도 전서 14장에 의해 집회를 가졌다. 하나씩 하나씩 진리대로 실행하였다. 그 당시 성공회 목사였던 다비가 성직자 옷을 벗어버리고 그 모임에 참여하기 시작하여 성경 해석가가 되었다. 자유롭게 하나님의 말씀을 말해 내는 분위기 속에서 많은 영적인 사람이 일으켜졌다. 그들 가운데는 윌리암 캐리, 맥킨토시, 슈톤, 벨렛 등이 있다. 그들은 그리스도의 몸은 오직 하나이고 교회는 사람의 의견이나 조직으로 되는 것이 아니며 성령의 인도를 직접 받아야 함을 알았다. 그때 주님의 풍성한 말씀이 쏟아졌다. 그 시대에 스탠리, 죠지 커팅, 고벳, 팬톤, 허드슨 테일러, 조지 뮬러, 심슨, 퍄살 스미스, 앤드류 머레이 등이 있는데, 이들은 또한 마담 귀용의 영향을 많이 받았다. 트럼블, 펜 루이스 또한 그렇다.

1900년대 중국에서 북청 사변이 일어나 많은 그리스도인이 죽었으며 유럽에서는 이반 로버츠라는 광부에 의해 웨일즈의 대부흥이 일어났다. 이들은 주로 하나님의 왕국을 위해 기도했다. 이반 로버츠는 병중에서 영적 전쟁을 치렀는데, 그가 구술한 것을 펜 루이스 여사가 받아 적은 것이 〈성도들의 영적 전쟁〉(벧엘서원 간)이라는 책이다. 1908-1909년에는 미국의 로스엔젤레스 아주사에서 흑인 신자들이 성령 충만을 받고 방언을 하기 시작했다. 1920년대에는 중국 복주에서 워치만 니가 일어났으며, 그는 온 세계에 가장 크게 영향을 미친 그리스도인 중 하나이다. 구원, 거듭남, 그리스도의 승리, 부활 생명, 십자가, 성령의 역사, 교회의 분열 문제 등 성경의 많은 진리들을 이야기했다. 그는 역대 선진들의 책들에서 많은 도움을 얻어 한 걸음 더 나아간 사람이었다.

양떼의 발자취를 따라오다 보면 공통점이 있다. 그것은 곧 진리를 깨닫고 성경으로 돌아가자는 것이다. 이러한 흐름이 한 시대 한 시대 이어져 왔다. 성경 진리를 깨닫고 양떼의 발자취를 따를 때 현존하는 기독교의 박해를 받지 않은 사람이 없다. 주님이 다시 오실 때까지 이 땅의 성도들은 양떼의 발자취를 소홀히 해서는 안 된다. 오늘날 그리스도인들이 참되게 길을 걸어가고자 하는 갈망이 있을지라도 양떼의 발자취의 특성을 잘 알지 못하면 합당한 무리 가운데서 전진할 길이 없다. 주님이 이 땅에 시대마다 있었던 신실하고 충성된 양떼의 발자취와 함께하셨다는 것은 주지할 만한 사실이다. 전통에 충실하다고 해서 그것이 양떼의 발자취라고 확증할 수 없다. 주님의 양떼는 언제나 반대와 핍박을 받는 무리 가운데 있었다. 그러면서도 그들은 복음과 진리에 대하여 절대적이었고 주님에 대한 사랑이 절대적이었다. 그들은 다만 과거의 유전을 받아 지키는 것에 신실한 자들이 아니었다. 그들은 전 세대의 진리를 발판으로 주님의 역사를 한 단계 더 진보시켰다. 루터, 웨슬레, 진젠돌프, 다비 등 앞에 열거한 많은 선진들이 그러했다. 그들은 나사렛 예수를 따르는 일에 있어서 당시대에 충실했던 사람들이다.

오늘 우리는 어떻게 전진해야 하는가? 당연히 보조와 같은 영이 필요하다(고후 12:18). 진리로 말한다면 시대적인 진리에 충실해야 한다(벧후 1:12-이미 있는 진리란 현 시대의 진리를 말함). 시대적인 진리란 그 시대까지 밝혀진 진리이다. 선진들이 밝혀놓은 계시를 소홀히 하지 않는 것이다(살전 5:20-예언을 멸시치 말라는 것은 선지자의 말씀을 멸시치 말라는 것을 의미한다). 진리는 파도처럼 한 물결씩 밀려온다. 아무리 근본적이고 정통적이라 해도 결코 과거의 것들에만 집착해서는 안 된다. 마지막 시대에 주님을 맞이할 신부로 단장되기 위해서는 양떼의 발자취를 따라 전진해야 한다. 이 땅 위에는 여전히 순수하게 양떼의 발자취를 따르는 무리가 있다. 우리도 주님의 긍휼을 얻어 오늘날 이 영광된 길을 갈 수 있기 원한다.

구약의 예표에서도 이스라엘 백성이 가나안 땅에 돌아와 간증을 세웠고 성전을 세웠지만 바벨론, 곧 사단에 의해 분열되었다. 성전의 모든 기명들도 잃어버렸고 모두 포로가 되어 흩어졌다. 그러나 주님은 회복하신다. 사단은 분열시키지만 하나님은 회복하신다. 이 세상의 종교가 핍박하더라도 하나님은 그분의 간증을 위해 신실한 자들을 일으켜 세워 시대마다 역사하신다. 하나님의 간증은 여전히 이어져 가고 있다. 그리스도의 신부는 단장되어 가고 그리스도의 몸은 건축되고 있다. 어떻게 십자가를 체험하고 어떻게 몸을 건축하며 어떻게 그리스도의 몸의 간증을 지니는가 등은 성경의 핵심들이다. 이러한 진리들을 살아내는 무리가 나와야 한다. 그분의 마음의 갈망과 뜻을 이루는 무리가 있어야 한다. 우리는 반드시 주님의 긍휼을 얻어 주님이 이 시대에 하시고자 하는 역사에 동참할 수 있기를 간절히 바란다.

주님은 그분의 몸을 갖기 원하신다. 그분은 그분의 몸을 건축하기 원하신다. 구약 시대에는 하나님께서 에스라, 느헤미야를 불러 마음에 감동된 자는 다 유대 땅 예루살렘으로 돌아와서 전을 건축하라고 했다.

그들의 손에 힘이 빠졌을 때 하나님은 다시 학개, 스가랴와 같은 선지자들을 일으켜 세워 그들의 손을 강화시키고 역사를 재촉하셨다. 이와 같이 오늘 이 시대에 우리는 주님의 영광스런 교회를 재건하고 그분의 간증을 세워야 한다.

오늘 2000년대의 우리들을 하나님께서 지나가시지 않기를 바란다. 우리는 부족하고 연약하며 주님이 갈릴리 바닷가에서 부르셨던 어부 베드로나 요한보다 더 보잘 것 없는 사람임을 시인한다. 그렇지만 주님이 기뻐하신다면 우리를 통해서도 주님은 큰 역사를 행하실 수 있다. 어느 곳이나 주님을 사랑하는 사람들이 많이 있다. 주님께 열심인 사람도 많이 있다. 이러한 사람들이 합당한 양떼의 발자취와 연결되기를 바란다. 하나님이 원하시는 진리와 연결되기를 바란다. 우리는 우리 시대에 주님이 이 땅에 다시 오실 수 있도록 힘써 동역할 수 있기를 원한다. 아멘.

IMC

국제선교신학 · 신학연구원(IMC-International Mission College)은 성경 진리에 따라 범사를 행하며 진리를 참되게 가르치는 사람들을 양성하고, 복음 전파와 선교를 위하여 주님의 사명을 감당할 수 있는 예수 그리스도의 제자들을 훈련하며 양성하는 기관이다.

전도서 아가서 강해

초판 발행 | 2008년 10월 28일

저자 | 유동근

발행처 | IMC(국제선교신학 · 신학연구원 출판부)
등록번호 | 제 15-335 호

420-031| 경기도 부천시 원미구 상동 617-5 그린프라자 Ⅲ 2F
벧엘서원 영업부 : TEL. 032) 326-3096 FAX. 032) 324-3097
IMC, 벧엘서원 편집부 : TEL. 032) 322-3095
http : www.bethelbook.com
E-mail: bethelbook@bethelbook.com

값 15,000원

ISBN 978-89-92014-42-7 03230
ISBN 978-89-92014-01-5 03230 (세트)